介護行財政の地理学

ポスト成長社会における市町村連携の可能性

杉浦真一郎
SUGIURA Shinichiro

明石書店

はしがき

　本書『介護行財政の地理学—ポスト成長社会における市町村連携の可能性—』は，介護保険を複数の市町村が共同で運営する地域を分析対象として，市町村別にみた受益と負担のバランスから，今後の新たな市町村連携の可能性を模索しようとするものである。

　近年の日本では，少子高齢化・人口減少の進展や厳しい財政状況から，国と地方の行財政に関わる諸制度の変革が大きな課題となっている。それに対しては，関連する諸学問の立場から様々な議論がみられる。しかし，それらの議論において，行財政をめぐる諸制度の変革の方法論として地域的枠組みの再編（リスケーリング）が相次いでいることが明示的に論じられることは少ないように感じられる。ここで行財政をめぐる地域的枠組みの再編とは，様々な施策やサービスを展開する行財政の地理的な単位（地域的枠組み）を変化させる動きのことである。例えば，2000年代半ばのいわゆる平成の大合併は，市町村行財政の地域的枠組みをあらゆる分野に関してフルセットで統合・再編するものであった。また，実現には至っていないが，政令市と府の再編を目指した大阪都構想も，その一例と位置づけられる。

　しかし同時に，そのようなフルセット型とは別に，市町村国保の財政運営の都道府県単位化（2018年度）など，個々の分野ごとに行財政の地理的な単位を見直す動きも多い。それら具体例は本書の序章で簡潔に触れるが，こうした行財政の地域的枠組みをめぐる再編の動きは，高齢化の進展を背景に，医療や介護の分野で先行してきた。中でも介護に関しては，複数の市町村が一部事務組合や広域連合という特別地方公共団体を受け皿として，保険財政を一体化させた広域保険者をつくる動きが全国的にみられた。新たな社会保険制度として2000年度から本格的に導入された介護保険では，運営主体（保険者）を原則的には個々の市町村としたが，人員や予算面から単独での運営に様々な課題を抱えがちな小規模自治体が，それら広域保険者を構成することが多いのが一つの特徴である。

複数の市町村による介護保険の広域運営には，規模の拡大を通じた安定化や効率化などの利点があるが，他方で，いくつかの課題もある。とくに重要なのは，広域運営に参加する市町村間で，「均一な負担と不均一な受益」とも言うべき現象が不可避な点である。均一な負担とは，介護保険では原則として１つの保険者ではどの市町村にも単一の保険料が適用されることを指す。すなわち，「均一賦課制」である。ところが，２つ以上の市町村ともなれば，面積はおのずと広域になり，その地理的な広がりの中でサービスを提供する事業所の立地は必ずしも均等な密度で分布していない。そのため，サービスの利用（保険者側からみれば保険サービスの給付）の程度は，市町村間で差が生じることが一般的である。同時に，住民（高齢者）の負担である保険料の水準は，おおまかに言えば，どれだけの量のサービスを利用するかによって決められる。したがって，広域運営に参加する市町村ごとのサービス利用（給付）水準に少なからず差が生じたまま均一な保険料負担を課す状況が，広域保険者の地域では広くみられる。

　このような介護保険の広域運営の問題点を分析するため，本書では「広域化負担倍率」という独自の概念を考案し，分析指標として用いている。この指標は，広域運営に参加する個別の市町村にとって，広域保険者の一員として賦課される保険料水準が，もし仮に一般的な保険者のように単独で運営する場合に想定される保険料水準の何倍に相当するのかを算出した値である。言い換えれば，広域化を選択したことによって負担が単独運営の場合と比べて何倍になっているかを表す指標である。多くの要素が関係する介護保険料の算定は複雑であるが，本書では，このように広域運営の場合と単独運営の場合との比較によって簡潔に把握した値を用いて，構成市町村間の格差を定量的に分析した。

　本書は，主に前半の第１部（第１～３章）と後半の第２部（第４～６章）からなる。第１部では，平成の大合併が介護保険の広域運営の枠組みに与えた影響や，合併前の旧自治体ごとにみた合併に伴う保険料負担の変動を分析した。さらに，全国の均一賦課制による広域保険者を対象に，広域化の実態と問題点を整理した上で，「広域化負担倍率」に基づいて給付と負担のバランスを把握した。そこから各広域保険者における市町村間の結びつき方を類型化す

るとともに，広域化の妥当性を問うことを試みている。第2部では，構成市町村数が多いため複数段階の保険料水準を設定する「不均一賦課制」を採用する広域保険者に焦点を当てた。全国最大規模の福岡県介護保険広域連合を中心に，沖縄県介護保険広域連合および後志広域連合の不均一賦課制を比較検討することによって，給付水準の大きく異なる構成市町村を抱える広域保険者における望ましい連携のあり方を提起した。本書における以上のような検討は，社会保障制度の再構築と行財政の地域的再編という，現在の日本が抱える大きな政策的課題の交点に位置するテーマとして位置づけられると考えている。

　なお，広域運営に伴う負担と給付の関係や「広域化負担倍率」の考え方は，本書の初出部だけでなく，いくつかの章の該当箇所でそれぞれ言及している。やや重複の感もあるが，本書にとって介護保険の広域運営を分析する上で鍵となる概念であり，また読者が関心のある章を先に読む場合にも，その定義を簡潔に把握することが可能と思われるため，あえて残した。

　本書の分析対象は，高齢化の進展を背景として制度化された介護保険に関する広域運営の地域的枠組みである。しかし，人口減少や高齢化などの人口動態や財政状況などの環境変化は，全ての行財政分野に影響を及ぼすことも事実である。したがって，今後の中長期的な人口動態や財政状況の変化を見据えながら行財政システムの持続可能性を展望しようとするなら，行財政の地域的枠組みの再編（リスケーリング）という課題は，介護以外の様々な分野に関しても，これから議論すべき共通のテーマになりうる。この点こそが本書の内容の基盤となる問題意識であり，行財政の地域的枠組みの望ましいあり方とは何かを考えることは，今後の重要な学術的課題でもあると考えている。本書の試みが，その課題にどこまで貢献できたかは，読者諸賢の評価を待ちたい。

介護行財政の地理学
──ポスト成長社会における市町村連携の可能性
目　次

はしがき ……………………………………………………………… 3

序　章　ポスト成長社会における行財政の領域再編 …… 13

1. 現代日本の諸課題と行財政の領域再編 ………………… 13
2. 介護保険の広域運営とは ………………………………… 18
3. 介護保険制度の概要と介護保険の広域運営 ………… 23
4. 本書の構成 ………………………………………………… 29

第1部
市 町 村 合 併 と 介 護 保 険 の 広 域 運 営

第1章　市町村合併と広域保険者地域の再編 ……………… 35

1. 近年における市町村合併の概要 ……………………… 35
2. 市町村合併に関する既存研究 ………………………… 39
3. 市町村合併による広域保険者地域の再編 ………… 44
　(1) 保険者領域の消滅と存続　44
　(2) 選択的／非選択的な脱広域化　49

第2章　介護保険の事業特性をめぐる旧市町村間の
差異と市町村合併の影響 ………………………… 58

1. 疑似的な広域保険者としての合併市町村 ………… 58
2. 使用するデータと研究対象地域 ……………………… 60
3. 旧自治体別にみた介護保険の量的差異 …………… 64

4. 旧自治体別にみた介護保険の質的差異 ……………………… 69

   （1）旧自治体間の質的差異　70

   （2）新自治体との質的特性の差異　71

   （3）量的差異と質的差異の関係　73

5. 旧自治体別の差異を内包した新自治体 ……………………… 75

   （1）合併負担倍率の差異からみた新自治体の特性　75

   （2）合併負担倍率の顕著な旧自治体を含む新自治体　80

第3章　均一賦課制による介護保険の広域運営 ………… 87

1. 市町村間で保険運営を統一すること ……………………… 87

2. 介護保険の広域的運営に関する制度的特徴 ……………… 91

3. 全国における広域的運営の実施状況 ……………………… 95

   （1）広域的運営の形態別特性　95

   （2）広域保険者の全国的分布と人口特性　98

4. 広域保険者における構成市町村別の受益と負担 ……… 103

   （1）「広域化負担倍率」の定義　103

   （2）「広域化負担倍率」による広域保険者の類型化　106

5. 広域保険者地域における保険運営の実態と課題 ……… 114

   （1）格差の大きい広域保険者における保険運営　114

   （2）高負担を甘受する地域的条件と制度的背景　119

6. 補 論―大合併期前後で比較した広域保険者における

   給付と負担― ……………………………………………… 123

第2部
不均一賦課制による広域保険者地域

第4章　広域保険者地域における介護保険事業の地域差と広域運営の枠組みをめぐる諸問題
—全国最大規模の福岡県介護保険広域連合を事例として— ………………… 133

1. 全国最大規模の広域保険者 ……………………………………………… 133
2. 福岡県の市町村別にみた事業特性の地域差 ………………… 135
3. 広域連合の構成市町村別にみたサービスの需要と供給 ………………………………………………………………………… 140
4. 保険料の不均一賦課制の導入とその影響 …………………… 146
   (1) 不均一賦課制の方法とグループ構成　146
   (2) グループ別にみた不均一賦課の影響　148
5. 広域運営の枠組みに関する問題点 ………………………………… 154
   (1) 保険者規模からみた広域運営の妥当性　154
   (2) 不均一賦課制に伴うグループ間格差　155
   (3) ローカルな事業運営の課題　157

第5章　福岡県介護保険広域連合におけるグループ別保険料の設定方法とその効果 …… 161

1. 保険料を統一しない広域保険者 ……………………………………… 161
2. 給付水準の地域差と不均一賦課制の導入 ………………… 164
3. グループ別保険料の設定方法とその効果 ………………… 167
4. 単独運営の場合と比較した保険料水準の変動 ………… 172

第**6**章　広域連合の比較からみた介護保険料の
不均一賦課制と市町村の連携
　　　—沖縄県介護保険広域連合と後志広域連合— ·········· 179
　　1. どのような広域運営が望ましいか ······························· 179
　　2. 沖縄県介護保険広域連合の不均一賦課制 ····················· 184
　　　（1）保険者の概要と不均一賦課制の導入　184
　　　（2）保険料の設定方法　187
　　　（3）不均一賦課制による保険料の変動　189
　　3. 後志広域連合との対比からみた不均一賦課制 ············ 194
　　　（1）後志広域連合の概要と不均一賦課制の比較　194
　　　（2）グループ化に伴う収支の帰属　198
　　4. 新たな連携の形を求めて—グループ化と非グループ化
　　　の併用— ·· 201

終　章　**本書の知見と示唆される論点** ················· 207
　　1. 本研究の要約 ··· 207
　　2. 本書の知見から示唆される論点 ································· 214

あとがき ··· 227

　　文　献 ··· 231
　　索　引 ··· 237

序 章

ポスト成長社会における行財政の領域再編

1. 現代日本の諸課題と行財政の領域再編

　国および地方自治体を取り巻く厳しい財政状況の下で，現在の日本社会は様々な課題に直面している。その背景にあるのは，少子高齢化の進展と人口減少時代の到来によるポスト成長社会とも言われる状況である。それに対する処方箋については，従来から多くの議論がある。その一例として，人口減少下での東京一極集中と地方圏の衰退という今後の日本社会に対する危機感を背景とした提言が有力な民間団体によって公表され[1]，「消滅自治体」などと目される地域が地方圏のみならず大都市圏にも少なくない点などが指摘されたのは記憶に新しい。内容や提起方法などへの批判的意見を含め[2]，その主張の妥当性は措くとしても，それは広く社会的な関心を集め，大きな反響を呼ぶこととなった[3]。加えて，2011 年の東日本大震災と原発事故によっ

---

[1] 岩手県知事や総務相を歴任した増田寛也氏など有識者で構成される日本創成会議の人口減少問題検討分科会が中心となり，雑誌『中央公論』2013 年 12 月号，2014 年 6 月号，同 7 月号において相次いで問題提起がなされ，それらをまとめた増田編（2014）が発表された。

[2] 例えば地域社会学の山下（2014）は，増田氏らのレポートにある「選択と集中」の論理が地域の消滅をあたかも既定路線であるかのように人々を誘導する危険性を指摘し，それに対抗しうる「多様性の共生」に基づく地域再生論を展開している。また地域経済学の立場から岡田（2014）は，増田氏らの論考にある「消滅可能性自治体」との概念に論理的な根拠が弱いことや，無批判な政策利用がみられること，さらには時の政権との親密性による公表時期の調整等を指摘している。

てもたらされた危機的状況は，自然災害の避けられない国土にあって，人口の集中する大都市圏と過疎・高齢化が進み人的資源の確保や再生産が容易でない地方圏のそれぞれで，いかに防災・減災対策に恒常的に取り組むのかといった，古くて新しい課題を突きつけることとなった。

　言うまでもなく，こうした現在の日本が抱えるマクロな課題に対しては，これまでも国などによって様々な政策的対応が打ち出されてきた。それら政策的対応は，少なくとも人口動態の中長期的変容を見据えて1980年代以降30年近くに及ぶものとなっている[4]。その中で，消費税の導入などを通じた税収確保と財政安定化・健全化を目指す動きとともに常に問題とされてきたのは，人口動態と密接に関係する社会保障制度の再構築であったと言えるのではなかろうか。この点をより具体的に言えば，それら社会保障制度[5]が実際に発現する場となる個別の地域，つまり，行財政に関連した諸サービスを展開する地域的な枠組みをめぐって，都道府県や市町村といった既存の行政領域が妥当なのかどうかを問い直すことが大きな課題であり続けてきたのではないか。この点こそが，本書の基底をなす問題意識である。

　こうした行財政のスケールや枠組みを問い直す試みは，様々な分野でみられる。本書で取り扱う介護行財政とは異なる分野をあえて挙げるとすれば，例えば東日本大震災および原発事故の結果，再稼働をめぐる同意主体としての原発立地の「地元」定義に関する議論が喚起されたこと[6]や，事故に伴

---

[3] 日本創成会議の首都圏問題検討分科会によって，2015年6月に「東京圏高齢化危機回避戦略」が新たに発表され，これについても，雑誌『中央公論』2015年7月号で発表され，その後，それらをまとめた増田編（2015）が刊行された。そこでは，医療介護基盤の「整備率」が相対的に高いとされる地方圏に着目し，それら地域への移住を通じて，東京大都市圏の逼迫する医療介護需要の受け皿としての活用を提言したことで，改めて賛否両面から議論を呼ぶこととなった（杉浦2016）。

[4] 一例として，1990年代以降の高齢化の進展をにらみ，高齢者福祉施策の拡充を目指した「高齢者保健福祉推進十か年戦略」（通称ゴールドプラン）が1989年12月に政府によって策定された。また少子化については，「今後の子育て支援のための施策の基本的方向について」として1994年12月に策定された通称エンゼルプランがある。

[5] ただし，社会保障制度の主要な柱のうち，給付の面からみた年金制度については，本研究で問題とするような地理的観点からの検討にはあまり適さない。

う避難自治体による「仮の町[7]」建設の構想（西尾 2013; 今井 2014）が提起されるといった動きがみられた。また，有権者の投票の価値をめぐる不平等が注目されて久しい選挙区画と定数の問題に関連して，これまで都道府県を絶対的な単位としてきた参議院の選挙区選挙において，島根・鳥取および徳島・高知の両地域で各 2 県を 1 つの選挙区とするいわゆる合区が導入されることとなった。衆議院小選挙区の区割りについても，いわゆる一票の格差是正の観点から，2017 年 7 月以降の総選挙では，それまでの全国 289 選挙区のうち 19 都道府県 91 選挙区（定数 6 減前の 295 選挙区ベースでは 97 選挙区）で区割りが変更され，市区町村の境界と一致しない選挙区が増加傾向にある。

このほか大阪では，2015 年 5 月の住民投票による僅差での否決という結果を迎えたが，当時の市長を中心とする政治勢力によって大阪府・大阪市の二重行政の是正と同市の再編とを訴えた，いわゆる「大阪都構想」が大阪のみならず全国的な注目を集めた。より広域なスケールとして，関西地方では，府県や大都市の枠内で個別に対応するよりも有効と目される様々な施策（防災，観光・文化振興，医療，環境保全等）を念頭にした広域連携を図る関西広域連合が 2010 年に設立され，2 府 6 県 4 政令市（2015 年 12 月現在）がこれに参加している。そこでは，既存の都道府県の枠組みによる限界や弊害への対応策として従来から議論されてきた道州制の将来的な導入をめぐる政治的な思惑が介在する面も否定できないが，「仮の町」など現状では明確な法制度・

---

6) 例えば，2014 年現在で原発の再稼働に向けた手続きが最も早く進む見込みのあった川内原発（鹿児島県）をめぐり，住民避難計画の策定が義務づけられた 30km 圏にある市町のうち複数の市で，立地自治体である薩摩川内市のような「地元」としての扱いを求める動きが生じた。また，福井県内の原発再稼働をめぐって滋賀県や京都府から意見が出されるなど，府県レベルでも類似の動きがみられた。なお，日本経済新聞 2014 年 11 月 29 日付によれば，川内原発については，県内の政治的状況の下，財政的裏付けのないまま事故時の住民避難対策の責任を負うことを懸念した関係市町は，同意主体としての承認を求めることを見送る代わりに，電源 3 法交付金等による財政支援の拡充策を政府に求める姿勢に転じている。

7)「仮の町」とは，原発事故に伴って避難区域に指定された自治体が，いわき市等の他市町村（県外を含む）へ住民とともに行政機能を移転させる構想である。日本経済新聞（2012 年 5 月 22 日付）などメディアを通じてもその推移が注目された。

体系が確立していない物も含め，以上の例はいずれも，行財政のスケールや枠組みの再構築を目指す動きとして位置づけられよう。

　また狭い意味での地方行政制度に限っても，1990 年代半ば以降のおよそ 20 年をみると，地方自治法の改正による広域連合制度の導入や地方分権一括法の施行に続き，2000 年代前半から半ばにかけて，いわゆる平成の大合併と呼ばれる市町村領域の再編が全国各地で短期間のうちに進められた。このことは，近年の日本の行財政にとって無視できない出来事であった。その後も，合併した新自治体内部での地域自治区・合併特例区など「地域自治組織」[8] の制度化や，非合併地域を主たる対象としたポスト合併期における定住自立圏構想など，行財政の地域的枠組みを再編しようとする動きが相次いでみられた。さらには 2014 年の地方自治法改正に伴う「連携協約」制度の導入（木村 2015）や，地方圏における連携中枢都市圏構想の展開（森川 2017）など，市町村連携の必要性が改めて唱えられている。以上のような動きは，地理的なスケールの多元性・多層性やその再編過程をめぐって地域社会学などで近年注目されているリスケーリング研究とも関係しており[9]，地理学的関心からも重要な研究テーマである[10]。

　こうした様々な分野における行財政の地域的枠組みをめぐる再編の動きは，少子高齢化の問題が早くから指摘されていたことから，社会保障分野において先行した。一般に社会保障は，年金，医療，福祉（介護を含む）の 3 つが主要な部門別構成主体である。国立社会保障・人口問題研究所による「社会保障費用統計（平成 26 年度）」によれば，社会保障給付費全体（約 112 兆円）のうち，年金が約 54.3 兆円（全体の 48.5 %），医療が約 36.3 兆円（32.4 %），福祉（介護を含む）が約 21.4 兆円（19.1 %）をそれぞれ占めている。また福祉分野のうち介護は約 9.2 兆円であり，社会保障給付費全体の 8.2 % を占め

---

8) いわゆる「地域自治組織」の導入については，例えば美谷（2012a）や宮入（2014）に詳しい。
9) 社会学の立場からは，丸山（2016）が，平成の大合併を題材として国家のリスケーリングとしての位置づけをしている。
10) 地理学的関心からのリスケーリング論については，山﨑（2012, 2017）が，大阪都構想などの例を引きながら，理論的検討を加えている。

る。これら 3 つの部門のうち，年金は総額こそ大きいが，厚生労働省による
2025 年の推計値では 2010 年度比で約 1.15 倍（60.4 兆円）と予想されており，
これまでの制度改正によって今後の給付の伸びはある程度まで抑制されてい
る。これに対して，医療は 1.67 倍（54.0 兆円）に，介護は実に 2.64 倍（19.8
兆円）へと増加することが見込まれている。

　このように，医療や介護は給付費の伸びが高いため，制度の持続可能性を
めぐって公費（税金）や社会保険料，利用者負担など様々な財源確保策が議
論されてきた。また，年金と異なり，医療や介護には，サービスの供給と利
用に地域的な諸条件が大きく関与するため，いかなる保険運営の枠組みが適
当であるのかとの観点から，その運営のあり方や費用負担の共有方法に影響
を及ぼす地域的枠組みを改めようとする動きがこれまで生じている。

　例えば医療分野では，全ての 75 歳以上を対象とする後期高齢者医療制度
が 2008 年度に導入された際に，全市町村から構成される広域連合が都道府
県ごとに設立され，医療給付や保険料賦課等の事務を司る運営主体となった。
また，中小企業で働く従業員とその家族が加入する健康保険は，国内最大の
公的医療保険者である全国健康保険協会[11] によって運営されており，同協
会は，2009 年 9 月に保険料率を全国一律から都道府県別に移行させた。そ
のような全国一律でない保険料率の導入は，都道府県ごとの医療費の差異を
反映させることで，保険加入者の健康増進と疾病の予防を通じた医療費なら
びに保険料の抑制を目指すものとされた。一方で，自営業者，短時間労働者，
退職・無職など被用者保険に加入していない人々を対象として市町村単位
で運営される国民健康保険については，その財政的安定化と国民皆保険制度
の持続性を守ろうとする厚労省などの政策的意図の下，市町村間での保険料
に大きな差異が指摘される中で，都道府県単位に広域化する制度改革が進め
られてきた[12]。

---

11) 国（社会保険庁）による旧・政府管掌健康保険から全国健康保険協会へと 2008 年 10 月
　より運営主体が移管された。全国健康保険協会「平成 27 年度事業報告書」によれば，
　加入者数は 2015 年度末で約 3,718 万人（被保険者数 2,159 万人，被扶養者数 1,559 万
　人）に達する。http://www.kyoukaikenpo.or.jp/（2017 年 8 月 5 日閲覧）

2. 介護保険の広域運営とは

　介護の分野では，保険財政を預かる保険者地域の枠組みについて，単独の市町村を個々の保険者とすることを基本としつつも，柔軟性をもたせた制度設計がみられる[13]。日本の高齢者福祉サービスを担う新しい制度的枠組みとして2000年4月から本格的に導入された介護保険制度を地理学的な観点から論じる際に，一つの重要な前提となるのは，原則として市町村が保険運営の責任主体すなわち保険者として規定されている点である。

　市町村を保険者の単位として定めた背景の一つは，1980年代後半から福祉行政の分野で分権的施策が進められたこと（市川1997, p.44; 山本2002, p.24）であった。また，それまでの福祉サービスの管理経験を活用可能な最大のネットワークであって，地域の様々な実情に通じ，地域住民のニーズに最も即応可能な行政単位こそが市町村であると考えられたことも大きな要因であった（佐藤2003, p.46; 山田2005, p.34）。そして，厚生労働省による様々な規制の枠内とはいえ，保険者たる各市町村に事業運営上の一定の裁量が認められるなど，介護保険は「地方分権の試金石」と呼ばれてきた（小林・名取2004, p.1）。

　さらには，地域包括ケアと呼ばれる概念とともに，とりわけ2006年度以降，よりミクロな地理的スケールにおいてサービス提供体制の構築が企図される方向へと制度変革がなされ，ローカルな事業運営の重要性が高まってい

---

12) 市町村国保の都道府県単位による広域化を推進する政策的方向性は自公政権下で打ち出されていたが（中川2009; 島添2010），民主党政権下でも，2010年12月には厚生労働省「高齢者医療制度改革会議」が制度改革に係る最終とりまとめを行い，国保の運営を都道府県へ移行するとの方向性を明確にした。また，政府によって時限的に設置された社会保障制度改革国民会議による報告書（2013年8月）では，国民健康保険の保険者機能を市町村から都道府県に移管する方向性が，他の施策と比べてより明快に述べられた。こうした経緯を経て，2015年5月成立の「持続可能な医療保険制度を構築するための国民健康保険等の一部を改正する法律」に基づき，2018年度からの都道府県単位化が進められた。

13) 保険者とは保険運営の主体となる組織を，保険者地域とは保険運営の主体となる組織が管轄する地域を意味する。

る。このような介護保険の特性に鑑みると，保険者である市町村は，サービス基盤の整備および保険料賦課の両面で，住民のニーズに基づいたきめ細かな特徴ある保険運営が求められている。

　しかしながら，市町村という行政単位が現実には多様であることもまた無視できない。単純に人口規模だけをみても，政令指定都市と過疎農山村では，介護保険運営に利用可能な諸資源に大きな違いがある[14]。同時に，サービス利用者となる高齢者（被保険者）やサービス提供主体（事業者）の分布は均一ではなく，その差異が市町村すなわち保険者地域ごとの介護保険サービスの利用実績に影響を及ぼしている。このように介護保険をめぐる地理的状況は多様な展開をみせており，それゆえ，将来的な持続可能性が論議の的となっている介護保険の運営それ自体をめぐる地域的差異に注目する必要性が指摘できる。

　一方で，制度の持続可能性を担保する条件としての保険財政の安定化・健全化を目指すべく，介護保険には様々な仕組みが用意されている。その一つとして，保険者は市町村（東京特別区を含む）を単位とする形を残しながらも，運営上のスケールメリットを追求すべく，複数の市町村が特定の業務を共同で実施する例は少なくない。具体的には，各市町村がそれぞれの保険財政自体は独立させながら，保険給付の前提として必須である要介護認定業務[15]を共同化している。厚生労働省資料[16]によれば，これは全国の市町村数の59.6％に当たる1,039市町村によって279地域（2014年4月現在）で実施されるなど，広範な地域で市町村の連携がみられる[17]。そして，本書の主な分析対象との関係では，複数の市町村が保険財政を一体化させて1つの保険者

---

14) それゆえ，介護保険制度の導入前には，例えば小規模自治体を多く含む全国町村会などの地方団体から，保険者を市町村単位とすることに対して強い反対もみられた（増田2003, p.17, p.94）。

15) 介護保険制度では，被保険者が保険給付すなわち介護保険サービスの提供を受けることが適切な状態であるか否か，またどの程度の必要性があるのかを公的に判定する，要介護認定と呼ばれる手続きが定められている。

16) ここで用いるのは，厚労省内の担当係によって年度ごとに集計されているが一般には公開されていない資料である。

19

となることも可能とされており，特別地方公共団体としての一部事務組合や広域連合という受け皿を用いることで，保険財政を含む事業運営を一体化させた形態の保険者（以下では，広域保険者と呼ぶ）が制度施行当初から国によって推奨された。こうしたことから，後述の通り，全国の市町村数の1割を超える地域で，広域保険者が構成されている。

　その一方で，本書で論じる通り，介護保険の広域運営を行う広域保険者には，保険財政や業務効率上のメリットがありながらも，広域運営を選択することへの政治的・行政的判断の妥当性について再検討の余地を残す地域が存在する。なぜなら，保険財政を一体化した広域保険者による運営は，それを構成する市町村間でみたとき，住民負担としての保険料水準を均一化しながらも，受益であるサービス給付水準が大きく異なる場合，負担と受益の公平性が損なわれる性質をもっているからである。言い換えれば，広域運営の妥当性に再検討の余地がある地域とは，そうした構成市町村の負担と受益のアンバランスさを抱えた地域である。

　さらに，広域運営の妥当性は，近年の介護保険制度改革の動向からも検討される必要がある。介護保険は 2005 年度に大幅な制度改定を行い，第 3 期事業期間の始まった 2006 年度から新たなサービス体系が導入された。それは，市町村がサービス事業者の指定・指導権限をもち，原則として利用者を当該市町村住民に限定する「地域密着型サービス」や，要支援に至らない段階の高齢者を対象として市町村が実施主体となる「地域支援事業」およびその中心的担い手としての「地域包括支援センター」などの新設である（社会保険研究所編 2009）。そこでは，地域密着型サービスの整備計画において市町村の範囲を分割した日常生活圏域と呼ばれる細かなエリア設定が制度化されるなど，よりミクロなスケールでの事業展開が求められている。このように現在の介護保険は，地域福祉の主流化（武川 2005）と言われる政策的動向の

---

17) 要介護認定の手続きには，市町村等の行政職員だけでなく，介護に関わる専門職がその専門的見地から最終決定を行っており，とりわけ医師の役割は大きい。しかし，例えば認知症や老年医学に通じた医師を，定期的に開催される認定審査会に招聘することは，人口規模が小さく医師の少ない地域の自治体では困難であることが多い。

下で，従来にも増して地域住民に身近な地理的スケールでの運営が課題となっている。この点は，地域ガバナンスの考え方と合致し，今後もそうした方向性による制度設計が進められていくことが予想される。

　翻って，ローカルなスケールで展開される地域福祉を重視する近年の政策的・法制度的な動きの下で，市町村を超えたスケールで運営される介護保険の広域化はどのように評価されるべきであろうか。ここでは確認すべき点を2つ挙げておきたい。第一には，同様に広域運営を行う後期高齢者医療制度では全市町村が実質的に広域連合に強制加入であるのに対して，介護保険制度では原則として保険者地域は市町村単位であり，広域化が義務ではないことである。そうした中で，広域連合または一部事務組合による保険運営に参加する構成市町村は，積極性の程度は様々であるとしても，広域化を各自の意思として選択している点が特徴である。第二に，あらゆる行財政分野に関して運命共同体となることを選択する市町村合併と異なり，各自が独立した基礎自治体として参加する広域保険者の場合，広域化は単独運営との充分な比較検討の結果として選択されるべきと考えられる。つまり，ローカルなスケールでの地域福祉の推進が求められる現在，制度的に強制されない中での自らの意思決定に基づく広域化の選択については，その意義や妥当性を継続的に検証していく必要性があるのではないだろうか。

　上記のような近年の政策的動向に対応するように，介護保険をめぐる地理学的研究においても，市町村領域内部のより狭域なレベルでの新たな福祉の枠組みについて検討しようとする動きがみられる。例えば畠山（2009）は，2005年度改正によって導入された地域包括支援センターと日常生活圏域概念に着目し，それらの整合性について論じている。また稲田（2009）は，離島地域を事例として，介護保険制度導入に伴う村内の担い手によるローカルな対応を詳らかにしている。

　その一方で，介護保険運営の基礎的な枠組みである市町村のスケールに着目することも依然として重要である。稲田（2009）は，鹿児島県の離島部にある旧里村について，他市への編入合併後に地域福祉の編成に関する意思決定が脆弱化する問題を指摘し，「ケアをめぐるガバナンス」について論じる必要性を提起した。このことは，保健・医療・福祉によるまちづくりについ

て詳細に論じた宮澤（2006）が，市町村レベルでの地域福祉のあり方に住民など行政以外の主体が関与する中で，トータルケアのまちづくりに対して積極的な評価をする住民にとって，他市町村との合併が町の独自性喪失への不安につながることを示した点とも共通している。これらを踏まえると，基礎自治体である市町村による介護保険運営のあり方が，地域ケアと呼ばれるミクロなスケールでの取り組みに対しても大きな影響を及ぼしており，それゆえ保険運営をめぐる市町村としての主体性・自立性が，今後の重要な論点になると考えられる。

　介護保険運営の広域化に対しては，行政学・財政学あるいは社会福祉学における政策論的な立場から，その制度上の一般的な利点および課題を提示し，また広域化した個別の地域を事例的に検討する試みがみられる。例えば日高（2002）は，制度初年度である 2000 年時点での全国における介護保険事業の共同処理について，広域連合や一部事務組合といった組織形態別および事務内容別に整理するとともに，いくつかの保険者地域を事例的に取り上げ，その保険運営について個別に概観している。また横山（2003）は，2 つの広域連合（空知中部広域連合および隠岐広域連合）における保険運営の実態を詳細に検討し，両地域ともに保険財政の安定化や保険料の一元化がみられる一方で，サービス水準の平準化が進んでいないことを指摘した。

　これに対して，地理学分野においても，介護保険を含む高齢者福祉に関する研究が，とくに 1990 年代後半以降に増加し，介護保険が本格実施された 2000 年以降には，介護保険制度を直接扱った論究もみられる。例えば，関東地方の市区町村を単位としてサービス事業者の分布について分析した宮澤（2003）や，都市部における通所介護施設（デイサービスセンター）の立地とサービス利用について明らかにした畠山（2004, 2005），そして農山村地域における訪問介護事業者の事業展開の実態を詳細に分析した杉浦（2003）や石川県内の市町村別にみた介護保険の地域的な特性を論じた杉浦（2009）などである。しかしこれらの既存研究は，介護保険の制度的課題に対する問題意識を含んではいたものの，具体的に着目したのは，主として事業者の立地動向や個別のサービス需給に関してであった。言い換えれば，それら既存研究は，各地域において介護保険事業の運営責任を有する保険者（市町村）の枠

組みについて直接論究したものではなかった。これに対して、本書はそうした課題への本格的な検討を意図しており、地理学分野はもとより、他の学問分野を含めて、既存研究ではみられなかった新たな視角を提示するものである。

3. 介護保険制度の概要と介護保険の広域運営

日本では、高齢者福祉サービスの骨格をなす新しい社会保険制度として、1997年12月の介護保険法および関連法の成立に伴い、2000年4月から介護保険制度が本格的に導入された。それ以降、介護保険法およびその関連法の改定[18]を幾たびも実施した上で、第6期事業期間（2015〜2017年度）を迎えている。制度発足からこの間の流れをみると、様々な課題が指摘されており、とくに保険給付の予想を上回る急激な増加が制度の持続可能性をも揺るがしかねないとして強く懸念されている[19]。

この社会保険システムにおいて保険者の役割を果たすのは、原則的には単独の市町村とされ、また被保険者は、65歳以上の第1号被保険者と40〜64歳の第2号被保険者からなる。保険者は、3年間を1つの事業期間として「介護保険事業計画」を策定することが定められており（宇山2010, p.238）、その期間に必要なサービス量の見込みや第1号保険料の設定を含む事業計画を

---

18) 給付の効率化・適正化や、将来の介護給付費の大幅な増加を回避するための新介護予防の重点化などが急務とされ、とりわけ2006年4月からは新たな制度的枠組みが大幅に導入された。

19) 第1期事業期間（2000〜2002年度）から第2期に移行した際にも大きく注目され、またその後の制度改定論議の中でも常に念頭に置かれたのが、サービス給付と表裏一体の関係にある保険料の上昇である。第1期の第1号保険料（月額・標準額）が全国平均で2,911円であったのが第2期では約13%増の3,293円となり、さらに第3期には第2期の約24%増となる4,090円へと上昇した。第4期（4,160円）への移行時にはほぼ横ばいの1.7%増にとどまったが、第5期で19.5%増の4,972円となり、さらに第6期（2015〜2017年度）では要介護度の低い利用者への一部サービスを介護保険給付の対象から外すなどの給付費抑制を目指す制度改定を伴いながらも、全国平均が5,514円（第5期の10.9%増）に至っている。

遂行し，保険財政の収支を均衡化させることを基本としている。2000 年度から 2002 年度までの 3 年間を第 1 期事業期間と呼び，以降 3 年ごとに事業期間を更新しているため，2015〜2017 年度は第 6 期事業期間に当たる。

　制度の財源構成は，サービス利用時に利用者が支払う自己負担分を除く全体の 50％ずつを，公費（税金）と被保険者による保険料とで賄っている。このうち公費（全体の 50％）の分担割合は，国が 25％，県が 12.5％，市町村が 12.5％であり，また保険料は，第 6 期事業期間（2015〜2017 年度）の場合，第 1 号被保険者が平均 22％，第 2 号被保険者が 28％である[20]。保険料のうち，第 2 号保険料には居住地域による金額の違いはないが，65 歳以上の人々が支払う第 1 号保険料は，居住する保険者地域によって異なる。介護保険制度における第 1 号保険料を規定する要素は様々であるが，最も重要なものは，住民登録している地域[21] の保険者（市町村）における保険給付費の大きさである。

　保険給付の多寡は，当該保険者地域の被保険者がどのくらいサービスを利用するのかという問題であり，利用者となる高齢者（および家族）を取り巻く需要面とともに，供給面すなわちサービスを実際に提供する事業所がどの程度参入しているのかといった立地動向によって影響を受ける。一般に，これらサービスをめぐる需要面および供給面のいずれも，様々な地理的スケールで地域差を伴うものであり（杉浦 2005），市町村間での差異が珍しくない。中には，人口規模に比べてサービス事業所が過度に充実しているため，高齢者人口当たりの利用額が平均を大きく超えてしまい，結果として保険料が著

---

20) 介護老人福祉施設（特別養護老人ホーム）などの施設等給付の場合は，公費部分の負担割合は，国が 20％，県が 17.5％，市町村が 12.5％である。また保険料部分の負担割合のうち，第 1 号被保険者分と第 2 号被保険者分の合計は常に全体の 50％であり，両者の割合は人数比によるとされている。このうち，第 1 期で 17％にとどまっていた第 1 号被保険者分は，その人口割合が高まってきたことに伴い，事業期間が 3 年ごとに更新される度に 1 ポイントずつ割合が上昇している。

21) 例外として，特別養護老人ホームへの入所者に給付される「介護福祉施設サービス」には，「住所地特例」が適用され，仮に A 市の住民が B 市（他の保険者地域）に立地する施設に入所して B 市に住民登録を移しても，A 市が介護保険者として保険給付の責任を有する。

しく高額になる保険者もある。そのような地域では，介護保険サービスをすぐには必要としない健康な高齢者も含めて，保険料負担が重くなる問題が生じる。こうした点から，保険者となる市町村は一般的に，高齢者人口の動向を踏まえつつ，サービス供給不足を避けながらも，住民のサービス利用が増えすぎないことにも留意する必要がある。そのため，新規の事業所参入の案件がある場合も，その是非を慎重に判断しながら3年ごとの事業計画を策定し，保険財政の安定化を図っている。

　上述のように，複数の市町村が保険財政を一体化して共同で1つの保険者となることも，主としてスケールメリットを追求することによって保険財政の安定化・健全化を目指す点で，重要な方策となっている。とくに町村部の小規模自治体では，制度施行に伴う業務負担への不安が小さくなかったことや，保険者としての業務遂行に必須となる電算システムの導入に必要な費用負担の面も考慮した政府は，保険財政の一体化を2000年代初頭の制度導入当初から推奨していた。

　厚労省の資料に基づき，広域保険者の地域数および関係する市町村数の推移をみると（図0-1），介護保険制度が始まった初年度である2000年11月現在で，広域保険者は全国に54地域あり，関係する市町村数は408（当時の全3,252市区町村のうち12.5%）であった。その数は，2001年11月現在で59保険者（431市町村，全体の13.3%）に，2002年11月現在で60保険者（435市町村，全体の13.4%）へと増加した。そして，3年ごとの事業期間が第2期（2003〜2005年度）に移行した2003年4月現在では，新たに広域保険者として34市町村で構成される沖縄県介護保険広域連合が始動したこともあり，523市町村（全国3,213市区町村の16.7%）からなる69地域が広域保険者として保険財政を一体化させた広域運営を実施していた[22]。

　2000年代前半から半ばにかけて活発化した市町村合併の進展は，こうし

22）ここでは，広域連合および一部事務組合とは別に，「市町村相互財政安定化事業」に参加した地域は含まない。介護保険法に基づく同事業は，制度開始当初であった2000年度の5地域33市町村が最大で，2003年4月は3地域12市町村へ減少し，2005年度末までの1地域5町村を最後に消滅した（詳細は第3章を参照）。

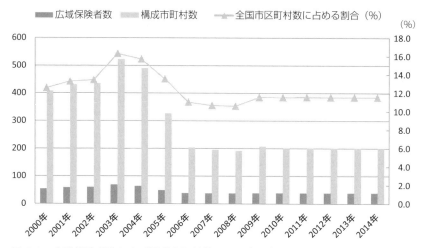

図 O-1　広域保険者数および構成市町村数とその全国市区町村数に占める割合の推移
（厚生労働省資料より作成）

た広域保険者および関係市町村の数に大きな影響を与えた。合併特例債の適用期限[23]を睨んだ駆け込みによる事例が多かったことなどから，とりわけ2004〜2005年度を中心に市町村合併の件数は激増した[24]。合併した地域では，それに伴って介護保険運営も統合され，市町村ごとに異なっていた保険料が合併前後で変動するなど，住民への様々な影響が生じることとなった。

　これら合併の動きは広域保険者を構成していた市町村にとっても無関係ではなく，例えば2002年4月から2007年3月末までの合併事例587件のうち122件は，広域保険者の構成市町村が関与した合併であった。こうしたことから，広域保険者の数は，2003年4月の69地域をピークとして，2004年

---

[23] 2005年度中に合併申請をして，2006年度中に合併した場合の合併特例債の活用が法律によって規定された（美谷 2012b）。
[24] 総務省「「平成の合併」について」（平成22年3月）によれば，2004年度および2005年度の合併件数は，215件および325件であり，1999年度から2009年度（2010年3月末日）までの合併件数全体（640件）の84.4%を占めている。

4月の64地域（490市町村）から，2005年4月には49地域（327市町村）へ，さらに2006年4月には39地域（203市町村）へと，大きく減少した。

　市町村合併が進んだことで，厚労省による広域運営への積極的な支援の姿勢は弱まり，平成の大合併が概ね収束した後は，広域保険者の数がほぼ横ばいの状態となった。第4期事業期間の始まった2009年4月には，新たに広域保険者に移行した地域が6年ぶりに出現したため，広域保険者数は再び39地域に，関係する市町村数は208へと増加に転じた。その後，保険者数は39のまま推移し，関係市町村数は，第5期事業期間の始まった2012年4月現在で201市町村（全国の1,742市区町村の11.5％）となり，2014年4月現在も変化していない。このように，広域保険者の地域数および関係市町村数をみると，全国で1割以上の市町村が関与する状態は変わっていない。以上の点から，2000年代前半のような活況とは言えないまでも，保険財政を一体化させた広域運営の手法が，介護保険において一定の支持を得て，定着している状況がうかがえる[25]。

　このような介護保険における保険財政の一体化は，保険財政の安定化のほかに，業務の効率化・円滑化に資する面や，65歳以上の住民に対する第1号保険料の均一化による近隣市町村間での「平等化」といった側面があるとして，保険運営に携わる行政や議会関係者によって肯定的に評価されることが多い。しかしその反面で，次のような事情から，構成市町村間での公平性に問題を抱えることも珍しくない。介護保険では，地域密着型サービスと呼ばれる一部のサービスを除けば，自らが居住していない他市町村に立地する事業所のサービスを利用することも制度的に可能であるが[26]，自宅から近

---

25) 愛知県東部の豊橋市を中心とする8市町村が，東三河広域連合を2015年1月30日に設立し，社会福祉法人の認可等に関する事務，障害支援区分認定審査会の設置および運営に関する事務，消費生活相談等に関する事務を2015年度より始めるとともに，第7期事業期間（2018〜2020年度）での介護保険事業の保険者統合に向けた準備に関する事務を共同処理事務としている。

26) 地域密着型サービスについても，他市町村が当該サービスの事業所が立地する市町村との間で個別に合意できれば，他市町村の住民が当該事業所との間で利用契約を結んでサービスを利用することは制度的に妨げられない。

接しない事業所の提供するサービスを利用する可能性は一般に高くない。この点を，広域保険者を構成する市町村間で考えると，事業所立地の多い市町村ではサービス給付が増え，事業所の少ない市町村では保険給付費は小さくなる。したがって，仮に，各市町村が個別に単独運営されるなら，前者のような市町村は相対的に高額の，後者は低額の保険料を賦課されることが想定される。しかし広域保険者では，65歳以上の住民（第1号被保険者）が負担する第1号保険料を構成市町村間で統一すること（均一賦課制）が原則とされている。そのため，「不均一な給付の下での均一な保険料負担」という公平性に関わる問題を生じさせやすい。

　全国の広域保険者のうち，構成市町村数がとくに多い保険者では，保険料を均一化させずに，数段階に区分する「不均一賦課制」を採用することによって，給付と負担のアンバランスを緩和させるように試みている場合もある。しかし，本書で詳述する通り，それら大規模な広域保険者については，給付水準が極端に高い（または低い）自治体が含まれている現状がある。そのため，単独運営の場合と比べると，広域保険者に加入していることによって実際に賦課される保険料水準にずれが生じる特質を抜本的に解決することは困難である。他方で，2009年度から広域保険者となった後志広域連合（北海道）では，保険財政は一体化させつつも，保険料は自治体ごとに個別に算定して賦課する方式を採った点で目新しく，広域保険者の財政運営の方法として示唆に富むものであった。

　以上の点を踏まえ，本書では，現代日本における重要な問題となっている，地方行財政領域の地理的再編と社会保障体制の改革とが交差する現実的な政策課題として，介護保険行財政の地域的枠組みがいかに構築され，市町村間連携の手段としての広域連合・一部事務組合による広域運営において，関係自治体間での負担と受益の公平性のバランスがどの程度確保されているのかを明らかにする。そして，介護保険行財政をめぐって，国による制度維持という政策目標ないし至上命題との関係からみた広域運営の問題点を踏まえながら，介護保険の広域連携のあり方についての提言を試みることを研究目的とする。

4. 本書の構成

本書は，全体を大きく 2 部構成としている。第 1 部では，介護保険事業の運営をめぐる行財政の地域的枠組みに影響を与えてきた市町村合併と，広域運営を展開する広域保険者全般における均一賦課制に基づく給付と負担のバランスの状況を明らかにしていく。そのため，第 1 章から第 3 章において，それぞれ次のように論述を進めることとする。

第 1 章では，近年の日本における様々な行財政に関わる諸制度の変革のうち，2000 年代前半から半ばにかけて全国で活発に展開された，平成の大合併と称される市町村領域の再編に注目する。市町村の合併は，いわゆる基礎的自治体としての枠組みを大きく変えることによって，単に行財政の機構的な再編にとどまらず，その提供する様々なサービスの受け手となる住民への影響も小さくなかった点で重要であった。2000 年代前半から半ばにかけて急速に進められた平成の大合併とは，主に地方圏における人口減少・高齢化が進むことで行財政の持続可能性が危ぶまれる状況の下で，その効率化と機能強化を市町村領域の再編を通じて目指すものであった。こうした点を踏まえ，はじめに市町村合併の概要とそれに対する地理学および関連領域における既存研究を概観する。さらに，近年の社会保障制度の再構築と行財政の地域的再編という 2 つの大きな社会的課題の交点にあるテーマとして，平成の大合併期の前後を通じて介護保険の広域保険者にみられた領域再編の過程を検証する。そこでは，合併の結果として広域保険者の枠組みが消滅するに至った場合もある一方で，何らかの形で存続に至るケースがより多くみられたことを，再編過程の整理を通じて明らかにしていく。

第 2 章では，平成の大合併によって生じた新たな市町村（新自治体）において，合併に参画した既存の市町村（旧自治体）を単位としてみたとき，旧自治体間での介護保険給付と保険料負担のバランスがいかなる状態にあったのかを把握することを試みる。合併によって生じる新自治体は，単一の保険者として介護保険事業をも必然的に一体化させ，保険財政を統一することになった。そのため，保険料水準を原則として均一化させ[27]，従来よりも面積的に広域化した地域で介護保険運営にあたることになった点で，市町村

合併に至らずとも保険財政を一体化させる広域保険者と共通の性格を有する。つまり、広域保険者とは厳密には異なるものの、複数の既存の市町村が一体となって新たな介護保険者を構成することになる点で、擬似的な広域保険者と見なすこともできよう。また、総務省資料によれば、平成の大合併期を通じて、全国の市町村数のおよそ3分の2が合併に関係しているなど、合併地域における介護保険者領域の再編は全体として無視できない。

さらに、合併地域での旧自治体別にみた介護保険事業の量的・質的特性の差異に関する検討は、市町村合併による各地域への影響について様々な観点からの検討が期待される中で、平成の大合併による全国の多くの合併地域から、介護保険事業への合併の影響について具体的かつ詳細に調査・分析する対象地域を選定するための指標を提供することにもつながる点で、研究上の意義を有している。同時に、合併を経験した地域住民に対しては、合併した他の旧自治体との間にサービス需給の特性に関してどの程度の違いがあり、介護保険に関する受益と負担のバランスが新自治体となる合併地域全体と比較していかに変化する可能性があるのかといった情報を提供し、合併後の新たな保険者領域における介護保険の適切な運営に資することを目指す点で社会的な意義をもつものと考えられる。

第3章では、全国にある介護保険の広域保険者について、その聞き取り調査に基づいて、広域運営の制度的特徴を利点および課題の両面について述べた上で、広域保険者の全国的の分布とそれらの人口特性を整理する。そして、より具体的な分析として、各広域保険者の構成市町村ごとに得られた介護保険給付実績や第1号被保険者の年齢別・所得段階別加入割合等を基にし

---

27) 市町村間の保険料水準の差異が保険者機能の一体化（広域化）や市町村合併の障壁になることを避けるため、2002年6月24日付厚生労働省老健局介護保険課事務連絡「保険料の不均一賦課について」において、「市町村間で保険料に著しい格差があるため均一の保険料を賦課することが著しく衡平を欠き、ひいては広域化を阻害する場合は、経過的な措置として不均一の賦課が許容される」との考え方が示されている。ただし、不均一賦課の期間としては「広域化を行う事業運営期間及びその次の事業運営期間」すなわち最大でも6年までが適当と記されている。詳細は、社会保険研究所編（2003, p.553）による。

序　章　ポスト成長社会における行財政の領域再編

て，もし仮に広域保険者に加入せずに単独運営であった場合との比較を通じ
て，広域保険者での構成市町村別にみた給付と負担のバランスを把握する試
みとして，「広域化負担倍率」という独自の指標を算出した。そして，この
「広域化負担倍率」が顕著な値をとる構成市町村を含む広域保険者における
市町村連携の実情を類型化し，それぞれの特徴を整理する。また，「広域化
負担倍率」がとくに高い値をとり，単独運営に比べて高負担構造を強いられ
る構成市町村の地域特性について問題を指摘する。さらに，平成の大合併期
を通じた広域保険者の再編過程を踏まえて，それら大合併期の前後における
新旧データを比較することで，各広域保険者での給付と負担のバランスをめ
ぐる変化について明らかにしていく。

　このような第3章での議論は，基本的には構成市町村数が極端に多くない
ために広域保険者として単一の水準で保険料を賦課する均一賦課制の保険者
に限定している。しかし，全国の広域保険者の中には，少数ではあるが，構
成市町村数の多さから，複数段階による保険料賦課を実施する保険者が含ま
れている。本書の後半に当たる第2部では，これら保険料水準を多段階設定
する，介護保険料のいわゆる不均一賦課制を採用した3つの広域保険者に注
目する。そこでは，介護保険行財政を複数の市町村で広域運営することによ
る，市町村間での給付と負担のバランスの実態や，運営上の様々な課題，さ
らには異なる方式による広域運営を比較する。そして，介護保険のような住
民にとって身近な市町村領域を中心として展開される行財政の広域連携のあ
るべき姿を探求していく。

　まず第4章では，全国の広域保険者のうち，その構成市町村数や人口規模
において最大である福岡県介護保険広域連合を事例として，福岡県の市町村
別の事業特性および県内の他保険者と比べた同広域連合の位置づけを給付費
や認定率などの指標から明らかにする。その上で，広域連合の構成市町村
別にみた事業特性の差異をもたらす要因を，サービスの需要（高齢者の属性）
および供給（事業所立地）の両面から検討する。そして同広域連合における
給付水準の格差を調整する手段としての3グループ別の保険料水準による不
均一賦課制がもたらす影響を単独運営の場合と比較した指標である「広域化
負担倍率」から各グループ別に検証していく。さらに，全国的にも大きな体

31

制での広域運営の問題点を，保険者規模からみた妥当性，グループごとにみた不均一賦課制の影響の相違，2006年度以降に展開されたローカルな事業運営との整合性といった観点から検討する。

　続く第5章では，同じく福岡県介護保険広域連合の不均一賦課制において，3グループ別の保険料設定の具体的な手法を詳細に検証し，広域保険者としての体制を維持する上で，その設定方法による効果を明らかにしていく。その際には，異なる設定方法による保険料水準との比較を行い，実際に適用されている保険料の賦課方式が3グループ間で異なる影響をもたらしていることを論じる。

　最後に第6章では，不均一賦課制を採用する残り2つの広域保険者のうち沖縄県介護保険広域連合をまず取り上げ，同広域連合での保険料の設定方法およびグループごとに異なる保険料率が適用されることを踏まえて，単独運営の場合と比べた構成市町村への影響を「広域化負担倍率」から把握する。そして，不均一賦課制ではあるもののグループ化はせず構成市町村ごとに異なる保険料率を適用した後志広域連合（北海道）における不均一賦課制を取り上げる。その際は，3年ごとの介護保険事業期間における収支の帰属が保険者にあるのか構成市町村単位に還元されるのかといった課題について論じていく。そして，新たな市町村連携の形を探り，給付水準が大きく異なる構成市町村間においても「広域化負担倍率」が適正となるような広域運営のあり方を探るべく，「グループ化と非グループ化の併用」という形態による連携のあり方を提示していく。

　最後に終章では，本書の第1部（第1章〜第3章）および第2部（第4章〜第6章）で得られた知見を整理するとともに，国（厚生労働省）による政策目的との関係や，介護保険の広域運営における市町村連携のあり方など，本書の分析から示唆された論点を提示していきたい。

第1部
市町村合併と介護保険の広域運営

第1章

市町村合併と広域保険者地域の再編

1. 近年における市町村合併の概要

　平成の大合併と呼ばれる一連の動きは，1999年度の篠山市や2000年度の新潟市・西東京市など比較的早くからみられたが，2003年度までは合併件数も少なく，市町村数の対前年比も100%に限りなく近い高水準であった。合併が全国で本格的に展開したのは2004年度以降であり，とりわけ市町村の合併の特例に関する法律（いわゆる旧合併特例法）に基づく合併特例債などの優遇策が適用可能となった2005年度末までの2ヶ年間が最も活発な時期であった。

　ここでは，2002年4月1日から2007年3月末までの合併のうち，広域連合または一部事務組合による広域保険者に加入していた市町村が関係する122件の合併を除いた，延べ465事例（地域）を対象として分析を行うこととする[1]。これは，「介護保険事業状況報告[2]」において保険者別データが利

---

1) 広域保険者については，厚生労働省「介護保険事業状況報告」において構成市町村別の内訳がデータとして記載されていないことや保険者によって構成市町村別のデータを公表しない場合も少なくないことから，広域保険者に属していた市町村を含む合併事例は分析対象から除外した。

2) 厚生労働省「介護保険事業状況報告」は，介護保険の運営状況を把握し，制度の円滑な運営に資するための基礎資料を得ることを目的として，全国の保険者を対象として毎年調査が行われる。1年分をまとめた年報の結果の公表は翌年度末頃とされており，公表後はウェブサイトからデータのダウンロードが可能である。

35

第 1 部　市町村合併と介護保険の広域運営

用可能となったのが 2001 年度分以降であり，またいわゆる平成の大合併が
概ね 2006 年度までに収束しつつあったことを考慮したためである。これら
465 件は，当該時期の全合併の約 80％を占めている[3]。

　465 件の合併地域を参加自治体数別にみると，2 ないし 3 程度の旧自治体
からなる合併が圧倒的に多く，参加自治体数が増加するほど該当件数は減
少していく。これら 465 件の合併地域における参加自治体数の平均値は 3.32
であった。これは，一部事務組合や広域連合からなる広域保険者への参加
自治体が関係する合併地域も含めた平均的な合併参加自治体数が 3.41 であ
ることと比べて，大きな差とまでは言えない。また，年次別の合併時期をみ
ても，465 件のうち 92.5％に当たる 430 件が 2004 ～ 2005 年度の 2 ヶ年間に
集中しており，同時期の全体的な状況が 91.8％であることともほぼ一致して
いる。これらのことから，本章において広域保険者参加自治体を含んだ合併
を除外した 465 件の合併事例は，当該時期における市町村合併の全体像と大
きく異なることがないと判断できる。以下では，適宜これら分析対象とする
465 件の合併地域を対象合併地域と称し，その人口規模や合併形態に関する
特徴を概観する。

　対象合併地域について，合併後の新自治体の人口規模[4]を概観すると，
旧合併特例法による市の人口要件に達しない 3 万未満の新自治体が 137 あり，
全体の 30％近くを占めている。それらを含めて人口 10 万未満の自治体が全
体のおよそ 4 分の 3 を占め，また特例市[5]の人口要件（20 万）に満たない自
治体が全体の 87％に達する。これに対して，特例市および中核市（人口要件

---

3) このうち，合併期日が 3 段階に分かれた地域が 2 市（呉市・福山市），2 段階が 15 市町
　あり，これらが延べ数として 465 件の一部を構成する。またこれとは別に，2 段階で
　合併をした唐津市は，うち広域保険者の構成自治体を含む 1 回目の合併分を件数に加
　えていない。
4) ここでは，全国の市町村合併の履歴を示した総務省ウェブサイト上のデータを利用し
　ているため，合併期日にかかわらず 2005 年国勢調査速報値を人口規模データとして統
　一的に用いた。
5) 特例市の制度は，地方自治法の改正（2015 年 4 月 1 日施行）に伴って廃止され，その
　時点での特例市は施行時特例市と称されるが，本章では当時のまま特例市との表現で
　統一した。

36

第1章　市町村合併と広域保険者地域の再編

は30万以上）クラス相当と想定される人口20〜50万の新自治体は全体の1割にも満たない。人口50万以上の都市をみると，京都市（147万人）および広島市（115万）のほか，さいたま市（117万）・堺市（83万）・新潟市（81万）・浜松市（80万）・静岡市（71万）のように，平成の大合併を契機として政令指定都市に移行した自治体が並んでいる。そのほかにも，相模原市や姫路市のように大都市圏外縁部での一定の中心性を有する都市や，宇都宮市や岡山市・松山市など県庁所在都市としての地位をより一層確立するだけでなく将来の道州制における拠点性をもにらんだ都市などがみられる。しかし，人口規模が50万以上の都市の数は，対象合併地域全体の3.4％にとどまっている。このように，平成の大合併による効果あるいは目的として喧伝された，地方分権の受け皿としての行財政基盤の強化を少なくとも外形的には果たしたとみられる新自治体の数は非常に少ない。

　これら人口規模に対して人口密度の関係は，単純化して言えば概ね比例しているが，同水準の人口規模においても人口密度には一定の開きがあり，逆に同程度の人口密度でも人口規模には大きな差がある。人口密度のとくに高い上位10都市は，第1位のふじみ野市（6,950人）をはじめとする埼玉県内の3市（ほかに，さいたま・春日部），愛知県の3市（北名古屋・清須・一宮）のほか，千葉（柏市）・神奈川（相模原市）・岐阜（岐阜市）・大阪（堺市）の各府県1市ずつで占められ[6)]，いずれも大都市圏の中心都市に近接している点に特徴がある。

　人口規模と合併形態との関係をみると，新自治体の人口が小規模の場合は新設合併が多い。とくに，旧合併特例法における市制の要件である人口3万を基準にみると，それを下回る人口規模に相当する137件の合併のうち，編入合併は阿智村（長野県）や豊根村（愛知県）など例外的な6町村にとどまる。新設合併と編入合併の件数は，人口10〜20万程度でほぼ拮抗するが，人口

---

6) 465件の対象合併地域には同一自治体による複数回の合併を個別に集計しているため，このうち相模原市については2006年3月の合併時（人口密度2,736人）および2007年3月合併時（同2,134人）のうち前者（第9位）のみを，ここでの都市別人口密度順位の分析に用いた。そのため，後者を下回る岐阜市（同2,037人）を第10位として扱った。

37

第1部　市町村合併と介護保険の広域運営

20万以上では編入合併が多くなり，30万以上では青森市（人口約31万）の
ような例外はあるものの，編入合併が圧倒的な多数派である。さらに政令指
定都市およびそれへの昇格を目指した合併が多く含まれる人口50万以上の
16地域については，旧清水市と合併した際の静岡市を除く15地域が編入合
併であった。このように，合併後の人口がとくに大規模な事例のほとんどは，
核となる中心的自治体の牽引力による合併であったことが示唆される[7]。

　さらに，対象合併地域以外の合併も含んだ都道府県別の合併状況をみると，
各県の市町村合併に対する施策の違いを反映した形で，件数に開きがある。
ここでの分析対象期間（2002年4月〜2007年3月）における合併が皆無だっ
た東京都をはじめ，大阪府（1件），山形・神奈川県（各3件），奈良県（4件）
などでとくに少ない。逆に合併件数が多かったのは，24件の茨城県をはじ
め，広島県（23件），北海道・新潟県（各21件），長野・兵庫・岡山・愛媛・
福岡・鹿児島県（各18件）などであった。ただし，これら合併件数のうち対
象合併地域の構成比はいくつかの県において低く，富山県と福岡県は対象合
併地域に該当する事例がなく，このほか佐賀・島根・長崎・沖縄・岐阜・岩
手の各県で対象合併地域が半数を下回っている。これらの県では，高齢化の
進む過疎農山村地域の小規模自治体などを中心として保険財政の安定化を狙
いとした介護保険運営の広域化を県が支援するなどして積極的に取り組ん
できたケースが多くみられる[8]。結果として，それら広域保険者に参加しな
かった自治体のみによる対象合併地域が相対的に少ない県も存在する。

---

[7]　合併時に新設と編入のいずれを採用するかは，合併地域における旧自治体数や中心的
自治体の人口規模や行財政力に関する占有率あるいは社会的・経済的地位のほか，旧自
治体間での政治力学等の様々な要因が関係している。とりわけ新設合併の地域では，
旧自治体間で様々な質的・量的違いがある中で「吸収合併」とのイメージによる合併
への障壁を回避すべく，あえて編入方式を採用しなかった事例も少なくないと考えら
れる。したがって形態上の分類による新設方式が必ずしも対等合併であったことを意
味するとは言えないが，逆に編入方式の場合はその実質的な要件としての旧中心自治
体の卓越性を意味していると判断される。なお片柳（2006）は，2000年以降における
複数の市を含む合併事例について分析した結果，旧首位市と旧第2位市との人口比が
4倍以上かつ新市における旧首位市の人口割合が3分の2以上である場合に編入合併
となっていることを明らかにしている。

2. 市町村合併に関する既存研究

　本書が分析しようとする介護保険運営の広域化に関わる地理的問題は，保険者である市町村の合併によっても影響を受けることとなる。市町村合併は，それが行財政の制度的枠組みを変化させるだけでなく，住民の日常生活の様々な面に関連する形で地域の再編成に結びつく特質をもっている。そのため，これまで行政学や財政学，経済学，社会福祉学，福祉政策など地方行財政に関連した諸分野から大きな関心を集めてきた。そして，地域のあり方やその変動に絶えず注意を払う地理学においても，明治および昭和の大合併を中心として古くから研究が積み重ねられてきた。また，昭和の大合併よりも後の比較的新しい時代の合併に関する 2000 年代になってからの成果に限っても，例えば片柳（2002）や美谷（2003）が 1960 〜 1970 年代の都市の合併について旧自治体の人口比や合併後の都市構造あるいは都市内部での諸施設の配置などの面から検証している。森川（2000）は，1990 年代までの日本の主要都市の都市圏内自治体間の協力関係の実態を踏まえ，平成の大合併後の域内各地区における権限確保の必要性を展望するとともに，それら下部組織を欠く形での合併について批判的検討をしている。

　平成の大合併の状況に関しては，総務省による諸施策の内容が明らかになり，また具体的な合併の動きが生じ始めたことに連動して，森川（2002）や美谷（2002）など，合併に関する国の政策的理念や妥当性を論じた研究が得られた。高木（2003）は，市町村合併に関する既存の研究を整理するとともに，今後の研究課題の一つとして領域再編成や地名変化に伴う場所のアイデンティティに関する政治地理的アプローチの必要性を提起した。また戸所（2004）は，今後の日本に必要となる水平的ネットワーク型の都市構造を

---

8) 全国で広域保険者数が最大であった 2003 年 4 月現在のデータをみると，各県の全市町村数に占める広域保険者への参加自治体の割合は，佐賀県の 93.9％を筆頭に，富山（85.7％），島根（83.1％），福岡（74.0％），沖縄（65.4％）などで非常に高い値を示しており，岐阜県でも 47.4％，岩手県も 34.5％など，当時の全国平均である 16.3％を大きく上回っていた。

なす分都市化に向けた市町村合併のあるべき姿を論じ，昭和の大合併による前橋市の例も挙げつつ，地域の豊かな特色が合併によって失われる場合があることを指摘した。さらに合併が活発化していく中で，全国の合併地域の人口・面積規模を地帯構成別に概観し，その予察的な評価を試みた森川（2005）は，平成の大合併がなお進行中であった段階では一連の評価は困難であるとしつつも，合併後の新自治体の面積が広大化する中で，諸施設や人員の整理統合によって住民サービスの面では水準を向上させることが期待しにくいとの見解を示した。同様の観点から岡橋（2004, p.127）は，今日の日本の山村が抱える地域的課題を展望する中で，合併によって，とくに山村地域の自治体がより周辺的な地位に置かれるようになる可能性を指摘した。

　さらには，後述のように平成の大合併が2006年3月末までに概ね収束したため，それらの動きを踏まえた上での地理学的研究がそれ以降に発表されている。例えば，西原（2007）は合併後の新自治体における庁舎の方式に着目し，その決定要因について論じている。日本地理学会「地方行財政の地理」研究グループを中心としたメンバーによる栗島編（2007）では，平成の大合併による基礎自治体の再編について，地方交付税からみた政府間関係，新市町村内での地域行政機関や地域自治のあり方，廃棄物行政などの環境政策，高齢者福祉施策などの実態を踏まえて検証している。また，梶田（2008）は小人口町村に対する国の地方交付税制度の変革が平成の大合併に対して与えた影響について論じている。そして，科学研究費研究メンバーによる研究報告書である西原編（2014）は，合併地域ならびに非合併地域における現況と行政課題を整理し，合併政策の総括を試みている。さらに森川（2015）は，全国の市町村合併にみられた地理的特徴と各県の合併推進要綱との関係を都道府県別に整理するとともに，平成の大合併の一般的特徴を合併の経緯および合併後の影響の両面から詳細に分析しており，地理学分野における市町村合併研究の一つの到達点を示している。

　市町村合併に対する様々な問題点の指摘は，経済学や社会福祉学，福祉政策，地方行財政に関連した諸分野においても広くみられる。例えば財政的見地から町田（2006, p.23）は，平成の大合併において「規模拡大による行政の効率化」という効果を狙うことによって中心市に対して従属的立場にある旧

町村の切り捨てと過疎化を招く危険性が高いとしている[9]。古厩（2003）は，中山間地域の町村同士の合併が行財政力の向上をもたらすとの見方を疑問視するとともに，合併によって広大な行政域をもつことで地域自治の妨げにつながる可能性を指摘している。同様の見方は，地域経済論の立場から岡田（2002）が具体的事例とともに指摘している。

また，市町村合併の中でもとりわけ編入合併の場合は，合併後に特定の旧自治体の制度が画一的に新自治体の全域に適用される問題が生じやすい。そうした点に関連して，地域内の産業振興の面では，横山（2006, pp.74-75）が，産業構造の異なる自治体間の合併で周辺的な立場となる自治体における産業へのてこ入れが一般に弱くなると述べている。保母（2007, pp.4-6）は，合併の目的の一つとされる少子高齢化の進展への対応について，行動範囲の狭い子供や高齢者の近くできめ細かい行政が必要であるとするなど，国が掲げた合併の意義に対して批判的検討を行っている。

介護保険に関しても，例えば坂本（2006, pp.13-14）は，市町村合併が保険財政を表面的に改善することがあったとしても，介護保険サービスが本質的に人的サービスであるゆえに，広域化がすなわち効率化とはならず，旧自治体ごとの狭域生活圏での介護サービスのあり方が課題であると指摘した。こうした住民生活への影響という視点は，行動範囲の狭い子供や高齢者への配慮の必要性を述べた上記の保母（2007）や，地理学的立場から合併後の域内格差に関連して，旧中心集落の衰退が生活圏の狭い高齢者や身障者にとって大きな問題となることを指摘した森川（2008, p.111）と共通している。さらに，介護保険と市町村合併とを関連づけて主たる分析対象とした数少ない地理学的研究として，畠山（2007a）は，群馬県沼田市の合併による高齢者福祉の再編において，地理的分断条件としての峠の存在が旧自治体の境界を越える形でのサービス利用を妨げた実態を報告している。さらに，合併による高齢者福祉サービスへの具体的な影響について個別の地域を事例として明らかにし

---

9) 町田（2006, pp.45-47）は，市を含む合併の過半を占める小都市（人口5～10万）では周辺町村を支えることが期待される中心地区（旧市）の財政力も脆弱であるため，自身の周辺地区も含めて新市の広範囲にわたる過疎化の危険性が高いと指摘している。

第1部　市町村合併と介護保険の広域運営

ようとする論考には，全国的なスケールで合併地域における高齢者福祉ないしは介護保険の変化に関する一般的特性を提示したものとは異なるが，畠山（2005, 2007a, b, c, 2008a, b など）による群馬県利根沼田地域での丹念な事例研究の蓄積がある。

　これら平成の大合併による影響や問題点を論じた研究のうち，1999 年 4 月から 2006 年 3 月までに合併した全ての新市町村を対象として合併による地域福祉全般への影響に関するアンケート調査[10]を実施した川村編（2007）は，その速報性のみならず検討対象となった合併事例が多い点からもとくに注目されるべき研究であった。その調査結果によれば，合併理由には財政面が最重要であって保健医療福祉の充実を目的とした合併は少ないこと，地域福祉関連事業が合併特例債の対象に含まれることが少ないこと，老人保健福祉計画など地域福祉に関する諸計画の策定が合併協議の存在によってその間先送りされたこと，サービスや施設の統廃合や資源利用の広域化が進展する面がみられるものの新たな福祉施策に向けた戦略的な取り組みは不充分であること，住民や地域組織の協働による地域福祉推進の考え方は醸成されていない等の諸課題が明らかとなった。ただし，川村編（2007）は児童・障害児者・医療・ボランティア・NPO などを含む地域福祉に関わる広範な分野を検討課題としていることや，当該調査の実施時期に関する要因[11]から，介護保険に関しては他の福祉分野と比較して充分な分析に至っていない面も否定できない。

　これに対して，市町村合併による介護保険への影響のうち，金額が明らか

---

10) 川村編（2007, pp.34-40）によれば，調査は 2004 年 11 月から 2006 年 5 月の間に 3 つの時期別に実施され，計 556 自治体（この期間中に複数回の合併をした場合は延べ数ではなく 1 自治体として集計）を対象として郵送による調査を実施し，334 自治体（回収率 60.0％）から回答を得た。

11) 介護保険は 2000 年度から 3ヶ年を 1 つの事業期間として運営されている。そのため川村編（2007）では，とくに第 3 期事業期間（2006〜2008 年度）になってからの調査対象（2005 年 4 月〜2006 年 3 月に合併した 321 地域）と第 2 期事業期間（2003〜2005 年度）中に実施した調査対象との間で保険料改定や介護保険事業計画の策定などに対する合併の影響に関して，調査時期による偏りが生じているため充分な検証が行えなかったとしている。

第 1 章　市町村合併と広域保険者地域の再編

であるがゆえに住民負担の変化として端的に把握されやすく，合併前の協議においても議論の対象となったのが介護保険料の水準である。市町村合併では，その形態が新設か編入かを問わず，新たな保険者となる合併後の新自治体の全域で保険料水準を均一化することが一般的である[12]。しかし，合併前の旧自治体間で介護保険サービスの利用状況には違いがあるため，合併後に負担（保険料水準）を均一化しながらも，他方で受益（サービス給付）の不均等が残るといった問題が生じやすいこととなる。

　さらに言えば，上述の諸研究における合併後の新自治体での様々な域内格差に関する指摘からも類推されるように，合併による行政領域の再編を通じても，サービス利用機会の旧自治体間格差が是正されるとは限らない。このことは，合併に参加する旧自治体間で受益と負担のバランスが確保されていない状態が，合併後も継続する可能性を示唆する。有馬（2005）によれば，介護保険料の負担水準の違いが合併協議を頓挫させた事例も生じているが，合併を果たした地域においてもそうした介護保険料をめぐる障害は少なからず存在していたと思われる。他方で，市町村合併とは旧自治体間の多種多様な行財政上の違いを乗り越えて達成されているのが現実である。したがって，多くの合併地域には，介護保険に関して量的にも質的にも様々な不均衡が内包されている可能性を無視できない。しかし，川村編（2007）ほか上述の諸研究においても，介護保険に関して合併地域における旧自治体間での地域的差異がいかなる状況にあったのかを全国的な範囲で把握した論考は，管見の限り見当たらない。

12）序章でも述べた通り，市町村合併にあたって市町村間の保険料の違いが障壁にならないように，厚生労働省では 2002 年 6 月 24 日付老健局介護保険課事務連絡「保険料の不均一賦課について」によって，「市町村間で保険料に著しい格差があるため均一の保険料を賦課することが著しく衡平を欠き，ひいては広域化を阻害する場合は，経過的な措置として不均一の賦課が許容される」との考え方を示している。ただし，このような不均一賦課は，「広域化を行う事業運営期間及びその次の事業運営期間」が適当と記されており，最長で 6 年までと理解される基準が示されている（社会保険研究所編 2003, p.553）。実際は，年度途中に合併した場合でも，合併期日において即座に介護保険料の統一をするのではなく，翌年度 4 月からまたは第 3 期事業期間の始まる 2006 年 4 月からとする地域が多かった。

43

第1部　市町村合併と介護保険の広域運営

3. 市町村合併による広域保険者地域の再編

　ここでは，平成の大合併期の前後を通じて，介護保険の広域保険者の地域的枠組みがいかなる再編過程をたどったのかを検証する。これは，本書の基底をなす問題意識を踏まえた分析の第一歩として位置づけられる。その問題意識とは，近年の社会保障制度の再構築と行財政の地域的再編という2つの大きな社会的課題の交点に着目する必要性である。

(1) 保険者領域の消滅と存続

　市町村合併の影響を受け，2005年度までに広域保険者の数は減少傾向にあった。しかし，広域保険者が関係する地域で合併が生じても，必ずしも広域保険者が消滅するとは限らず，その領域変化のパターンは様々であった。ここでは，広域保険者数が最多であった第2期事業期間の開始時（2003年4月現在）の69保険者を基準として，第4期事業期間の開始時（2009年4月）までに保険者としての枠組みが消滅したケース（32地域，パターンA）と存続したケース（37地域，パターンB）とに区分し，それぞれがどのような保険者領域の再編過程をたどったのかを整理する[13]。

1）消滅した保険者地域

　69地域のうち，消滅した32地域の内訳をみると（表1-1），15地域（パターンA1）は，当該保険者の全構成市町村のみで市町村合併を行い，その新自治体による単独の保険者に移行したものである。また，4地域（パターンA2）は，その広域保険者を構成していた全自治体に加えて，当該の広域保険者に加入していなかった単一または複数の他市町村と合併したことによっ

13）市町村合併の影響もあり，一部の広域保険者では名称変更が生じている。例えば，坂井郡介護保険広域連合（福井県）は，合併によって町村のない体制となったため，名称が坂井地区介護保険広域連合となった。同様に，邑智郡町村総合事務組合（島根県）は，村が消滅したため邑智郡総合事務組合となった。また，一関地方広域連合（岩手県）は体制を刷新したため，一関地区広域行政組合となった。これら変更のあった広域保険者について，ここでは，2009年4月現在の名称を使用した。

44

第1章　市町村合併と広域保険者地域の再編

て新自治体に移行した。そして残る13地域（パターンA3）は，広域保険者の構成市町村が分裂する形で複数の合併が生じたため，結果として，従前の広域保険者の枠組みを解消することになったものである。

このパターンA3に属する13地域では，複数の合併が生じる場合も少なくなかったため，パターンA1やパターンA2と比べて，広域保険者の消滅に至る過程がいくらか複雑になっている[14]。例えば，3町1村による体制であった新治地方広域事務組合（茨城県）は，うち2町が2005年3月に新設合併によって，かすみがうら市になった後も，年度が変わった2005年4月現在では他の2町村と引き続き3市町村体制で広域運営を継続した。しかし，1町が組合に非加入の石岡と2005年10月に新設合併（新・石岡市）に至り，また1村は翌2006年2月に，組合に非加入の土浦市への編入合併となり，結果として広域保険者としての体制が消滅することとなった。広域保険者に加入していなかった市町村との合併が関係したこのような事例は，依田窪医療福祉事務組合（長野県）や吉城広域連合（岐阜県），高山・大野広域連合（同），一志地区広域連合（三重県），度会1部介護保険事務組合（同），熊野川地域広域組合（和歌山県），西彼杵広域連合（長崎県），北松南部広域連合（同），日置広域連合（鹿児島県）でもみられるなど，編入合併の場合に限らず，それまでの広域運営の枠組みを解消する方向へとつながることが多かった。

また，パターンA3のうち，檜山北部広域連合（北海道），松江地区広域行政組合（島根県），唐津・東松浦広域市町村圏組合（佐賀県）の3地域は，非構成市町村との合併は生じなかったが，他の市町村による合併で生じた新自治体と合併に参加しなかった1自治体との間で広域運営を継続することについて合意に至らず，広域保険者の枠組みが消滅した。そこでは，合併を果たした新自治体が，規模の拡大に伴って自身での業務体制の確立を進めたこと

---

14) 9市町村体制であった松江地区広域行政組合（島根県）は，2005年3月の新設合併（新・松江市）では8市町村による合併であったが，残りの1町（東出雲町）も6年後の2011年8月に松江市に編入合併を果たした。したがって，同組合のたどったプロセスは，一時的には複数の自治体に分裂した点でパターンA3に該当するものの，広域保険者を構成していた旧自治体のみで単一の新自治体に移行したことによって保険者消滅に至ったパターンA1に類似している。

45

第1部　市町村合併と介護保険の広域運営

表1-1　2003年4月現在の広域保険者のうち2009年4月までに消滅した32保険者地域（パターンA1〜A3）

	都道府県	保険者名	備考（合併期日と新自治体名）
パターンA1 （15地域） 保険者の構成 旧自治体のみ で単一の新自 治体に移行し た地域	新潟県	東蒲原広域事務組合	全4町村で新設合併（H17-4-1 阿賀町）
	富山県	射水地区広域圏事務組合	全5市町村で新設合併（H17-11-1 射水市）
	岐阜県	郡上広域連合	全7町村で新設合併（H16-3-1 郡上市）
		益田広域連合	全5市村で新設合併（H16-3-1 下呂市）
	三重県	伊賀介護保険 広域連合	全6市町村で新設合併（H16-11-1 伊賀市）
	滋賀県	湖西広域連合	全6町村で新設合併（H17-1-1 高島市）
	島根県	安来能義広域行政組合	全3市町で新設合併（H16-10-1 新・安来市）
		大田市外2町 広域行政組合	全3市町で新設合併（H17-10-1 新・大田市）
	岡山県	邑久広域連合	全3町で新設合併（H16-11-1 瀬戸内市）
		阿新広域事務組合	全5市町で新設合併（H17-3-31 新・新見市）
	広島県	安芸たかた広域連合	全6町で新設合併（H16-3-1 安芸高田市）
		神石広域事務組合	全4町で新設合併（H16-11-5 神石高原町）
	山口県	周防大島広域連合	全4町で新設合併（H16-10-1 周防大島町）
	長崎県	下五島地域広域市町 村圏組合	全6市町で新設合併（H16-8-1 五島市）
		対馬総町村組合	全6町で新設合併（H16-3-1 対馬市）
パターンA2 （4地域） 保険者の構成 旧自治体の全 部と他自治体 で単一の新自 治体に移行し た地域	富山県	上婦負介護保険 事務組合	全6町村が非組合の富山市と新設合併（H17-4-1 新・富山市）
	石川県	白山ろく広域連合	全5村が非広域連合の3市町（松任市，美川町，鶴来町）と新設合併（H17-2-1 白山市）
	静岡県	田方南部 広域行政組合	全3町が非組合の土肥町と新設合併（H16-4-1 伊豆市）
	島根県	出雲市外6市町 広域事務組合	全4市町が非組合の2市町（平田市，大社町）と新設合併（H17-3-22 新・出雲市）
パターンA3 （13地域） 保険者を構成 していた旧自 治体が1つま たは2つ以上 の合併を経て 複数の新自治 体に分裂した 地域	北海道	檜山北部広域連合	3町（北檜山町，瀬棚町，大成町）が新設合併（H17-9-1 せたな町），今金町が非合併で単独化
	茨城県	新治地方 広域事務組合	2町（霞ヶ浦町，千代田町）が新設合併（H17-3-28 かすみがうら市）して他の2町村（八郷町，新治村）と運営継続，八郷町が非組合の石岡市と新設合併（H17-10-1 新・石岡市），新治村がH18-2-20 非組合の土浦市に編入
	長野県	依田窪医療福祉 事務組合	2町村（長門町，和田村）が新設合併（H17-10-1 長和町），武石村が非組合の3市町（上田市，丸子町，真田町）と新設合併（H18-3-6 新・上田市）
	岐阜県	吉城広域連合	4町村（古川町，河合村，宮川村，神岡町）が新設合併（H16-2-1 飛騨市），2町村（国府町，上宝村）が非（他の）広域連合（高山・大野広域連合）に加入，高山・大野広域連合の7町村（丹生川村，清見村，荘川村，宮村，久々野町，朝日村，高根村）と合併（H17-2-1 高山・大野広域連合の高山市に編入）
		高山・大野広域連合	9町村（丹生川村，清見村，荘川村，宮村，久々野町，朝日村，高根村，国府町，上宝村）が高山・大野広域連合の高山市に編入（H17-2-1），白川村が非合併で単独化

46

第1章　市町村合併と広域保険者地域の再編

パターンA3 （つづき）	三重県	一志地区広域連合	2町（嬉野町，三雲町）が非広域連合の3市町（松阪市，飯南町，飯高町）と新設合併（H17-1-1 新・松阪市），4町村（香良洲町，一志町，白山町，美杉村）が非広域連合の6市町村（津市，久居市，河芸町，芸濃町，美里村，安濃町）と新設合併（H18-1-1 新・津市）
		度会1部介護保険事務組合	3町村（二見町，小俣町，御薗村）が非組合の伊勢市と新設合併（H17-11-1 新・伊勢市），玉城町が非合併で単独化
	和歌山県	熊野川地域広域組合	本宮町が非組合の4市町村（田辺市，龍神村，中辺路町，大塔村）と新設合併（H17-5-1 新・田辺市），熊野川町が非組合の新宮市と新設合併（H17-10-1 新・新宮市），北山村が非合併で単独化
	島根県	松江地区 広域行政組合	8市町村（松江市，鹿島町，島根町，美保関町，八雲村，玉湯町，宍道町，八束町）が新設合併（H17-3-31 新・松江市），東出雲町が非合併で単独化し，H23-8-1 松江市に編入
	佐賀県	唐津・東松浦 広域市町村圏組合	8町村（唐津市，浜玉町，厳木町，相知町，北波多村，肥前町，鎮西町，呼子町）が新設合併（H17-1-1 新・唐津市），七山村が非合併で単独化し，H18-1-1 唐津市に編入，玄海町が非合併で単独化
	長崎県	西彼杵広域連合	外海町がH17-1-4 非広域連合の長崎市に編入，5町（西彼町，西海町，大島町，崎戸町，大瀬戸町）が新設合併（H17-4-1 西海市），4市町（西海市，長与町，時津町，琴海町）で運営継続，琴海町がH18-1-4 非広域連合の長崎市に編入，3市町（西海市，長与町，時津町）で運営継続，H19-3-31 広域連合解散，2町（長与町，時津町）が非合併で単独化
		北松南部広域連合	2町（吉井町，世知原町）がH17-4-1 非広域連合の佐世保市に編入，田平町が非広域連合の3市町村（平戸市，生月町，大島村）と新設合併（H17-10-1 新・平戸市），小佐々町がH18-3-31 佐世保市に編入，2町（江迎町，鹿町町）が非合併でそれぞれ単独化し，いずれもH22-3-31 佐世保市に編入
	鹿児島県	日置広域連合	2町（松元町，郡山町）がH16-11-1 非広域連合の鹿児島市に編入，4町（東市来町，伊集院町，日吉町，吹上町）が新設合併（H17-5-1 日置市），市来町が非広域連合の串木野市と新設合併（H17-10-11 いちき串木野市）

（厚生労働省資料および総務省資料より作成）

第1部　市町村合併と介護保険の広域運営

が主な要因になったと考えられる。

　このほか，吉城広域連合と高山・大野広域連合では，短期間ではあったが，一部の構成町村による前者から後者への異動がみられた。これは，もともと前者に加入していた2町村（国府町・上宝村）が，他の4町村による新設合併（2004年2月）で誕生した飛騨市への合併に参加しなかった一方で，合併による異動が生じる前の後者へ加入した上で，後者が消滅した直接の要因である2005年2月の新・高山市の誕生（従前の高山市への9町村による編入合併）に参加したものである。こうした広域保険者間の異動は，全国的にも珍しい事例と言えよう。

　2）存続した保険者地域

　第2期事業期間の開始時（2003年4月現在）にみられた69保険者のうち，第4期事業期間の開始時（2009年4月）に存続していたのは37地域であった（パターンB）。このうち，その地理的範囲に変化がなかった27の広域保険者（パターンB1）は，次のように3通りに細分できる（表1-2）。

　27地域のうち16地域（パターンB1-1）は，広域保険者の構成市町村のうち，一部の市町村で合併が行われたために誕生した1つまたは複数の新自治体と，それ以外の非合併市町村との間で，引き続き広域保険者の枠組みを維持することが合意されたものである。ここでは，広域保険者に参加していなかった市町村との合併でなかったことが，消滅したパターンA2やパターンA3の場合とは大きく異なる点である。また，5地域（パターンB1-2）は，広域保険者の全ての構成市町村がいずれかの合併に関与し，複数の新自治体が誕生したが，それら複数の新自治体によって広域保険者の枠組みが維持されたものである。残る6地域（パターンB1-3）は，合併が全く生じなかったため保険者領域もそのままであった。

　そして，存続した37保険者のうち，以上のパターンB1を除く10地域をみると，6地域では（表1-3），構成市町村の一部が広域保険者に参加していなかった他市町村との合併によって広域保険者から離脱したため，広域保険者の領域が縮小した（パターンB2）。これとは逆に4地域では（表1-4），構成市町村の一部が広域保険者に参加していなかった他市町村との合併に際し

て，それら他市町村の領域も含む形で広域保険者を存続させることになり，結果として当該の広域保険者の領域が従前よりも拡大した（パターンB3）。

(2) 選択的／非選択的な脱広域化

　前項では，第2期事業期間の開始時に存立していた69の広域保険者を基準として，その後の領域変化をみたが，それら広域保険者の領域変化に関係して影響を受けた構成市町村を単位としてみた場合，次のような再編動向が指摘できる。第一に，広域保険者の中の一部の市町村で合併して誕生した新自治体が，従前の広域保険者が存続するにもかかわらず，その枠組みにとどまるのではなく，単独の介護保険者に移行した動きについてである。これは，合併によって一定の規模を確保したことによる業務遂行体制の確立の結果として自然な帰結のように思えるが，69の広域保険者に参加していた市町村の中では，圧倒的に少数派である。そのわずかな例が，福岡県介護保険広域連合から離脱した2つの新自治体（嘉麻市，みやま市）である。

　福岡県介護保険広域連合は，最も多い時期には72市町村から構成され，第1号被保険者数でも全国最大の広域保険者であるが，それら2市は，近隣の3ないし4市町村による合併時に，それぞれ同広域連合から脱退することを選択し，単独の介護保険者となった。その最大の理由は，単独運営を選択することが，広域連合にとどまる場合よりも保険料水準を低く抑えることにつながるためであった。例えば嘉麻市での聞き取りによれば，合併直後の第3期事業期間（2006～2008年度）の場合，同広域連合に新自治体（嘉麻市）として再加入して適用される保険料（月額）が，3段階の不均一賦課制で最も高額なAグループの6,456円となるのに対して，嘉麻市単独で運営することによって5,570円に抑えることが可能となった。このような保険料高騰の回避といった利点が，再加入を選択しなかった最も大きな決め手となった[15]。またみやま市も，第4期の保険料額が4,686円となり，同広域連合のAグループ（6,275円）はもとより，Bグループ（4,700円）をも下回る水準であった。

　第二に，こうした選択的な脱広域化とは異なる動きとして，介護保険の広域運営の枠組みから脱することを余儀なくされた，言わば非選択的な脱広域

49

第1部　市町村合併と介護保険の広域運営

表1-2　2009年4月現在に存続した広域保険者のうち地理的範囲に変化のなかった27
保険者地域（パターンB1）

	都道府県	保険者名	第2期開始時の構成市町村数	合併の内容
パターンB1-1（16地域）一部の市町村による合併で誕生した1つまたは複数の新自治体と，それ以外の非合併市町村との間で，引き続き広域保険者の枠組みを維持した地域	北海道	日高中部広域連合	3町	2町（静内町，三石町）が新設合併（H18-3-31新ひだか町）
	岩手県	久慈広域連合	6（1市1町4村）	2市村（久慈市，山形村）が新設合併（H18-3-6新・久慈市），2町村（種市町，大野村）が新設合併（H18-1-1洋野町）
		二戸地区広域行政事務組合	5（1市3町1村）	2市町（二戸市，浄法寺町）が新設合併（H18-1-1新・二戸市）
	埼玉県	大里広域市町村圏組合	9（2市6町1村）	3市町（熊谷市，大里村，妻沼町）が新設合併（H17-10-1新・熊谷市），4市町（深谷市，岡部町，川本町，花園町）が新設合併（H18-1-1新・深谷市），江南町がH19-2-13熊谷市に編入
	富山県	砺波地方介護保険組合	12（2市6町4村）	2市町（砺波市，庄川町）が新設合併（H16-11-1新・砺波市），8町村（城端町，平村，上平村，利賀村，井波町，井口村，福野町，福光町）が新設合併（H16-11-1南砺市）
		新川地域介護保険組合	4（1市3町）	2市町（黒部市，宇奈月町）が新設合併（H18-3-31新・黒部市）
	長野県	北アルプス広域連合	7（1市1町5村）	2村（八坂村，美麻村）がH18-1-1大町市に編入
	岐阜県	もとす広域連合	7（6町1村）	2町（穂積町，巣南町）が新設合併（H15-5-1瑞穂市），4町村（本巣町，真正町，糸貫町，根尾村）が新設合併（H16-2-1本巣市）
		揖斐広域連合	8（3町5村）	6町村（揖斐川町，谷汲村，春日村，久瀬村，藤橋村，坂内村）が新設合併（H17-1-31新・揖斐川町）
	三重県	鈴鹿亀山地区広域連合	3（2市1町）	2市町（亀山市，関町）が新設合併（H17-1-11新・亀山市）
		紀北広域連合	3（1市2町）	2町（紀伊長島町，海山町）が新設合併（H17-10-11紀北町）
		紀南介護保険広域連合	5（1市2町2村）	2市町（熊野市，紀和町）が新設合併（H17-11-1新・熊野市），2町村（紀宝町，鵜殿村）が新設合併（H18-1-10新・紀宝町）
	島根県	隠岐広域連合	7（3町4村）	4町村（西郷町，布施村，五箇村，都万村）が新設合併（H16-10-1隠岐の島町）
	佐賀県	佐賀中部広域連合	18（2市13町3村）	4町（小城町，三日月町，牛津町，芦刈町）が新設合併（H17-3-1小城市），5市町村（佐賀市，諸富町，大和町，富士町，三瀬村）が新設合併（H17-10-1新・佐賀市），2町村（三田川町，東脊振村）が新設合併（H18-3-1吉野ヶ里町），3町村（神埼町，千代田町，脊振村）が新設合併（H18-3-20神埼市），3町（川副町，東与賀町，久保田町）がH19-10-1佐賀市に編入
		鳥栖地区広域市町村圏組合	6（1市5町）	3町（中原町，北茂安町，三根町）が新設合併（H17-3-1みやき町）

50

第1章　市町村合併と広域保険者地域の再編

パターン B 1-1 （つづき）	佐賀県	杵藤地区広域 市町村圏組合	12 （2市10町）	3町（白石町, 福富町, 有明町）が新設合併（H17- 1-1 新・白石町）, 2町（塩田町, 嬉野町）が新設 合併（H18-1-1 嬉野市）, 3町（武雄市, 山内町, 北方町）が新設合併（H18-3-1 新・武雄市）
パターン B 1-2 （5地域） 2つ以上の合 併新自治体で 継続された地 域	秋田県	大曲仙北広域 市町村圏組合	14 （1市10町 3村）	3町村（六郷町, 千畑町, 仙南村）が新設合 併（H16-11-1 美郷町）, 8市町村（大曲市, 仙北 町, 太田町, 神岡町, 西仙北町, 協和町, 南外村, 中仙町）が新設合併（H17-3-22 大仙市）, 3町村 （田沢湖町, 角館町, 西木村）が新設合併（H17- 9-20 仙北市）
	福井県	坂井地区介護 保険広域連合	6町	2町（芦原町, 金津町）が新設合併（H16-3-1 あ わら市）, 4町（三国町, 丸岡町, 春江町, 坂井 町）が新設合併（H18-3-20 坂井市）
	島根県	雲南広域連合	10（9町1村）	6町村（大東町, 加茂町, 木次町, 三刀屋町, 吉 田村, 掛合町）が新設合併（H16-11-1 雲南市）, 2町（頓原町, 赤来町）が新設合併（H17-1-1 飯 南町）, 2町（仁多町, 横田町）が新設合併（H17- 3-31 奥出雲町）
	徳島県	みよし広域 組合	8（6町2村）	2町（三好町, 三加茂町）が新設合併（H18-3-1 東みよし町）, 6町村（三野町, 池田町, 山城町, 井川町, 東祖谷山村, 西祖谷山村）が新設合併 （H18-3-1 三好市）
	長崎県	島原地域広域 市町村圏組合	17（1市16町）	7町（国見町, 瑞穂町, 吾妻町, 愛野町, 千々石 町, 小浜町, 南串山町）が新設合併（H17-10-11 雲仙市）, 有明町がH18-1-1 島原市に編入, 8町 （加津佐町, 口之津町, 南有馬町, 北有馬町, 西 有家町, 有家町, 布津町, 深江町）が新設合併 （H18-3-31 南島原市）
パターン B 1-3 （6地域） 構成市町村の 関係する合併 が生じなかっ た地域	北海道	空知中部広域 連合	6（1市5町）	
	富山県	中新川広域 行政事務組合	3（2町1村）	
	長野県	諏訪広域連合	6 （3市2町1村）	
	愛知県	知多北部広域 連合	4（3市1町）	
	大阪府	くすのき広域 連合	3（3市）	
	高知県	中芸広域連合	5（3町2村）	

（厚生労働省資料および総務省資料より作成）

51

第1部　市町村合併と介護保険の広域運営

表1-3　領域が縮小した保険者地域（パターンB2）

都道府県	保険者名	離脱した地域	合併して再加入した地域
岩手県	盛岡北部行政事務組合	玉山村がH18-1-10非組合の盛岡市に編入	3町村（西根町，安代町，松尾村）が新設合併（H17-9-1八幡平市）して再加入
長野県	木曽広域連合	楢川村がH17-4-1非広域連合の塩尻市に編入，山口村がH17-2-13非広域の岐阜県中津川市に編入	4町村（木曽福島町，日義村，開田村，三岳村）が新設合併（H17-11-1木曽町）して再加入
岐阜県	安八郡広域連合	墨俣町がH18-3-27非広域連合の大垣市に編入	
島根県	邑智郡総合事務組合	桜江町がH16-10-1非（他の）組合（浜田地区広域行政組合）の江津市に編入	2町村（邑智町，大和村）が新設合併（H16-10-1美郷町）して再加入，3町村（羽須美村，瑞穂町，石見町）が新設合併（H16-10-1邑南町）して再加入
福岡県	福岡県介護保険広域連合	玄海町が非広域の宗像市と新設合併（H15-4-1新・宗像市），津屋崎町が非広域の福間町と新設合併（H17-1-24福津市），4町（田主丸町，北野町，城島町，三潴町）がH17-2-5非広域の久留米市に編入，大島村がH17-3-28非広域の宗像市に編入，2町（杷木町，朝倉町）が非広域の甘木市と新設合併（H18-3-20朝倉市），2町（犀川町，勝山町）が非広域の豊津町と新設合併（H18-3-20みやこ町），4町（筑穂町，穂波町，庄内町，頴田町）が非広域の飯塚市と新設合併（H18-3-26新・飯塚市），4市町（山田市，稲築町，碓井町，嘉穂町）が新設合併（H18-3-27嘉麻市）して離脱，上陽町がH18-10-1非広域の八女市に編入，3町（瀬高町，山川町，高田町）が新設合併（H19-1-29みやま市）して離脱，2町（二丈町，志摩町）が非広域の前原市と新設合併（H22-1-1糸島市），4町村（黒木町，立花町，矢部村，星野村）がH22-2-1非広域の八女市に編入	2町（吉井町，浮羽町）が新設合併（H17-3-20うきは市）して再加入，3市町（柳川市，大和町，三橋町）が新設合併（H17-3-21新・柳川市）して再加入，2町（三輪町，夜須町）が新設合併（H17-3-22筑前町）して再加入，2村（小石原村，宝珠山村）が新設合併（H17-3-28東峰村）して再加入，2村（新吉富村，大平村）が新設合併（H17-10-11上毛町）して再加入，2町（椎田町，築城町）が新設合併（H18-1-10築上町）して再加入，2町（宮田町，若宮町）が新設合併（H18-2-11宮若市）して再加入，3町（赤池町，金田町，方城町）が新設合併（H18-3-6福智町）して再加入
沖縄県	沖縄県介護保険広域連合	2町（与那城町，勝連町）が非広域の2市（石川市，具志川市）と新設合併（H17-4-1うるま市）	4町村（玉城村，知念村，佐敷町，大里村）が新設合併（H18-1-1南城市）して再加入，2町村（東風平町，具志頭村）が新設合併（H18-1-1八重瀬町）して再加入

（厚生労働省資料および総務省資料より作成）

52

第1章　市町村合併と広域保険者地域の再編

表1-4　領域が拡大した保険者地域（パターンB3）

都道府県	保険者名	新加入した自治体を含む合併	構成市町村間での新設合併後に再加入した新自治体の地域
岩手県	一関地区 広域行政組合	2市町（一関市，花泉町）が非組合の5町村（大東町，千厩町，東山町，室根村，川崎村）と新設合併（H17-9-20新・一関市）	
秋田県	本荘由利広域 市町村圏組合	7市町（本庄市，矢島町，岩城町，由利町，西目町，東由利町，大内町）が非組合の鳥海町と新設合併（H17-3-22由利本荘市），2町（金浦町，象潟町）が非組合の仁賀保町と新設合併（H17-10-1にかほ市）	
鳥取県	南部箕蚊屋 広域連合	岸本町が非広域連合の溝口町と新設合併（H17-1-1伯耆町）	2町（西伯町，会見町）が新設合併（H16-10-1南部町）
島根県	浜田地区 広域行政組合	江津市がH16-10-1非（他の）組合（邑智郡町村総合事務組合）の桜江町を編入	5市町村（浜田市，金城町，旭町，弥栄村，三隅町）が新設合併（H17-10-1新・浜田市）

（厚生労働省資料および総務省資料より作成）

化に至った地域がある。それは，広域保険者に参加していた市町村のうち，合併に参加しなかったことで，介護保険の保険者領域については従前のような他市町村との広域運営ではなく，単独運営に移行したケースであり，そうした自治体が全国で10町村あった（表1-5）。それら10町村が単独運営に移行したのは，従前の広域保険者の構成市町村のうち，自らを除く大半の，ま

---

15) 嘉麻市は，福岡県内の保険者別にみた保険料額では最上位に位置する高給付自治体であるが，不均一賦課制をとる福岡県介護保険広域連合の内部には，嘉麻市よりもさらに給付水準の高い（同広域連合においてAグループと呼ばれる）市町村が含まれているため，それらの加重平均額よりも嘉麻市単独での保険料額の方が低額であった。また，同広域連合では2001年度より財政安定化基金からの借入金があったが，新設合併によって嘉麻市となった旧4町分は，2006年3月の合併ならびに広域連合離脱時に一括返済したため，嘉麻市として2006年度からの第3期事業期間の保険料額を上乗せする必要がなくなったことも嘉麻市単独での保険料の抑制に影響した。なお，厚労省や都道府県などが公表している保険者別の保険料は，同広域連合については，Bグループ（3段階のうち中位）の額によって表章されることが通常であるため，高額なAグループの金額は，当該グループに属する自治体の住民を除いて，ほとんど知られることがない。

第1部　市町村合併と介護保険の広域運営

表 1-5　非合併による脱広域化の 10 町村

都道府県	広域保険者	脱広域化した構成町村	65歳以上人口（2005年国勢調査）	広域保険者内での高齢者人口規模の割合(%)	広域保険者の構成市町村が合併によって関係した他自治体の65歳以上人口（2005年国勢調査時）
北海道	檜山北部広域連合	今金町	1,945	35.1	せたな町 3,595 人
岐阜県	高山・大野広域連合	白川村	486	2.1	高山市 22,982 人
三重県	度会 1 部介護保険事務組合	玉城町	3,142	30.4	二見町 2,035 人，小俣町 3,486 人，御薗村 1,685 人
和歌山県	熊野川地域広域組合	北山村	244	***	田辺市 20,829 人，新宮市 9,375 人
島根県	松江地区広域行政組合	東出雲町*	2,801	6.0	松江市 43,849 人
佐賀県	唐津・東松浦広域市町村圏組合	玄海町	1,594	4.8	唐津市 30,806 人，七山村 744 人
長崎県	西彼杵広域連合	長与町	6,792	28.3	西海市 10,011 人，琴海町 2,790 人，時津町 4,446 人
		時津町	4,446	18.5	西海市 10,011 人，琴海町 2,790 人，長与町 6,792 人
	北松南部広域連合	江迎町**	1,640	***	佐世保市 57,155 人，平戸市 11,455 人，小佐々町 1,556 人，鹿町町 1,425 人
		鹿町町**	1,425	***	佐世保市 57,155 人，平戸市 11,455 人，小佐々町 1,556 人，江迎町 1,640 人

注：＊松江市への編入合併（2011 年 8 月 1 日）まで脱広域化
　　＊＊佐世保市への編入合併（2010 年 3 月 31 日）まで脱広域化
　　＊＊＊当該町村以外は広域保険者の非構成自治体と合併したため，保険者内での割合は算出していない．
（厚生労働省資料および総務省資料より作成）

たは自らを除く全ての市町村が 1 つまたは複数の新自治体になるような合併が生じたが，それら新自治体との間で，引き続き広域保険者としての枠組みを維持する合意が得られなかったためであった。これら 10 町村のうち 3 町は，その後に近隣の都市へ編入合併されたが，それまでの 4～6 年あまりは，経験のなかった小規模での単独運営を余儀なくされた[16]。

　合併を経た新自治体との間で，これら 10 町村をめぐり広域運営を継続する合意が得られなかった要因は，合併に至らなかった理由が複合的であることが多いのと同様に単純化しづらい面もある。しかし，より一般化して言うなら，合併を経た他の新自治体にとって，広域保険者となる利点が乏しかっ

54

たことが大きかったためであったと考えられる。より細かく言えば，他の新自治体の側からみて，これら単独運営に移行した10町村は，規模が小さいので広域化によるスケールメリットが期待しにくいことや業務の実施に際してほぼ一方的に頼られる面が強い点が指摘できる。この例としては，白川村や北山村，玄海町などが該当すると考えられる。また，非合併自治体の給付水準が従前から高いため，広域保険者になると均一化した保険料が上昇してしまうことが予測される場合もあり，玉城町や長与町，時津町がこれに該当する[17]。

このほか，市町村合併を経て一部の構成自治体が離脱したことに伴い，残された構成自治体が相互に飛び地の関係になってしまい，一体性が損なわれた状態に至ったことが，広域運営の解消の一因となった可能性をもつ例もある。9町体制であった西彼杵広域連合では，広域連合のメンバーではなかった長崎市への編入合併による1町の離脱（2005年1月）と5町による新設合併（2005年4月，西海市）を経て，4市町（西海市，長与町，時津町，琴海町）での広域運営が2005年4月当初は維持されていた。しかし，1町（琴海町）が長崎市へ編入合併（2006年1月）して広域連合を離脱したことで，西海市と他の2町とが相互に隣接しない状態へと変化した。第3期の開始当初（2006年4月）には3市町（西海市，長与町，時津町）体制を維持したものの，事業期間の中途であるにもかかわらず2007年3月末で同広域連合は解散となり，2007年4月1日から3市町はそれぞれ単独運営に移行した。

長与町では，「広域連合の解散を必要とするに至った理由」と題する町議会向けの資料において，介護保険事業に直接関わる事項[18]とともに，西海市の旧西彼町（長与町や時津町と同じく大村湾に面する市東部）地内に予定され

---

16) 9市町村体制であった松江地区広域行政組合（島根県）において東出雲町は，2005年3月の新設合併（新・松江市）に参加しなかったため，2011年8月に同市に編入合併を果たすまでの6年あまりの間，単独運営となった。また6町で構成されていた北松南部広域連合（長崎県）のうち4町が佐世保市（2005年4月1日，2006年3月31日）や平戸市（2005年10月1日）との合併を果たしたため，非合併の2町（江迎町，鹿町町）は2010年3月31日の佐世保市への編入合併まで4年程度の間，単独運営となった。
17) 各町および同じ広域保険者内の他自治体での聞き取りによる。

第1部　市町村合併と介護保険の広域運営

ていた一般廃棄物処理施設の設置計画が一部地権者の反対等によって頓挫したことが記されているが，このことは西海市での聞き取りにおいても，3市町間での連携の機運が縮小したことと関係があった点として挙げられた。

さらに，西彼杵広域連合における長与町と時津町および北松南部広域連合における江迎町と鹿町町はいずれも，各広域保険者地域内でそれら非合併の自治体間での広域運営の継続という選択がされなかった事例でもある。このことは，2町間での給付水準の違いが小さくなかったこと[19]や，従前の広域保険者の枠組みによる事務局体制から，残された少数の自治体による小規模な広域運営への移行に伴う実務コストが，単独運営による場合と比較しても小さくなかったことを意味している。

これは，とりわけ広域運営を維持する上で不可欠となる事務局のスペースをどこに確保するのかという点と関わっている。西彼杵広域連合では，西海市の旧西彼町が所有していた施設[20]を事務局のスペースとして利用していたが，西海市が広域運営を維持しない以上は，他の2町だけで西海市の施設を利用することは現実的でなく，その新たな確保が見込めないことも広域運営を選択しない要因の一つになったと指摘されている[21]。こうした広域保険者の事務局スペースの確保が必ずしも軽微な問題でないことは，例えば第3章で後述するように，介護保険制度の開始初期から複数の市町村による広

18）長与町での聞き取りによれば，2006年度から地域密着型サービスおよび地域支援事業が導入されることを踏まえ，各市町単独で介護保険事業を推進する方が，地域の実情に即した事業展開を展望しやすいとの点が挙げられた。

19）長崎県福祉保健部長寿社会課での聞き取り（2008年2月現在）によれば，2006年度の西彼杵広域連合の介護保険料（標準額）は月額4,880円であったが，広域連合解散後の2007年4月以降の3市町別の保険料は，西海市4,450円に対して，長与町は5,017円，時津町は5,825円であり，西海市と長与町との間以上に，2町間での差がより大きかった。

20）これは，閉園されたテーマパーク（オランダ村）の跡地施設を旧西彼町が購入したものであった。

21）西海市での聞き取りによれば，もし仮に広域連合の事務局が西海市内ではなく長与町または時津町のいずれかに置かれていたなら，2町による2007年4月以降の広域運営の継続があったかもしれないとの見方が出された。

56

域運営を推奨していた三重県で，直接的な財政措置や県職員の派遣とともに，県施設の事務局スペースとしての提供を市町村への支援策の柱としていたことからも裏付けられる。

　以上のように，平成の大合併期を通じた広域保険者の再編は，様々な外部環境の変化によって影響を受け，最終的に単独運営へ移行することになった町村を生じさせることとなった。それら町村における単独運営への移行は，そうした変化を受け入れざるを得なかったという意味で，非選択的な脱広域化であったと言えるだろう。

第1部　市町村合併と介護保険の広域運営

第2章

介護保険の事業特性をめぐる旧市町村間の差異と市町村合併の影響

1. 疑似的な広域保険者としての合併市町村

　序章で述べた通り，複数の市町村で構成される広域保険者の面積は単独運営の場合よりも広域であり，施設やサービス事業所の立地にはその保険者地域内で偏りもある。つまり，同一の保険者地域内でも，近接して多くのサービス機能が立地するためにサービスの利用が比較的容易な地区だけでなく，近くに施設や事業所が少ないためサービス利用が低調な地区も存在する。これは単独の市町村が保険者となる場合でも同様であるが，保険者領域が広いほど一層の域内格差が生じる可能性は高まりやすい。このように保険者地域内でサービス基盤の分布の不均一がある一方で保険料賦課水準が均一化されることは，受益（サービス給付）と負担（保険料）に関して構成市町村間での公平性をかえって損なうおそれがある。

　介護保険運営の広域化に関わる地理的問題は，保険者である市町村領域の再編が進めば，必然的にその影響を関係住民にもたらすこととなる。2000年代前半から半ばにかけて活発に進められた市町村合併は，行財政の制度的枠組みを変化させるだけでなく，住民の日常生活の様々な面に関連する形で地域の再編成に結びつく特質をもっている。介護保険について，市町村合併では，その形態が新設か編入かを問わず，新たな保険者となる合併後の新自治体の全域で保険料水準を均一化することが一般的である[1]。しかし，合併による保険者領域の再編を通じてもサービス利用機会の旧自治体間格差が直ちに是正されるとは限らないため，合併後に負担（保険料水準）を均一化す

第 2 章　介護保険の事業特性をめぐる旧市町村間の差異と市町村合併の影響

る一方で受益（サービス給付）の不均等が残るといった問題が生じやすい。

　平成の大合併期には全国で合併協議が頓挫した例も多く，その中で，介護保険料の負担水準の違いが一つの要因となった事例も生じているが（有馬2005），そもそも市町村合併とは，旧自治体間の多種多様な行財政上の違いを乗り越えて達成されているのが現実である。したがって，合併を果たした地域においても，介護保険料に影響するサービス利用水準の違いなど，介護保険に関して量的にも質的にも様々な不均衡が内包されている可能性は無視できない。しかし，1999 年 4 月から 2006 年 3 月までに合併した全ての新市町村を対象として合併による地域福祉全般への影響に関するアンケート調査を実施した川村編（2007）ほか上述の諸研究においても，介護保険に関して合併地域における旧自治体別の地域的差異がいかなる状況にあったのかを全国的な範囲で把握した論考は，管見の限り見当たらない。また，合併による高齢者福祉サービスへの具体的な影響について個別の地域を事例として明らかにしようとする論考には畠山（2007a, c, 2008a, b など）による群馬県利根沼田地域での丹念な研究があるものの，全国的なスケールで合併地域における高齢者福祉ないしは介護保険の変化に関する一般的特性を提示したものとは異なる。

　一方で，総務省資料によれば，市町村合併については平成の大合併の期間中最も活発化した 3 ヶ年（2003～2005 年度）だけに限っても，その合併件数は 570 地域あり，関係市町村数は 1,961 にのぼった。すなわち，市町村合併に伴う介護保険運営の統合も，それだけ多くの地域で生じたことを意味しており，今後の介護保険の地域的展開を論じる上で無視できない状況となっている。

　以上の点を踏まえ本章では，市町村合併が新たな保険者地域においていかなる影響を及ぼしているのかを検討する前提として，合併地域における旧自

1）社会保険研究所編（2003, p.553）によれば，旧市町間の保険料の違いが市町村合併の障壁になることを避けるため，厚生労働省では，合併後も一定の期間は保険料の不均一化を許容していた。実際に，介護保険料の統一は，合併期日と必ずしも同時ではなく，翌年度 4 月からまたは第 3 期事業期間の始まる 2006 年 4 月からとする地域も多かった。

59

第1部　市町村合併と介護保険の広域運営

治体別にみた介護保険の事業特性の差異について，とくにサービス給付と保険料負担のバランスに着目しつつ，新自治体となる合併地域全体と対比しながら全国スケールで明らかにすることを目的とする。

　住民にとっての直接的な負担である第1号保険料の水準は，基本的には，属する保険者地域のサービス給付費の多寡によって規定される。そのため，介護保険制度導入以前からの各自治体における高齢者福祉施策の影響も含む現在までのサービス基盤の有無や多寡が保険料水準に反映されやすい。その場合，例えば，介護保険制度が開始される以前から単価の低い居宅系サービスの充実に努めてきた自治体が，サービス給付費を増大させやすい特別養護老人ホームなどの介護保険施設を抱える他市町村と同一の保険者（新自治体）に加わるとすれば，一般的には第1号被保険者1人当たり給付費が増加することによって，保険料水準の上昇につながる可能性が高い。

2. 使用するデータと研究対象地域

　本章では，旧自治体別にみた合併による介護保険の事業特性の変化を分析するため，厚生労働省によって公表されている「介護保険事業状況報告」（各年版）における保険者別のサービス利用実績（給付費およびサービス利用種別）や第1号被保険者数，要介護認定者数などのデータを用いる[2]。その際は，合併前の旧自治体別の状況を把握する必要があるため，合併履歴を示した総務省資料[3]に基づき，合併期日の前年度分の「介護保険事業状況報告」におけるデータを利用した。本章における「新自治体」との表現は，合併に

---

2) 厚生労働省「介護保険事業状況報告」は，全国の都道府県および保険者別に集計され，結果の公表後はウェブサイトからデータのダウンロードが可能である。同報告におけるサービスの利用実績を示す主な指標には，費用額と給付費（2004年度以前は「支給額」）の2つがある。前者はサービス利用者の自己負担部分（原則として費用額の約10％に相当）を含む値であり，厚生労働省が介護報酬として3年ごとに設定したサービス費用の単価を基に算出される。これに対して後者は，自己負担部分を含まない保険給付部分（費用額の約90％に相当）の金額であり，保険者地域ごとに異なる第1号保険料はこの額を基に決定される。

60

第2章　介護保険の事業特性をめぐる旧市町村間の差異と市町村合併の影響

参加した全ての旧自治体から構成される特定の合併地域の全体を指すものとする。そして，新自治体の中で，旧自治体別の介護保険の量的・質的な事業特性を位置づけるため，新自治体（合併地域全体）に関しても，合併期日以降の年度ではなく，旧自治体と同一時点（合併前年度）のデータを用いた。また，給付費や要介護認定者数などが高齢者数の増加を上回るペースで年ごとに増加してきたことも，旧自治体とそれを含む新自治体とを対比するには同一年度のデータを用いることが適切であると判断した理由である。

「介護保険事業状況報告」では，保険者別データが利用可能となったのが2001年度分以降であり，また平成の大合併が概ね2006年度までに収束したことを考慮して，本章では2002年4月1日以降2007年3月末までの期間内の合併事例（地域）を対象とした。ただし，そのうち「介護保険事業状況報告」で構成市町村別の内訳をデータとして記載していない広域連合または一部事務組合による広域保険者に加入していた市町村が関係する122件の合併は除いた。結果として，上記の条件に該当する合併は，当該時期の全合併の約80％を占める延べ465事例（地域）にのぼった[4]。

なお，第1章冒頭でも触れた通り，これら465地域に関する合併参加旧自治体数の平均値（3.32）は，本章で分析対象としない広域保険者地域の構成市町村が参加した合併も含めた全ての合併事例の平均値（3.41）とほとんど変わらない。また年次別の合併時期をみても，2004〜2005年度の2ヶ年間の合併事例が465件のうち92.5％に当たる430件にのぼり，同時期の全体的な状況（91.8％）とほぼ一致している。これらのことから，本章で広域保険者参加自治体が関係する合併を除外した465件の合併地域を取り扱うことは，当該時期における市町村合併を論じる上で概ね支障のないものと判断できる。

以下では，分析対象とする465地域（対象合併地域と呼ぶ）の概要について，

---

3) 本章で用いる新自治体別の合併履歴（期日，参加自治体名，合併形態，人口，面積等）に関するデータはいずれも総務省ウェブサイトからの利用であり，本章において以下で総務省資料と称する内容は全てこれを指すこととする。なおウェブサイトの名称は2009年当時は「合併相談コーナー」，2015年現在は「市町村合併資料集」とされている。

4) このうち，合併期日が3段階に分かれた地域が2市，2段階が15市町あり，これらが延べ数として465件の一部を構成する。

第1部　市町村合併と介護保険の広域運営

同時期の市町村合併の全体像とも比較しながらその一般的な特性を整理し，全国的な傾向を述べる。次に，旧自治体別にみた合併による介護保険の事業特性の量的側面として，第1号被保険者1人当たり給付費を用いて，その合併前の旧自治体間の差異および旧自治体別にみた新自治体との差異について明らかにする。

　給付費は住民負担としての第1号保険料の水準に最も直接的に関係している[5]。そのため，合併によって住民のサービス利用動向に大きな変化が生じないとすれば，旧自治体別にみた新自治体とのサービス給付費水準の相違は，合併直後だけでなく介護保険の事業特性を中長期的に展望する上で不可欠の要素である。また介護保険の事業特性の質的変化について，要介護（要支援）認定率およびサービス利用種別（施設系サービスの構成比）に着目し，併せて量的特性との関係についても論じる。そして，合併地域全体との事業特性の差異が大きいと判断される旧自治体を含む新自治体の地域特性を整理し，そのうちとくに顕著な傾向をもつ新自治体について旧自治体ごとのデータを詳細に分析し，その意味するところを検討していくこととする。

　対象合併地域について，合併後の新自治体の人口規模[6]を概観すると（表2-1），旧合併特例法による市の人口要件に達しない3万未満の新自治体が全体の30％近くを占めている。それらを含めて人口20万に満たない新自治体が全体の約87％に達する。これに対して，人口20～50万の新自治体は

5）第1号保険料については，積立や財政安定化基金からの過去の借入に対する償還などの違いがあるため，仮に特定の事業期間におけるサービス給付費が同程度と見込まれても，保険者によって保険料に少なからず違いが生じることも珍しくない。また保険財政は3年間（1事業期間）での収支均衡が原則ではあるが，いくらか高い保険料水準を設定することで次期事業期間への移行時における保険料上昇率を圧縮する効果を狙うことも可能であり，その逆に負担増を先送りすることも保険者の裁量の範囲内で可能である。このように，保険料の金額それ自体は，首長の判断や議会承認などを通じた政治的な影響から完全に自由でない面もあり，合併地域においても，新自治体のさじ加減によって安くも高くもなり得る性質をもっている。第1号保険料の変化は住民（第1号被保険者）にとって影響が大きいが，以上のような理由から，本章ではその金額自体は取り上げない。

6）併期日にかかわらず，2005年国勢調査速報値を統一的に用いた。

第2章　介護保険の事業特性をめぐる旧市町村間の差異と市町村合併の影響

表2-1　合併による新自治体の人口規模と合併形態

人口規模	新自治体	構成比 (%)	合併形態	
			新設	編入
100万以上	3	0.6		3
50万 〜 100万未満	13	2.8	1	12
30万 〜 50万未満	23	4.9	1	22
20万 〜 30万未満	20	4.3	5	15
15万 〜 20万未満	13	2.8	7	6
10万 〜 15万未満	48	10.3	26	22
5万 〜 10万未満	116	24.9	88	28
3万 〜 5万未満	92	19.8	80	12
1万 〜 3万未満	112	24.1	108	4
1万未満	25	5.4	23	2
計	465	100.0	339	126

（総務省資料より作成）

全体の1割にも満たない。人口50万以上の都市には，京都市および広島市のほか，平成の大合併を契機として政令指定都市に移行した自治体が含まれる。しかし，平成の大合併による効果あるいは目的として喧伝され，地方分権の受け皿としての行財政基盤の強化を少なくとも外形的には果たしているとみられる50万以上の規模の新自治体の数は少なく，全体の3.4％にとどまった。

　人口規模と合併形態との関係をみると，新自治体の人口が小規模の場合は新設合併が多く，新設と編入の件数は，人口10〜20万程度でほぼ拮抗する。そして，人口20万以上では編入合併が多くなり，30万以上では圧倒的な多数派となる。政令指定都市およびそれへの昇格を目指した合併が多く含まれる人口50万以上の16地域については，1件を除く15地域が編入合併であった。

　平成の大合併に関する既存研究で指摘されてきたように，合併件数には都道府県ごとの違いがあるが，全合併に占める対象合併地域の割合にも差がみられる。とくに富山県と福岡県は対象合併地域の事例がなく，このほか佐賀など6県で対象合併地域が半数を下回っている。それらの県では，高齢化の進む過疎農山村地域の小規模自治体を中心として保険財政の安定化を狙いと

63

第1部　市町村合併と介護保険の広域運営

した介護保険運営の広域化が，県の支援などによって積極的に取り組まれてきた。こうした点に留意しつつ，以下では旧自治体別にみた新自治体との介護保険サービスの量的・質的差異について検討していく。

3. 旧自治体別にみた介護保険の量的差異

　合併地域における旧自治体別にみた介護保険の事業特性に関する差異は，様々な側面からの議論が可能である。旧自治体別にみたサービス給付実績の多寡が，合併後の新自治体における保険料負担の均一化によって新自治体内部での公平性を損なう可能性をはらむとの問題意識から，以下では，第1号保険料水準に直結するサービス給付費に着目し，その第1号被保険者1人当たりの金額の違いを介護保険サービスの量的差異としてとらえることとする[7]。

　はじめに，旧自治体別の第1号被保険者1人当たり給付費の違いが合併地域内でどの程度あるのかを概観するため，新自治体内で最も高い値を最も低い値で除した最大倍率を各合併地域における給付費のばらつきとして求めた。465地域の最大倍率をみると，最も開きが少ない地域では1.0014倍であり，逆に最も差が大きい地域では4.11倍に達したが，465地域の平均値は1.25倍であった。表2-2によれば，倍率が1.20倍以下で，ばらつきのそれほど大きくない新自治体が全体の半数弱（48.4％）を占める一方で，1.50倍を超えるような，ばらつきのきわめて大きな新自治体が全体の約1割に当たる46地域も存在し，そのうち2倍を超える地域も，わずかではあるがみられた。

---

7) 具体的には，合併地域における旧自治体別にみた介護保険サービス利用の量的差異を，合併期日の前年度における第1号被保険者1人当たりの給付費によって把握する。保険給付の対象は第1号被保険者（65歳以上）の利用分と第2号被保険者（40歳以上64歳以下で加齢に伴う特定疾患による要介護状態を保険対象とする）の利用分に区分されるが，このうち後者は保険給付全体の3％に満たないことや，大まかに言うならば，第1号保険料は保険給付費を第1号被保険者数で除すことによって求められることなどから，第1号被保険者1人当たりの値を用いた。

表2-2　合併に参加した旧自治体数別にみたサービス給付費の旧自治体間の差異

合併参加の旧自治体数	旧自治体間での第1号被保険者1人当たり給付費の最大倍率											合併件数	第1号被保険者1人当たり給付費の平均最大倍率
	<1.10	1.10-1.20	1.20-1.30	1.30-1.40	1.40-1.50	1.50-1.60	1.60-1.70	1.70-1.80	1.80-1.90	1.90-2.00	2.00≤		
8～				1	3	7	1		1		2	15	1.66
7		1	3		2	3	1	1				11	1.43
6	1	1	7	5	2			1				17	1.33
5	1	5	9	9	3	1						38	1.34
4	6	13	15	12	7	2	3	2				60	1.30
3	19	43	39	14	7	11	1	2	1			137	1.25
2	88	47	36	8	5	1					2	187	1.16
合併件数	115	110	110	49	35	27	7	5	3	0	4	465	1.25
(%)	24.7	23.7	23.7	10.5	7.5	5.8	1.5	1.1	0.6	0.0	0.9	100.0	

注：旧自治体間での第1号被保険者1人当たり給付費の最大倍率の列は該当する合併地域数.
　　第1号被保険者1人当たり給付費の平均最大倍率のうち，旧自治体数が8以上は一括して表示.
（総務省資料および厚生労働省「介護保険事業状況報告」より作成）

　表2-2において，給付費に関する旧自治体間の最大倍率の平均値は，4～6市町村による合併で大きな違いがないことを除けば，全体として，合併に参加した旧自治体数が増すほどその値も上昇する。とりわけ，2市町村による合併地域と比べて，7市町村以上の合併地域では，最大倍率の平均値が著しく高まり，少なからぬ格差を内包した状況が読み取れる。また，参加旧自治体数が6ないし7程度までの範囲でみると，旧自治体数が同じでも最大倍率には大きな幅があり，合併地域の結びつき方（合併の組合せ）に関して，給付水準のばらつきの程度には多様性があることが確認できる。

　市町村合併による事業特性の変化を論じるため，ここでは，合併に参加する旧自治体を統合した合併地域（新自治体）における第1号被保険者1人当たり給付費が，合併前の旧自治体の同給付費からみてどの程度の水準にあるのかを把握する。それによって，新自治体での保険料負担水準が旧自治体と比べてどの程度高いのか（または低いのか）を想定することができる。こうした目的から，以下に示す合併負担倍率 P という独自の指標によって，第1号被保険者1人当たり給付費の水準が合併によっていかに変動するのかを，旧

第1部　市町村合併と介護保険の広域運営

自治体ごとに定量的に把握する。

$$P_j = \frac{\sum_{i=1}^{n} Gp_i / \sum_{i=1}^{n} Gs_i}{Gp_j / Gs_j}$$

　ただし，Gp_jは旧自治体jの給付費，Gs_jは旧自治体jの第1号被保険者数，nは合併地域の旧自治体数である。この値P_jが1.0を下回る旧自治体は，新自治体（合併地域全体）よりも給付水準が高いことを意味するため，合併後の新自治体で1人当たり給付費が相対的に低下する。その結果，保険料負担水準も低下する可能性が示唆されるため，合併によって受益的性格をもつと言える。逆に，この値P_jが1.0を上回る旧自治体は，合併前と比べて1人当たり給付費が上昇し，負担増となる可能性がある。合併負担倍率は，このように第1号被保険者1人当たり給付費の水準が，合併によってどの程度変化する可能性があるのかを展望する意味をもつ。

　はじめに，合併地域における1,544の旧自治体の合併負担倍率Pの値をみると（表2-3），0.95以上1.05未満に該当する680市町村（全体の44.0％）は，合併による第1号被保険者1人当たりサービス給付水準の増減があまりみられないことを意味している。つまり，対象合併地域のうち4割あまりの旧自治体は，保険料水準の面で合併による影響がさほど大きくない。表2-3には示していないが，これらを含み全体の約68.1％を占める1,051市町村で，保険料水準につながる相対的なサービス給付水準に関して，合併による影響が比較的少ないとみなせる1割以内の変化率に収まっている。

　しかし，合併負担倍率Pの値が高く，合併前に比べて保険料負担水準が少なからず上昇することが予想される旧自治体の存在も見逃せない。介護保険の第1期事業期間（2000～2002年度）から第2期事業期間（2003～2005年度）への移行に伴う保険料水準の上昇が全国平均で約13.1％[8]であったことと照らし合わせると，P値が1.131以上の205市町村（全体の13.3％）は保険料負担の面で第2期への移行時の負担増を合併によって再度経験したとも言

8）第1期事業期間の第1号保険料（月額・標準額）は全国平均で2,911円であったのが，第2期は3,293円に，また第3期は4,090円となった。

第 2 章　介護保険の事業特性をめぐる旧市町村間の差異と市町村合併の影響

表 2-3　旧自治体別にみた合併負担倍率と新自治体における第 1 号被保険者数の構成比

(単位：旧自治体数)

		合併負担倍率 P											計	(%)
		<0.65	0.65-0.75	0.75-0.85	0.85-0.95	0.95-1.05	1.05-1.15	1.15-1.25	1.25-1.35	1.35-1.45	1.45-1.55	1.55≦		
第1号被保険者数の構成比（%）	90 ≦					58							58	3.8
	80-90				1	62	1						64	4.1
	70-80				8	58	3	1					70	4.5
	60-70				11	56	15						82	5.3
	50-60				14	48	14	2					78	5.1
	40-50				15	62	17	3	1				98	6.3
	30-40			4	41	51	24	8	2				130	8.4
	20-30			11	44	67	41	20	3	2			188	12.2
	10-20		4	24	86	99	73	41	11	5	1		344	22.3
	< 10	2	12	46	102	119	80	35	20	6	4	6	432	28.0
	計	2	16	85	322	680	268	110	37	13	5	6	1,544	100.0
	(%)	0.1	1.0	5.5	20.9	44.0	17.4	7.1	2.4	0.8	0.3	0.4	100.0	

注：第 1 号被保険者数の構成比（％）＝旧自治体の第 1 号被保険者数÷新自治体の第 1 号被保険者数×
100。
（総務省資料および厚生労働省「介護保険事業状況報告」より作成）

える結果となっている。さらに，同じく第 2 期から第 3 期（2006 〜 2008 年度）
への移行による保険料水準の上昇が全国平均で約 24.2％であったことに鑑み
て，P 値が 1.242 以上の旧自治体に着目すると，69 町村（同 4.5％）が該当し
た。これらは，第 3 期への移行と同程度またはそれ以上の影響が予測される
結果となっている。このうち 16 町村は，第 1 期から第 3 期への 2 段階にわ
たる負担増（約 40.5％）と同程度の影響を合併によって受けた可能性がある。
　一方，合併によって保険料水準が相対的に低下すると考えられる旧自治体
に着目すると，先に述べた第 1 期から第 2 期への移行に伴う平均 13.1％の負
担増を相殺する効果をもつのは，P 値が 0.884 未満[9]となる旧自治体であり，
182 市町村（全体の 11.8％）がこれに該当した。また，同じく第 2 期から第 3
期への移行による平均 24.2％の負担増を相殺する効果をもつ 0.805 未満の P

9）第 1 期の保険料を第 2 期のそれで除した値（約 0.884）は，13.1％の負担増を意味する
　　約 1.131 倍の逆数に相当する。

第1部　市町村合併と介護保険の広域運営

値を示す旧自治体は 55 町村（全体の 3.6%）が該当した。これらは，当該の旧自治体における第 1 号被保険者にとって大きな受益的性格をもっていたとみることができる。このうち 8 町村は P 値が 0.712 未満[10] に該当し，第 1 期から第 3 期への 2 段階にわたる負担増を相殺する効果を合併によって得た可能性がある。

　以上のような合併負担倍率 P の水準別にみた旧自治体数は，同時に，その第 1 号被保険者数の規模によって一定の傾向を示す。表 2-3 では旧自治体ごとの相対的な高齢者人口規模を，合併地域内での第 1 号被保険者数の構成比[11] として把握している。表 2-3 が示すように，全体として，合併地域内での第 1 号被保険者数の構成比が大きい旧自治体ほど P 値が 1.0 に近い範囲に収束し，そこから大きく離れることは少ない。しかし，構成比が小さくなるにつれて P 値はばらつきを見せる。P 値が 1.242 以上の旧 69 町村のうち構成比 20% 未満に 61 町村が，10% 未満に限っても 39 町村が該当し，また 0.805 未満の旧 55 町村のうち構成比 20% 未満に 52 町村が，10% 未満に限っても 38 町村が該当するなど，P 値が 1.0 から大きく離れた旧自治体は合併地域内で相対的に小規模である。

　ただし，これら第 1 号被保険者数の構成比が小さな旧自治体は，サービス利用動向（利用者数や給付費など）に関する実数の変動が P 値の大きな年次変化として表れる可能性もある。そこで，とりわけ小規模かつ合併後の負担増が著しい 11 町村（新自治体における第 1 号被保険者数の構成比が 10% 未満かつ P 値が 1.405 以上）を例として，保険者別データの得られる 2001 年度から合併前年度までの P 値を年度別に算出した。その結果，かつて広域保険者に参加していたため単独運営による保険者別データが合併の前年度しかない 1 村（佐賀県旧七山村：P 値 4.032）を除く 10 町村では，合併前年度までの 3〜4 年間の P 値の平均値は，1.34〜2.15 の範囲内であった。またこの期間中の

---

10) 第 1 期の保険料を第 3 期のそれで除した値（約 0.712）は，40.5% の負担増を意味する約 1.405 倍の逆数に相当する。

11) ここで構成比とは，旧自治体の第 1 号被保険者数÷新自治体（合併地域全体）の第 1 号被保険者数×100 によって求めている。

68

第2章　介護保険の事業特性をめぐる旧市町村間の差異と市町村合併の影響

P 値の変動をレンジ（最大値−最小値）からみても，0.07〜0.54 の範囲にあり，うち 5 町村は 0.20 未満であった。つまり，これら小規模かつ合併負担倍率の著しく高い旧自治体では，全体として，合併地域内で相対的に給付水準が著しく低い状態を維持してきたとみることができる。このような P 値の高い旧自治体では，新自治体（合併地域）と比べて著しく低い給付水準にあったため，結果として，合併によって大幅な負担上昇が生じる可能性がある点で，低福祉高負担の構造を抱えていることを示唆している。

4. 旧自治体別にみた介護保険の質的差異

　第 1 号被保険者 1 人当たり給付費は，過度に上昇すれば保険財政への圧迫となり，ひいては第 1 号保険料の増額へつながる。そのため，介護保険制度をめぐる様々な課題の中で，これら給付費を増大させる要因が議論されてきた。その中では，①第 1 号被保険者に占める要介護認定者の割合が高いこと，②給付費に占める施設系サービスの割合が高いこと，③要支援や要介護 1 など軽度の認定者が多いことなどがしばしば挙げられる（綱 2006）。また政策サイドにおいても，すでに 2000 年代半ばには，保険財政の安定化と制度の持続性を念頭に，同様の問題意識が提起されてきた[12]。ただし，③については，軽度者の 1 人当たり給付費が非常に低いことなどから給付費全体への影響を疑問視する立場もある（二木 2007, p.238）。こうした点を踏まえ，ここでは，①に関して，サービス利用の前提となる要介護（要支援）認定率の差異に着目し，②に関しては，旧自治体ごとのサービス給付費に占める施設系サービスの構成比を比較検討する。以下では，これら 2 つの指標に関する合併前の状況を整理した上で，旧自治体別にみた新自治体（合併地域全体）と

---

12) 例えば厚生労働省編（2005, pp.50-51）は，都道府県単位の分析ながら，施設サービスの利用が多い地域で給付費が増大する傾向を指摘している。また日本経済新聞（2008 年 5 月 14 日付）によれば，高齢化で増大する社会保障費に関して，介護保険の給付費の伸びを早急に抑制すべきと考える財務省が財政制度等審議会（財務相の諮問機関）に対して給付抑制策を提言する中で，高齢者に占める要介護認定者の割合に大きな地域差が生じていることを問題点として指摘している。

第1部　市町村合併と介護保険の広域運営

の質的特性の違いをとらえていく。

(1) 旧自治体間の質的差異

　「介護保険事業状況報告」における全国データによれば，2005年度末現在での第1号被保険者に占める要介護（要支援）認定（以下では，要支援認定も含めて要介護認定とする）者の割合（要介護認定率）は16.1％であった。これに対して，本章における対象合併地域の旧1,544市町村ごとの要介護認定率の平均値は15.8％であった。最も高い値は30.6％であったが，最小値は7.7％と低く，相当の開きがある。その度数分布は，12.7〜18.9％（平均±標準偏差［sd］）の範囲に1,101市町村（全体の71.3％）が集中しており，9.6〜22.0％（平均±2×sd）の範囲には全体の1,475市町村（同95.5％）が該当している。9.6％未満の水準にはわずかに10市町村が該当するのみであるが，22.0％以上の水準は59市町村にのぼり，比較的高い要介護認定率を示す旧自治体がやや目立つ。

　つぎに，旧自治体ごとのサービス利用動向の基本的特性をとらえるため，サービス給付費に占める施設系サービス（介護老人福祉施設，介護老人保健施設，介護療養型医療施設の3種類）の構成比に着目する。「介護保険事業状況報告」によれば，サービス給付費全体のうち施設系サービスの構成比（以下，施設系構成比とする）は，非合併地域も含む全国平均（2005年度）で48.1％を占めており，それ以外の居宅系サービスとともに全体を概ね二分する水準である。これに対して，対象合併地域の旧自治体別の施設系構成比をみると，平均値と中央値はともに全国平均を上回る57％前後であるが，最大値の96.1％（北海道旧大滝村）から最小値の24.4％（福島県旧大越町）まで，地域別に大きな差がある。

　これら対象合併地域の旧自治体は，従来から行財政上の自立性の点で脆弱な体質を抱えるために合併に対する緊急性が比較的高かった農山村地域に多い。そして，宮澤（2003）でも述べられたように，介護保険制度の導入以後に民間事業者の参入が多かった居宅系サービスの充実が農山村地域ゆえに相対的に弱く，結果として施設系サービスへの依存度が高まった。これらのことから，対象合併地域において全体として施設系サービスへの依存度が高い

70

第2章　介護保険の事業特性をめぐる旧市町村間の差異と市町村合併の影響

表2-4　旧自治体別の合併認定倍率と合併施設倍率の度数分布

	合併認定倍率 Q		合併施設倍率 R	
	旧自治体数	(%)	旧自治体数	(%)
1.55 ～	8	0.5	3	0.2
1.45 ～ 1.55 未満	6	0.4	2	0.1
1.35 ～ 1.45 未満	16	1.0	6	0.4
1.25 ～ 1.35 未満	39	2.5	15	1.0
1.15 ～ 1.25 未満	110	7.1	42	2.7
1.05 ～ 1.15 未満	274	17.7	246	15.9
0.95 ～ 1.05 未満	715	46.3	717	46.4
0.85 ～ 0.95 未満	296	19.2	393	25.5
0.75 ～ 0.85 未満	65	4.2	93	6.0
0.65 ～ 0.75 未満	14	0.9	25	1.6
0.65 未満	1	0.1	2	0.1
計	1,544	100.0	1,544	100.0

注：合併認定倍率＝新自治体（合併地域全体）の要介護認定率÷旧自治体の
　　要介護認定率.
　　合併施設倍率＝新自治体（合併地域全体）の施設系構成比÷旧自治体の
　　施設系構成比.
（総務省資料および厚生労働省「介護保険事業状況報告」より作成）

傾向がもたらされていると言える。

(2) 新自治体との質的特性の差異

　上述した旧自治体ごとの要介護認定率の差異は，新自治体となる合併地域
全体との違いとしてもとらえることができる。そこで，旧自治体別に合併認
定倍率 Q を次のように定義し，新自治体との差異を求めた。

$$Q_j = \frac{\sum_{i=1}^{n} Gq_i / \sum_{i=1}^{n} Gs_i}{Gq_j / Gs_j} \quad (2)$$

　ただし，Gq_j は旧自治体 j の要介護認定者数，Gs_j は旧自治体 j の第1号
被保険者数，n は合併地域の旧自治体数である。

　表2-4 をみると，要介護認定率が新自治体と同程度と解釈できる水準
（0.95～1.05）の旧自治体は，715 市町村（全体の 46.3％）ある。したがって，
合併に参加した旧自治体のうち半数近くは，新自治体と比較して要介護認定

71

第1部　市町村合併と介護保険の広域運営

率にほとんど違いがない。また，全体の83.2％に当たる1,285市町村が0.85
〜1.15の水準に該当する。一方で，これらに該当しない水準の旧自治体数
をみると，Q値が0.85未満の旧自治体（80市町村）と比べて1.15以上（179
市町村）の旧自治体が大幅に上回っており，合併地域内で相対的に高い認定
率の旧自治体が多かったことが分かる。

　一般に，要介護認定率が地域ごとに異なる要因には，大別して，(a)認定
申請の出現の度合いおよび(b)介護認定審査会とくに2次判定における裁量
的要素が挙げられる。(a)は，利用可能なサービスの存在，世帯構成（居宅
での介護者の存在），利用者負担に関係する高齢者の所得水準，サービス利用
を促す事業者による需要の掘り起こし等がその背景にある。これらは，合併
によってほとんど影響を受けないので，(a)は合併後も大きく変動せず，新
自治体の内部で旧自治体ごとの認定率の差異がほぼ継続することが予想され
る。一方，(b)については，新自治体で合併地域内の全ての認定申請を一括
して取り扱う場合に，旧自治体ごとの認定率の高低にいくらか影響を及ぼす
可能性はある。なぜなら，同一の被保険者であれば居住地に関係なく同一の
結果が出ることが制度設計上は想定されているが，国が統一的に定める調査
票に基づく1次判定を踏まえつつも，実際には2次判定で結果が左右される
余地が残されているからである。そのため，合併地域内で中心都市であった
旧自治体が合併後における認定審査会の開催地となり，医師など認定審査会
の委員確保が比較的容易であるゆえに当該旧自治体を中心とした委員構成と
なれば，新自治体全体での2次判定のあり方に一定の影響を及ぼす可能性は
考えられる。しかしながら，上記(b)のような介護認定審査会の特性は，あ
くまでも認定申請の出現が前提となる要素であることを踏まえれば，合併
前後での旧自治体別にみた要介護認定率の変動には，(a)がより重要である。
したがって，新自治体との認定率に関する乖離度を意味する合併認定倍率が
とくに低い旧自治体では，認定率の相対的な低さが合併後も大きく変化する
可能性は低いと考えられる。

　つぎに，施設系構成比に関して新自治体との差異を検討するため，合併認
定倍率Qと同様に，合併施設倍率Rという独自の指標を次のように定義し，
新自治体との差異を求めた。

72

第2章　介護保険の事業特性をめぐる旧市町村間の差異と市町村合併の影響

$$R_j = \frac{\sum_{i=1}^{n} Gr_i / \sum_{i=1}^{n} Gp_i}{Gr_j / Gp_j} \quad (3)$$

ただし，Gr_jは旧自治体 j の施設系サービス給付費，Gp_jは旧自治体 j の給付費，n は合併地域の旧自治体数である。表 2-4 において，合併施設倍率 R が新自治体と同程度と解釈できる水準（0.95～1.05）の旧自治体は 717 市町村（全体の 46.4%）あり，合併認定倍率 Q の場合と同様の結果である。また，0.85～1.15 の範囲に 1,356 の旧自治体（全体の 87.8%）が含まれている点もほぼ同様である。一方で，R 値が 0.85 未満の低水準にある旧自治体は 120 市町村（全体の 7.8%）にのぼるが，1.15 以上の旧自治体は 68 町村（全体の 4.4%）にとどまった。

　介護保険制度の導入以前から，各市町村では高齢者福祉サービスの基盤整備に関して独自性をある程度まで発揮することが制度的に可能であった。そのため，特別養護老人ホーム（介護老人福祉施設）などの施設系サービスがよく整備された自治体や，訪問介護やデイサービス（通所介護）など居宅系サービスが充実した自治体など違いがみられた。このような市町村ごとのサービス基盤整備の差異は，各地域における高齢者福祉サービスの質的な特徴を表すものとしてとらえられる。住み慣れた地域でのサービス利用を望む近接志向（杉浦 2005, p.246）やサービス利用時の移動に対する空間的障壁の存在（畠山 2007a）等とも関係しながら，サービス種別による利用動向の違いは，各地域（自治体）におけるサービス基盤の整備状況に大きな影響を受けている。したがって，合併以前から存在する旧自治体ごとの高齢者福祉施策の違いが，それぞれの旧自治体におけるサービス利用動向に関する質的差異として反映される。それらは，結果として，新自治体におけるサービス給付費の旧自治体別の違いとして内包される可能性をもっている。

(3) 量的差異と質的差異の関係

　本項では，前項でみた旧自治体の合併認定倍率 Q および合併施設倍率 R から把握した新自治体との間でみられたサービス利用に関する質的側面の差異を，量的側面としての合併負担倍率 P との関係から検討する。

第1部　市町村合併と介護保険の広域運営

表2-5　合併認定倍率と合併施設倍率の水準別にみた合併負担倍率

	合併認定倍率 Q					合併施設倍率 R				
	0.85 未満	0.85 ～ 0.95 未満	0.95 ～ 1.05 未満	1.05 ～ 1.15 未満	1.15 以上	0.85 未満	0.85 ～ 0.95 未満	0.95 ～ 1.05 未満	1.05 ～ 1.15 未満	1.15 以上
旧自治体数	80	296	715	274	179	120	393	717	246	68
最大値	1.22	1.25	1.98	1.52	4.03	1.39	1.73	1.70	1.44	4.03
第3四分点	0.94	0.99	1.03	1.13	1.22	1.07	1.07	1.04	1.10	1.17
第1四分点	0.81	0.88	0.96	0.99	1.06	0.88	0.91	0.96	0.97	0.96
最小値	0.65	0.65	0.64	0.74	0.86	0.65	0.64	0.72	0.70	0.77
レンジ	0.57	0.60	1.34	0.78	3.17	0.75	1.09	0.98	0.74	3.26
中間率（%）	23.5	17.8	5.3	17.0	5.3	25.1	14.3	8.5	18.0	6.2
平均値	0.88	0.94	1.00	1.06	1.17	0.98	1.00	1.01	1.04	1.12

注：レンジ＝最大値－最小値.
　　中間率（%）＝（第3四分点－第1四分点）÷レンジ×100.
（総務省資料および厚生労働省「介護保険事業状況報告」より作成）

　合併負担倍率 P との間の単純な相関係数をみたところ，合併認定倍率 Q については弱い正の相関（0.522）があるものの，合併施設倍率 R については相関（0.172）がほとんどなく，1,544の旧自治体全体では明瞭な相関関係は確認できない。しかし，旧自治体を Q 値および R 値の水準によって階級区分した上で各階級での合併負担倍率 P をみたところ，量的側面と質的側面との関係性が次のように明らかとなった。

　ここでは Q 値および R 値0.95～1.05の階級を境にして便宜的に0.10ごとに5階級に区分した。表2-5は，これら5階級別にみた合併負担倍率 P のばらつきと平均値を示している。合併認定倍率 Q に関して，階級ごとの最大値と最小値に着目すると，そのばらつきは比較的大きく，このことが相関係数の低さに影響している。ただし，ばらつきがある中でも，階級別に合併負担倍率 P の上位4分の1および下位4分の1を除いた中間部分の範囲（中間率）をみると，Q 値が最も低い水準（0.85未満）の階級でその値がやや高い（23.5%）ものの，いずれの階級も比較的限られた範囲内に収束している。階級別の合併負担倍率 P の平均値については，この表2-5からも正の相関関係を確認できる。この点を因果関係に即して言えば，合併認定倍率 Q が高

い旧自治体では，合併負担倍率Pが平均して高い水準にあり，合併によって保険料負担水準は相対的に高くなると考えられる。逆に，合併認定倍率Qが低い旧自治体では，新自治体の方が給付および負担水準が相対的に低下する。

つぎに，合併施設倍率Rの水準別にみた合併負担倍率Pの分布をみると，階級別の平均値は，合併認定倍率Qに比べて，相関は緩やかと言える程度にとどまる。R値が$0.95 \sim 1.05$およびそれよりも低い階級の合併負担倍率Pの平均値は新自治体の値とほぼ同じ水準（$0.98 \sim 1.01$）であって，合併後の負担水準に影響がほとんどないのに対して，1.05以上の階級では合併負担倍率Pが上昇する。とくに，施設系サービスへの依存度が低いR値1.15以上の階級では1.12を示すなど，R値1.05未満の3階級が相互に大きな差がないことと比較して，合併負担倍率Pの高さが目立っている。これらR値がとくに高い旧自治体の多くは，結果として合併によって保険料負担水準が相対的に上昇すると考えられる。合併施設倍率Rの高低によって非対称の傾向が現れる理由は明確でないが，ここではとくに，施設系サービスへの依存度が低かった旧自治体での相対的な負担増の事実を確認することができる。

以上のように，地域による保険料水準に影響を与えるとされてきた要介護認定率および施設系サービス構成比に関して，旧自治体ごとに新自治体と対比して検討したところ，とくに要介護認定率の差異を意味する合併認定倍率Qと負担水準の差異を表す合併負担倍率Pとの間に，一定の関係性が確認された。このような合併前の介護保険サービスをめぐる旧自治体別の量的・質的差異は合併後の新自治体の内部で包含せざるを得ないが，新自治体において統計上それらは覆い隠されることとなる。

5. 旧自治体別の差異を内包した新自治体

(1) 合併負担倍率の差異からみた新自治体の特性

本項では，合併前後での住民（第1号被保険者）による負担水準の増減に関して最も直接的な影響をもつと考えられる合併負担倍率Pのばらつきの程度に着目し，合併地域の特性を分析する。とくに，給付水準の変化が合併前

第1部　市町村合併と介護保険の広域運営

表2-6　合併負担倍率によるタイプ別にみた新自治体の特性

タイプ	新自治体数	人口	人口密度（km²当たり）	面積（km²）	第1号被保険者数			補正第1号被保険者数			旧自治体数	編入合併		合併期日	
					の構成比最大倍率（％）	の構成比最小値（％）	レンジ（最大値－最小値）	の構成比最大倍率（％）	の構成比最小値（％）			件数	割合（％）	（中央値）	早期の割合（％）
A	66	98,125	435	252	8.0	24.3	14,347	8.4	24.4	2.21	16	24.2	5月23日	33.3
B	90	122,865	534	333	10.2	20.0	16,918	7.7	19.6	2.70	22	24.4	10月 1日	35.6
C	88	86,105	472	271	8.3	18.1	11,381	8.4	18.2	2.93	19	21.6	5月16日	36.4
D	76	88,990	378	361	10.5	15.2	11,665	11.2	14.8	3.30	22	28.9	7月 4日	36.8
E	55	96,746	340	404	17.0	10.5	13,762	18.1	10.1	4.00	18	32.7	4月 1日	41.8
F	90	120,825	294	474	22.0	9.0	17,630	23.2	9.0	4.73	29	32.2	3月29日	50.0
計	465	103,376	413	350	12.7	16.2	14,411	12.7	16.1	3.32	126	27.1	4月 1日	38.9

注：新自治体数と編入合併（件数・割合），合併期日（中央値）を除く各項目は平均値.
　　構成比（％）＝旧自治体の（補正）第1号被保険者数÷新自治体の（補正）第1号被保険者数×100.
　　最大倍率＝最大値÷最小値.
　　補正第1号被保険者数はデータの制約から439地域による分析.
　　早期の割合とは2005年3月30日までの合併事例を指す.
　　新自治体における旧自治体別にみたP値の最大値と最小値の1.0との差の絶対値をもとに，新自治体を次のA～Fの6タイプに区分.
　　Aタイプ：最大値と最小値がともに0.05未満.
　　Bタイプ：最大値と最小値がともに0.10未満かつAタイプを除く.
　　Cタイプ：最大値と最小値がともに0.15未満かつA～Bタイプを除く.
　　Dタイプ：最大値と最小値がともに0.20未満かつA～Cタイプを除く.
　　Eタイプ：最大値と最小値がともに0.25未満かつA～Dタイプを除く.
　　Fタイプ：最大値と最小値がともに0.25以上.
　　人口は2005年国勢調査速報値による.
（総務省資料および厚生労働省「介護保険事業状況報告」より作成）

後で大きいと判断できる旧自治体を含む合併地域を中心として，その地域的性格を明らかにする。

　はじめに，新自治体を構成する旧自治体別にみたP値の最大値と最小値の1.0との差の絶対値をもとに，新自治体を次のA～Fの6つのタイプに区分した（表2-6）。Aタイプは，最大値と最小値がともに0.05未満であり，これらは合併に参加した旧自治体のP値の最小値も最大値も1.0から大きく離れておらず，66市町が該当する。Bタイプは，最大値と最小値がともに0.10未満かつAタイプを除いた90市町村が，またCタイプは，最大値と最小値がともに0.15未満かつA～Bタイプを除く88市町村が該当する。さら

に，最大値と最小値がともに 0.20 未満かつＡ～Ｃタイプを除く 76 市町をＤタイプ，最大値と最小値がともに 0.25 未満かつＡ～Ｄタイプを除く 55 市町村をＥタイプとした。そして，以上のいずれにも該当せず最大値と最小値がともに 0.25 以上の 90 市町をＦタイプとする。このように，ＡからＦの順に P 値のばらつきが大きい旧自治体を含む区分とすることで，合併地域全体との給付水準に関する乖離の度合いによる新自治体の特性の差異を分析する。

　表2-6をみると，新自治体の人口規模は，全 465 地域の平均で 10 万 3 千強であるが，6 タイプ中これを上回るのは 12 万強のＢおよびＦタイプのみである。これに対して，人口密度ではＢタイプが最も高い一方で，Ｆタイプはその半分程度の水準であり，6 タイプ中で最も低いなど対照的である。加えて，面積についてもＦタイプは 465 地域の平均をおよそ 3 割以上も上回るなど，最も広い。これらのことからＦタイプは，人口密度の希薄な農山村地域の旧自治体を多く含むことによって，人口や面積の比較的大きな新自治体を形成している可能性が示唆される。

　つづいて，各新自治体における旧自治体別にみた高齢者人口の特性の差異をタイプ別に検討する。ここでは第 1 号被保険者数の構成比を旧自治体ごとに算出し，各新自治体におけるその最大倍率（最大値÷最小値）から旧自治体間の規模の違いを把握した。その 6 タイプ別の平均値をみると，合併負担倍率 P の幅の小さいＡ～Ｄタイプでは概ね 10 倍前後であるが，Ｅタイプは 17.0 倍に，さらにＦタイプでは 22.0 倍に達するなど，合併に参加した旧自治体間の規模の違いが著しい。こうした点は，新自治体における最も規模の大きな旧自治体の構成比がＡ～Ｆタイプ間で極端に大きな違いがない[13] 中で，最も規模の小さな旧自治体の構成比にタイプ間で差があり，とりわけＦタイプでは相対的に小規模な旧自治体が含まれることを示している。また，第 1 号被保険者数の旧自治体間の差（レンジ）を実数の平均値でみても，Ｂタイプと並んでＦタイプは，自治体間の差が大きい特徴をもっている。

　こうした高齢者人口の特性に関連して，介護保険に関係の深い事項として

---

13) 第 1 号被保険者数の構成比に関する各新自治体における最大値のタイプ別平均値は，いずれも約 62.1 ～ 69.7％の範囲にあった。

第1部　市町村合併と介護保険の広域運営

補正第1号被保険者数に着目する。補正第1号被保険者数は，保険者地域別にみた高齢者住民（第1号被保険者）のおおよその所得水準を示す指標としてとらえることができる[14]。補正第1号被保険者数ベースの構成比を旧自治体別に求め，各新自治体における最大倍率（最大値÷最小値）をみたところ，439地域の平均値は先にみた第1号被保険者数の構成比の場合と変わらない12.7倍であった。しかしタイプ別にみると，Bタイプを除いていずれも，実人員である第1号被保険者数の構成比に基づく最大倍率と比べて値が上回っており，とりわけFタイプで23.2倍という高い値を示した。同時に，補正第1号被保険者数ベースの構成比の最小値については，各階層とも第1号被保険者数ベースのそれとほぼ変わらない。したがって，とくにFタイプでは合併地域内で最大規模の中心自治体が他の小規模な旧自治体に対して，単純な高齢者人口規模だけでなく，それ以上に高齢者（第1号被保険者）の所得水準の面で相対的な優位性をもっていることが示唆される。このことから，Fタイプの中心自治体が，ひいては保険財政上の歳入面でのより高い中心性を有するものと理解できる。

　つづいて，以上のようなタイプ別の諸特性と合併のあり方との関連をみるため，合併に参加した旧自治体数，合併形態（新設と編入の区分），合併期日にも注目した。タイプによる旧自治体数の大小は，合併負担倍率 P に関する新自治体との乖離度と一致しており，Aタイプでは旧自治体数の平均値が最も小さい。そして，Bタイプから順にその値が増加していき，Fタイプのように P 値が1.0から大きく離れた旧自治体を抱えるような新自治体でその

---

14) 補正第1号被保険者数は，第1号保険料の基準額に対する所得段階別の乗率に所得段階別の第1号被保険者数を乗じた値を積算することで求められる。本分析においては，大半の対象合併地域の合併時期を踏まえて，所得段階の区分を第2期事業期間当時の標準的な5段階区分として統一的に把握した。以下で述べる補正第1号被保険者数ベースの構成比は，旧自治体の補正第1号被保険者数÷新自治体の補正第1号被保険者数×100で求めた。なお，「介護保険事業状況報告」において所得段階別第1号被保険者数を保険者別に示したのは2003年度分以降であるため，本分析における対象合併地域のうち2003年度末までに合併した26地域は，以下の補正第1号被保険者に関する分析対象から除いた。

78

第 2 章　介護保険の事業特性をめぐる旧市町村間の差異と市町村合併の影響

数は最大となっている。合併形態について，各タイプにおける編入合併の割合をみたところ，A〜Cタイプでは編入合併が 21.6〜24.4% にとどまるが，Eタイプとともに Fタイプではその値が 32% を超えて高くなっている。

　さらに，合併期日（年月日）の中央値をみると，A〜Dの4タイプは 2005年の 5 月半ばから 10 月初旬という比較的遅い時期であったが，Eタイプは同年 4 月 1 日に，さらに Fタイプは最も早い 3 月 29 日であった。実際の市町村合併は年度末や年度初めに集中することが多いため，ここでは 2004 年度末から 2005 年度初めの集中日よりも早い 2005 年 3 月 30 日までに合併を果たした地域の割合をタイプ別にみたところ，A〜Dタイプが 33〜37% 程度であるのに対して，Eタイプは 41.8%，さらに Fタイプは 50.0% と突出している[15]。

　Fタイプの新自治体がこうした早期の合併を実現させた背景は，「介護保険事業状況報告」のデータに基づく本章の分析からは必ずしも明らかではない。しかし，考えられるのは，上述のような合併地域内での首位自治体の高齢者人口（第 1 号被保険者数および補正第 1 号被保険者数）の規模に関する突出した存在と，それと対をなす他の旧自治体の小規模性とが関係している可能性である。すなわち，Fタイプの平均的な合併期日がとくに早かったのは，首位自治体以外の他の多くの旧自治体の側が，介護保険のみならず行財政運営に関する全般的な観点から，それら首位自治体を核とした合併の枠組みについて早い段階から半ば是認ないし当然視していたことが背景にあったのではないかと考えられる。梶田（2008）が指摘したように，国による地方交付税削減策によってとりわけ小規模町村の単独町村制の維持（合併回避）が困難となったことを踏まえれば，第 1 号被保険者規模および（高齢者住民の所得水準を意味する）補正第 1 号被保険者数の面でも相対的な小規模性ないし脆

---

15) 総務省資料によれば，全ての合併地域に関する日別の合併件数は，2005 年 3 月 31 日は 18 件，翌 4 月 1 日は 46 件であったが，3 月 30 日および 4 月 2 日は 0 件であった。表 2-6 における「早期の割合」に関する日付区分を 3 月 31 日まで拡大しても，他の 5 タイプは 36.7〜41.8% であるのに対して Fタイプは 53.3% であり，また 4 月 1 日まで拡大した場合も，他の 5 タイプが 43.3〜52.7% であるのに対して Fタイプは 62.2% など，Fタイプが他の 5 タイプよりも「早期の割合」で高い値を示す傾向は同様である。

79

第1部　市町村合併と介護保険の広域運営

弱性を抱える旧自治体では，広い意味での規模的差異をより一層意識せざるを得なかったと考えられる。そのため，それら合併に対する是認ないし受容的な姿勢が，結果として合併形態や合併期日に反映された可能性がある[16]。

(2) 合併負担倍率の顕著な旧自治体を含む新自治体

　前項の検討から，合併負担倍率が1.0から離れた旧自治体を含むFタイプの新自治体には，他のタイプの新自治体と比較して特徴ある性格が確認された。すなわち，より多くの旧自治体によって合併が推進され，また首位自治体の相対的な規模の大きさを背景として，合併期日が比較的早く，比較的大きな人口規模を擁する。また，形態的には首位自治体を核とした編入合併が相対的に多いが，同時に，人口密度の低さや面積の広大さなどから，農山村・離島部など非都市的な地域を多く含んだ合併によって形成されたのがFタイプの新自治体に関する基本的性格と言えよう。これらの点を踏まえ，以下では，とくにFタイプに該当する90市町に着目してその地域的分布を明らかにするとともに，介護保険に関する量的および質的側面にわたる顕著な特性をもつ旧自治体を抱えた新自治体における問題点を検討していく。

　はじめにFタイプの分布をみると（図2-1），全国スケールで広範にわたっているものの，とくに広島県（呉市による2回の合併を含み7件）や愛媛県（7件），岡山県（岡山市による2回の合併を含み6件），徳島県（4件）など中四国地方に目立ち，そのほか新潟県（5件）や北海道（4件），長野県（4件）などで数が多い。北海道を除いて，Fタイプの新自治体が多く分布する県に共通する点は，市町村数の減少率が高いことである。本章の分析対象期間（2002年4月～2007年3月）における47都道府県別の市町村数の減少率をみると，広島県（減少率73.3％）が首位であり，愛媛県（同71.4％）が第2位，新潟県（同68.5％）は第5位，岡山県（同65.4％）は第6位であった。とりわけ，市

---

16) 平成の大合併における市町村による様々な意思決定や合意形成過程とその要因を多角的に考察した中澤・宮下（2016）でも，合併協議会の設置から合併成立までに要した期間に着目し，その分析結果の一つとして，人口規模が相対的に大きい自治体が存在する場合，合併は早期に決定するとの結論を導いている。

第2章 介護保険の事業特性をめぐる旧市町村間の差異と市町村合併の影響

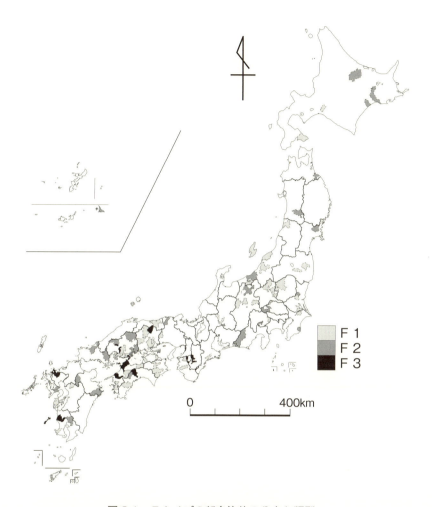

図2-1 Fタイプの新自治体の分布と類型

注：F1～F3の類型区分は次の通り．
　F1：F2およびF3を除く新自治体（53市町）
　F2：合併負担倍率の最小値について，Fタイプ90地域の平均値をx，標準偏差をsdとしたとき，x − sd/2未満に該当する旧自治体を含む新自治体（28市町）
　F3：合併負担倍率の最大値がx + sd/2以上に該当する旧自治体を含む新自治体（9市町）．
　なお，x + sd/2以上およびx − sd/2未満に該当する旧自治体を同時に含む今治市と薩摩川内市は，便宜的にF3類型として扱った．また，Fタイプ90地域のうち，岡山市と呉市は対象期間中に各2回合併したが，いずれもF1類型に該当する．

第1部　市町村合併と介護保険の広域運営

町村数の減少率が60％以上の県では，合併負担倍率 P の顕著な旧自治体を抱える合併地域の数が突出して高い値を示す[17]。それら諸県を中心として，結果として，介護保険の給付実績に大きな差異をもった旧自治体間の合併を生じさせていたことが確認される。

　これら F タイプに該当する90市町のうち，合併負担倍率 P について顕著な値[18]をもつ旧自治体を抱える37の新自治体（F 2 〜 F 3 型）の人口規模および地理的分布は，以下のような特性を示す（表2-7）。これら37市町には，県庁所在都市や政令指定都市，中核市，特例市が 6 市あり，それらを含んで人口10万以上の規模の新自治体が15市ある一方で，5 〜 10 万（8 市）および 5 万未満（14市町，うち 3 万未満が10町）にもそれぞれほぼ同数の新自治体が該当し，人口規模の偏りはみられない。これらの地理的分布をみると，県庁所在都市を除く35地域のうち 7 割あまりに相当する25の新自治体は県（道）庁所在都市から地理的に離れるなど，県のスケールでみて縁辺地域としての性格が示唆される[19]。また位置的にも，県境地帯にあって山間部を多く含む地域が非常に多い。さらに，旧自治体別にみた場合，これらの地域的特徴は合併負担倍率に関して顕著な値をとる旧町村において一層はっきりと認められる[20]。このように，全国・県単位・新自治体のいずれのスケールでみても周辺的な地域特性を有する旧自治体において，合併による介護保

---

17) 本章の対象合併地域に該当する事例のない東京・富山・福岡の 3 都県を除く44道府県について，合併負担倍率が著しい F タイプの地域数（合併件数）をみたところ，市町村数の減少率が20％未満の 4 道府県は従来の市町村数が多い北海道（4 件）を含んで平均1.25件，減少率20％以上40％未満の12県は平均1.55件，減少率40％以上60％未満の20府県は平均1.74件であった。これに対して，減少率60％以上の10県は平均3.50件と突出している。

18) 以下では便宜的に，F タイプ90地域の合併負担倍率に関する最大値の平均値に標準偏差の 2 分の 1 を加えた値（約1.4806）以上の場合および同じく最小値の平均値から標準偏差の 2 分の 1 を引いた値（約0.7973）を下回る場合を，「顕著な値」と定義する。

19) 近年の市町村合併においては，県庁所在都市も周囲の市町村と合併して市域を拡大した場合が少なくないため，結果として，これら37市町のうち県庁所在都市と隣接することになったケースもみられる。しかし，それら市域を拡大した県庁所在都市の縁辺部との隣接関係は，ここで論じる新自治体の周辺的な地域特性を大きく変化させないと考えられる。

82

第 2 章　介護保険の事業特性をめぐる旧市町村間の差異と市町村合併の影響

表 2-7　Ｆタイプにおける合併負担倍率の顕著な旧自治体を含む合併地域

	新自治体名	人口	（X）	（Y）	（Z）		新自治体名	人口	（X）	（Y）	（Z）
北海道	釧路市	201,566	3	1	3.9	広島県	福山市	405,945	3	1	1.8
	遠軽町	23,635	4	2	16.7		尾道市	150,232	3	1	8.0
青森県	八戸市	244,678	2	1	3.9		庄原市	43,151	7	2	10.1
宮城県	登米市	89,302	9	1	5.1		北広島町	20,858	4	1	16.6
秋田県	横手市	103,654	8	1	7.9	山口県	萩市	57,989	7	1	2.2
茨城県	城里町	22,981	3	1	12.6		岩国市	149,688	8	1	4.6
埼玉県	秩父市	70,556	4	1	9.1	香川県	小豆島町	17,257	2	1	31.2
千葉県	いすみ市	42,305	3	1	18.7	愛媛県	松山市▲	514,944	3	1	3.0
新潟県	上越市	208,083	14	1	1.8		大洲市▲	50,785	4	1	4.3
山梨県	富士河口湖町	23,943	3	1	9.3		今治市▲※	173,985	12	3	13.5
長野県	長野市	378,495	5	1	3.1	高知県	いの町▲	27,068	3	1	4.5
	中野市	46,788	2	1	12.4		仁淀川町	7,346	3	1	31.2
岐阜県	可児市	97,691	2	1	2.9	佐賀県	唐津市▲	131,119	2	1	2.4
静岡県	浜松市	804,067	12	2	5.3	長崎県	諫早市	144,040	6	2	15.8
兵庫県	香美町	21,438	3	1	14.4	大分県	佐伯市	80,290	9	1	3.9
奈良県	五條市▲	37,382	3	1	13.6		日田市	74,159	6	1	2.4
和歌山県	かつらぎ町▲	19,670	2	1	4.1	鹿児島県	薩摩川内市▲※	102,370	9	2	4.9
岡山県	鏡野町▲	14,059	4	1	6.7		霧島市	127,289	7	1	6.7
						沖縄県	宮古島市	53,480	5	1	7.2
							平均	129,251	5.1	1.2	8.8

注：（X）：合併に参加した旧自治体数.
　（Y）：合併負担倍率が「顕著な値」に該当する旧自治体の数.「顕著な値」とは，合併負担倍率の最
　　　　大値の平均値に標準偏差の 2 分の 1 を加えた値（約 1.4806）以上または最小値の平均値から
　　　　標準偏差の 2 分の 1 を差し引いた値（約 0.7973）未満に該当することを指す.
　（Z）：（Y）に該当する旧自治体の第 1 号被保険者数が合併地域全体（新自治体）に占める構成比
　　　　（%）.
　　　新自治体名に続く記号は，無印がＦ 2 を，▲がＦ 3 を，▲※がＦ 3 のうち合併負担倍率 0.7973 未満
　　　の旧自治体を含むことを表す.
　　　人口は 2005 年国勢調査速報値による.
（総務省資料および厚生労働省「介護保険事業状況報告」より作成）

20)　表 2-7 の 37 市町のうち 5 以上の旧自治体が合併に参加した新 15 市に関して，これら
合併負担倍率の顕著な 22 の旧自治体をみると，新自治体の本庁舎が所在する旧自治体
（中心自治体）と隣接関係にない場合が多いなど，規模的な面だけでなく地理的位置の
面でも周辺的な特徴を有している。また，多くが島しょ部を含む県境部など中心自治
体からより外縁的な位置にあり，Ｆ 3 型のうち合併負担倍率がきわめて高い旧自治体
ときわめて低い旧自治体とを同時に抱える今治市や薩摩川内市における島しょ部の旧
自治体はその最たる例である。

83

第1部　市町村合併と介護保険の広域運営

険の事業特性に関する相対的に大きな変動を経験する可能性が示唆される。

　これらの新自治体では，合併負担倍率 P の顕著な値をとる旧自治体で負担水準の大幅な低下（F2型）もしくは上昇（F3型）を経験することになり，当該の旧自治体の第1号被保険者にとって直接的な影響が大きい。またF3型の新自治体のうち今治市（愛媛県）と薩摩川内市（鹿児島県）では，旧自治体別にみた著しい負担の増減が混在している。この点に関連して表2-7は，F2およびF3型の地域において，P 値に関して顕著な値をもつ旧自治体が新自治体の中で規模の面でどの程度の割合を占めているのかを，先に述べた第1号被保険者数の構成比から求めた結果を示している。これをみると，小豆島町（31.2%）や仁淀川町（同）など，第1号被保険者数ベースで比較的高い割合の高齢者が合併前後の給付水準の変動によって，著しい受益もしくは負担増の状況を内包する新自治体の存在が確認できる。

　一方で，これら P 値の顕著な旧自治体を個別にみれば，該当する旧自治体数当たりの構成比（表2-7のZ÷Y）に関する37地域の平均が8.8%であるなど，新自治体における相対的な規模はわずかに数%程度から10%未満にとどまる場合が多い。つまり，表2-3でもみたように，相対的に小規模な旧自治体において合併地域全体との著しい負担水準の差異がみられ，合併に伴う保険料の均一化が受益と負担の不均衡をもたらしたことが指摘できる。

　合併地域全体との大きな差異を示す旧自治体に小規模町村が多いことを踏まえると，サービス利用者数や給付費などの実数の変化が，新自治体との乖離度を意味する合併負担倍率 P の表れ方に大きな影響を及ぼす可能性も想定される。この点に関して図2-2は，とくにF2およびF3型の新37市町においてP値が顕著な値を示した44の旧自治体のうち，新自治体に占める第1号被保険者数構成比が10%未満の旧32町村[21]において合併前の数年

---

21) ただし，旧32町村の中でも，2002年度中に合併したため旧自治体単位での合併負担倍率を2001年度分しか算出できない場合は，年次推移をみることができないため，ここでの分析から除外した。また，七山村（佐賀県）のように合併前に広域保険者に加入していたため単独の旧自治体での値が「介護保険事業状況報告」に記載されていない場合もあり，同様にここでの分析の対象となっていない。

第2章 介護保険の事業特性をめぐる旧市町村間の差異と市町村合併の影響

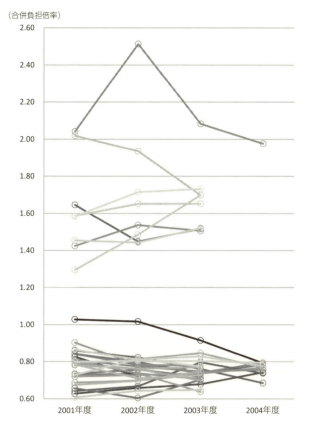

図2-2 合併による給付水準の変動の大きな旧自治体における合併前の合併負担倍率の推移
注：厚生労働省「介護保険事業状況報告」において保険者別データが公表されている2001年度から各旧自治体の合併期日の前年度分までの推移を示しているため，旧自治体ごとに該当する期間が異なる．
（厚生労働省「介護保険事業状況報告」より作成）

第1部　市町村合併と介護保険の広域運営

間に合併負担倍率がどのように推移したのかを表している。これをみると，合併前年度を除けばここで合併負担倍率が顕著である範囲（0.7973 未満または1.4806 以上）に該当しない年次を含む旧自治体も多いが，ここで示す期間中に P 値が 1.0 の水準をまたぐ形で推移したのはわずかに 1 村（北海道遠軽町の旧白滝村）のみである。

　こうしたことから，利用者数や給付費の実数変化による影響を受けやすいと推測される小規模な旧自治体に関しても，合併の前年度データに基づく合併負担倍率 P が顕著な値を示す旧自治体は，合併直前の年次のみならず，少なくとも介護保険制度施行から間もない 2001 年度以降，合併地域内でほぼ一貫した特性をもち続けていたと考えられる。

第3章
均一賦課制による介護保険の広域運営

1. 市町村間で保険運営を統一すること

　介護保険の制度設計には，給付と負担との関係について，サービス給付の伸びが保険料水準の上昇に結びつく基本的な特性が盛り込まれている。その一方で，原則として市町村が保険運営の担い手である保険者となる規定があることから，行政（保険者）としては，対住民サービスの観点からサービスを提供可能な環境は必要と考えつつも，サービス利用の活発化による保険料の高騰は住民負担を増大させるため望ましくないとのジレンマを抱える。しかしながら現実には，各地域においてサービス利用の増加に伴う保険料の上昇は不可避となっている。とりわけ，被保険者数の少ない保険者地域（市町村）においては，一般的な保険原理からみても，一部の給付リスク上昇が保険財政に及ぼす影響が相対的に大きい。例えば人口規模の小さな過疎山村地域などでは，介護保険制度の中でとくにコストが高いとされる施設系3サービス（特別養護老人ホーム，老人保健施設，介護療養型医療施設）の利用者が突発的に数名増えただけでも，保険財政に急速かつ無視できない大きな負担となりやすい。

　このようなサービス給付に伴う支出増は，結果として3年ごとに改定される事業計画における第1号保険料の負担として地域住民に直接影響する[1]。そのため，保険財政の安定化を狙いとして，複数のとくに小規模な自治体が連携して単一の保険者となるケースがみられる。こうした財政的側面のみならず，介護保険運営が行政サービスの一つであることに注目すれば，その運

第1部 市町村合併と介護保険の広域運営

営に要する諸資源（人的資源および事務的ノウハウ等）に地域間で差異がある
ことも，他の行政分野と同様である。例えば，介護保険においてサービス利
用の前提となる要介護認定業務[2]に限っても，小規模自治体では，地域に
おける専門職（医師等）の少なさゆえに，それら介護認定審査会に必要とな
る人的資源の確保は一般的に容易でない。こうしたことから，介護保険制度
はとりわけ財政的基盤を含めた諸資源が乏しいと考えられる小規模自治体を
念頭に，複数の市町村が保険運営に共同で取り組むことを認め，国（厚生労
働省）においてもこうした介護保険運営の広域化を積極的に推奨した（小林・
名取 2004, p.110）。

　介護保険事業の広域化は，上述したような主として小規模自治体のもつ事
業遂行上の脆弱性を補完すべく実施されてきたが，横山（2003）が指摘する
ような課題は，次のような地理的特性を媒介として制度上の不備を示唆して
いる。すなわち，財政面を含む保険者としての一体化は，原則的に域内市町
村相互に保険料が均一化されることを意味するが，それを空間的にみた場合，
すでに前章までに指摘した通り，受益と負担の関係における地域間の公平性
に問題がないとは必ずしも言えない。すなわち，複数の市町村で構成される
保険者（以下，広域保険者とする）は単独市町村の場合よりも面積的に広域で
あるが，これら広域保険者地域内でサービス機能（施設やサービス事業所など）
の立地には偏りもみられるので，域内市町村間でのサービス利用機会は必ず
しも均等でない。居住する地区の位置によって，自宅から比較的近い距離に
多くのサービス機能が立地するため様々なサービスの利用が容易な利用者が

---

[1] 65 歳以上の高齢者に賦課される第 1 号保険料に関しては，市町村等の地域間での保険
料の差異がしばしば問題となるが，40〜64 歳に賦課される第 2 号保険料は地域による
差はなく，一定の保険料率を基にして所得等に応じて各医療保険者によって徴収され
た後に介護保険の各保険者に交付される。

[2] 要介護認定業務とは，被保険者が介護保険サービスの給付対象として適当であるか否
かおよびどの程度の要介護状態であるかを認定する一連の手続きである。国が定める
統一的な調査項目に基づく 1 次判定の結果と主治医の意見書等を基にして介護認定審
査会で出される 2 次判定によって最終的な結果が決まる。介護認定審査会は，福祉・
保健・医療の専門家 5 名程度からなる合議体がいくつか組織されることで成り立つ（増
田 2003, p.100; 徳永 2005, p.146）。

いる一方で，逆にサービス機能が遠方に立地するため利用が阻害されがちな高齢者もいる。こうした保険者地域内でのサービス基盤の分布のほか，家庭内介護力などに関する地域格差ゆえにサービス利用の活発さが市町村によって異なる状況もある[3]。それにもかかわらず，広域保険者地域において第1号保険料を構成市町村間で均一化させることは，負担と給付に関する公平性をかえって損なう可能性も考えられる[4]。こうした点は，広い意味での地域的公正（杉浦 2005）に関わっている。

地域的公正とは，社会的な公正の空間への拡張であるとされる（Pinch 1985, 神谷訳 1990）。地域的公正の問題に対する地理学的アプローチに関しては，Davies（1968）による「各地域の人々がもつニーズに応じた各地域への配分」との定義に基づき，福祉・医療・保健・教育・住宅・各種の対人サービス等の様々な公共サービスを事例として検討されてきた。そこでは，ニーズおよび配分（サービス供給）を定量化して両者の相関関係から公正の水準を分析することが一般的であった（Bebbington and Davies 1982; Pinch 1984, 1985, 神谷訳 1990; Truelove 1993 など）。しかし，様々な公共サービスの地域的な公正を論じる上では，そうしたニーズと配分を把握して両者の相関関係を分析するといった従来からの手法よりも，むしろ個別のサービスにおける実態に即した指標に基づく分析が有効である。その結果として，実際のサービス給付と負担のあり方が空間的にどのように投影されているのかを，広い意味での地域的公正の観点から考察する必要があると考えられる。

今日の日本においては，いわゆる三位一体の改革や財政再建（再生）団体の出現などを契機として，地方行財政への関心が高まっており，さらにはローカル・ガバナンスと呼ばれる地方自治の新しい姿に注目する動きが生じている（佐藤・前田編 2017）。それらは単に学術的・専門的見地からだけでな

---

3) 介護保険サービスの需給に関するこうした地域格差は単一の市町村内部にも存在すると考えられ，第2章でみたように合併に伴う新自治体内部での格差はその具体的な例として指摘できる。

4) この点については，県内の大半の町村から構成された福岡県介護保険広域連合への参加を見送った豊津町の町長の発言を引用した坂田（2002, p.291）でも指摘されている。

く，多くの一般市民を含めた社会的関心と言ってもよい。そこでは，住民が自らの居住する地域における公共サービスの量と質を他の地域と比較する視点が含まれる。そうした中で，いかなる負担（税や保険料，利用料等）でどれだけの受益（公共サービス）が得られるのか，あるいは同じ負担で得られるサービスにどの程度の差が地域ごとにあるのかといった，受益と負担のバランスに関する問題も問われることになる。

　こうした観点と同時に留意すべきは，地方分権が推奨される今日にあっては，地域（とくに市町村）ごとにサービスの量や質が完全に均一化されることは逆に望ましくない面があるとも言える。その点において，介護保険は当初より「地方分権の試金石」と評され，厚生労働省による諸制約の下ながら，保険者ごとに独自の施策を実施する制度的余地も担保されている。そのため，保険料水準の上昇を許容しつつ，その対価としてサービス量の充実を図ることも可能であり，その是非は当該保険者地域の住民による合意すなわち社会的価値に基づくものである。

　ただしここで前提とすべきは，これら負担（保険料）と受益（サービス）のバランスが地域間で均一化されていることであり，それが成り立ってこそ全体として最も公正な状況であると言える。したがって，上述したような複数の市町村が広域保険者を構成して負担水準を均一化させる一方でサービス利用水準は必ずしも等しくないとの状況があれば，それは地域的公正の観点から批判的に検討されるべき課題をもつものと考えられる。

　以上の点を踏まえ本章では，制度施行から一定の時間を経過した第2期事業期間（2003～2005年度）における広域保険者地域を事例として，市町村という基礎的空間スケールを超えた保険運営の広域化に関する全国的な実態について整理するとともに，とくに保険財政を一体化させた広域保険者地域における市町村間の受益（サービス利用による保険給付）と負担（第1号被保険者に対する保険料賦課）のバランスに関する公平性について検討し，その問題点を明らかにすることを目的とする。こうした市町村間での公平性の検討に当たっては，広域連合や一部事務組合などを形成する広域保険者を対象として，その構成市町村におけるサービス利用実績の差異と，均一化された保険料との関係について独自の指標を用いて検討し，広域化の意義と問題点について

考察する。

　以下では，はじめに介護保険運営の広域化に関する制度的特徴を概観し，次いで全国における広域的運営の状況を形態別に整理するとともに，保険財政を一体化した広域保険者の全国的分布とその人口特性を要約する。そして，保険者ごとに構成市町村別の給付実績と保険料負担のバランスに関する格差に着目することによって広域保険者の類型化を行う。さらに，著しい格差を内包する広域保険者における介護保険運営の実態をみるとともに，構成市町村の一部に負担の著しい状況が生じている要因について検討し，広域化の実態とそれに伴う問題点を明らかにしていく。

2. 介護保険の広域的運営に関する制度的特徴

　以下では，筆者による東海地方3県における12の広域保険者に対する聞き取り調査[5]に基づき，広域的な介護保険運営の制度的特徴を整理する。聞き取り調査の結果，広域化には主として，①財政的効率化の実現，②業務遂行面での円滑化，③地域間での公平性確保，といったメリットが一般的に想定されていることが明らかとなった。

　このうち①は，保険給付に関わる効率化と全般的な業務コストの削減とに大別できる。前者は基本的な保険原理の考え方に基づくものであり，一部の利用者による急激なサービス利用増（保険給付の増加）に伴う保険財政全体への影響を被保険者数の増大によって抑制し，全体として規模拡大による保険財政の安定化を狙いとするものである。加えて後者では，保険運営に不可欠な様々なコストを相対的に下げることを目的とする。代表的な例として，保

---

5) 聞き取り調査は2003年12月から2004年3月にかけて，3県のうち，その事業期間中に市町村合併によって広域保険者の形態に該当しなくなることが予定されていた岐阜県3地域（郡上広域連合・益田広域連合・吉城広域連合）を除く，岐阜県4地域・愛知県2地域（後述する市町村相互財政安定化事業の1地域を含む）・三重県6地域において実施した。なお，これらの広域保険者等は，都市的性格の強い地域から農山村の性格の強い地域までを含み，かつ構成市町村数も多様性を有しており，本章で全国的な広域保険者における制度的諸問題を明らかにする点で偏りは少ないと考えられる。

第1部　市町村合併と介護保険の広域運営

険者としての業務に要する職員の人件費や保険給付業務において必須となる電算システムの導入および維持に関するコストが挙げられる。これらは，小規模な保険者ほど相対的に負担が大きいが，複数の市町村で共有することで大幅なコスト削減が図れると言われる（坂田 2002, p.289）。

②は，要介護認定業務の実施に関する部分と発展的業務に関する部分とが挙げられる。前者は，サービス給付の前提として必要な介護認定審査会について，専門的な知識をもった委員を円滑に確保する上で，複数の市町村が一体として審査会を開催することがより望ましいとされる。とりわけ小規模人口の農山村地域においては，医療機関や福祉施設の立地が乏しいため，医療・福祉関係の専門職を委員として安定的に確保することが一般的に困難である。また後者に関して，保険者として必須とも言うべき基礎的な業務[6]とは別に，高齢者を含む地域住民の福利を向上させるべく求められている給付分析や各種研修会の開催等のより発展的な業務[7]は，単独の市町村よりも遂行しやすいと考えられる。

③は，介護保険の運営における公平性に関係する問題であり，主として要介護認定のあり方および介護保険料水準の設定に関わる側面が挙げられる。前者は，国の定める基準に対応しない恣意的と言える要介護認定結果を望む一部の被保険者の存在が背景にある[8]。その結果，同じ市町村内や近隣市町

---

6) ぎょうせい編（2004）によれば，保険者の主な事務は，1）被保険者の資格管理，2）保険料の賦課と徴収，3）介護認定審査会の設置と要介護・要支援認定，4）保険給付，5）介護保険事業計画の策定と条例の制定である。

7) 給付分析とは，サービス利用の実態をデータ面から把握し，利用者の身体的機能の維持・改善に結びつくようなサービスメニューが組まれているか，非効率で無意味なサービス提供（利用）の実態がないか，といった観点から給付状況を評価する作業である。また各種研修会では，保険者側と実際にサービスを提供する事業者やケアマネージャ等の専門職とが，保険者地域内の介護保険をめぐる諸課題について学習し，情報共有を進める機会を設けることが想定される。

8) 要介護度が高いほど支給限度額が大きいため，自己負担分を考慮しなければ，居宅系サービスでは一般的により多くの利用機会が得られる。そのため，住民自身が直接あるいは地域の有力者や知人を通じて間接的に介護認定審査会関係者への何らかの要望が伝えられることは，一般的に小規模自治体ほど多いと言われる。

村間で，同程度の身体的状態に見えながらも異なる要介護度が認定され，不公平感を生じさせることがある。しかし，複数の市町村が要介護認定の業務を一括して行う場合は，そうした住民による働きかけが抑えられ，認定の公平性が確保しやすくなる面がある。

後者は，介護保険料が近隣の市町村間で差異があることによって，とくに高い保険料を賦課される自治体で住民から不満の声が上がりやすいことが関係している。すなわち，近隣市町村間で保険料水準に差がない状態は，それら住民の不満を表出させにくい。そのため，首長をはじめ議会や行政関係者にとって，保険料の均一化は介護保険の広域運営による重要なメリットとしてとらえられることが多い。

以上のような利点の一方で，介護保険の広域的運営にはデメリットもしくは運用上の課題とも言うべき要素が同時にみられる。第一は，保険者としての意思決定のスピードが概して遅くなりがちな点である。何らかの重要な決定をする際に，各構成市町村の首長・議会・行政担当者あるいは社会福祉協議会やサービス事業者等を含めた情報のやり取りには相応の時間を要する。また，介護保険制度施行以前の高齢者福祉に対する姿勢や取り組み状況も市町村によって様々であることが多く，そのギャップが大きいほど一つの保険者としての意思決定は難しくなる。そのため，市町村が単独で保険者となる場合と比べて斬新な施策を打ち出すことは難しく，構成市町村間の最大公約数的な方針が継続されがちとなる。

第二に，保険者機能が各市町村から離れているため，保険者が様々な情報にアクセスすることが困難になる傾向が指摘できる。例えば，保険料の徴収業務において，保険者は，保険料の確定に不可欠な被保険者の所得や家族構成等の情報を，各構成市町村に照会する必要が生じるため，単独の保険者の場合よりも業務上の障壁は高い[9]。また，被保険者の保険料が滞納された場合，広域保険者の人員不足等の理由から，実際の徴収業務自体は構成市町村の関係職員に委託するケースが多く，結果として介護保険料の徴収業務

---

9) 住民情報を得るためのシステムを構成市町村との間で構築している保険者もあるが，保険者にとって他機関（構成市町村）の協力が不可欠である状況は残る。

第1部　市町村合併と介護保険の広域運営

は必ずしも優先的に行われないこととなる[10]。これら日常的業務のほかにも，地域内での新規事業所の進出予定情報へのアクセスが悪い場合もみられる[11]。そのため，保険財政を預かる立場にありながら，保険給付の増大に大きく関わる可能性をもつ事業所の新規立地について何ら影響力を行使できないといった問題も生じる[12]。

　第三に，住民の側からみた保険者との距離感も一つの課題であろう。中でも介護保険制度の施行に併せて新たに発足した広域連合や一部事務組合については，住民による認知の度合いはとくに低い。介護保険の諸手続に関する窓口機能は構成市町村役場にも設置されることが多いが，広域保険者の場合は，概して住民からは見えにくい組織特性となっている。逆に言えば，こうした距離感は保険者にとっても上述した滞納徴収について指摘されるような業務上の支障となる。同時に，住民にとって最も身近な行政上の単位である市町村において，介護保険に対する責任の希薄化が生じる点も指摘される。

　以上のように，介護保険の広域的運営には様々な利点と課題が存在する。しかしながら現実には，上述した通り，介護認定審査会の運営に必要な人員を確保することや，介護保険財政の安定化ならびに近隣市町村間での保険料水準の「公平化」を目的として多くの地域で複数の市町村が連携を図り，場合によっては保険者として一体化している。次節では，その全国的な状況を整理する。

---

10) 委託先は各市町村の税金・国民健康保険等の担当職員となることが多い。しかし，介護保険料の滞納者にはこれら税金や社会保険料も同時に滞納するケースが多く，委託された担当職員は，広域保険者から委託された介護保険料の徴収業務よりも，自らの本務たる税金や社会保険料の徴収を優先させがちと言われる。

11) 都道府県はサービスを提供する事業所の進出に対して認可を出す前に，立地する市町村の参考意見を求める手続きを盛り込むことが多いが，広域保険者地域の場合に，保険者ではなく進出予定地の市町村に意見照会がなされ，結果として蚊帳の外に置かれた広域保険者が，事業所の認可後になって初めて進出情報に触れることも地域によってはみられた。

12) こうした問題があるため，介護保険における新たなサービス体系として2006年4月に導入された「地域密着型サービス」は，保険者自身が事業者の指定・指導監督に関する権限を有することになった（牛越2005, p.92）。

第3章 均一賦課制による介護保険の広域運営

3. 全国における広域的運営の実施状況

(1) 広域的運営の形態別特性

介護保険事業の広域的運営は，形態面からみると以下のように大きく3タイプに分類可能である（表3-1）。第一に，比較的緩やかな連携として，保険財政を司る保険者機能は市町村単独を維持しつつ，介護認定審査会を複数の市町村で実施する場合である。介護保険の始まった2000年度以降の状況をみると，全市町村数の60％あまりが複数の自治体で介護認定審査会の広域運営を実施している。この介護認定審査会の広域化には，1）審査会の共同設置，2）広域連合での実施，3）一部事務組合での実施，4）事務の委託といった種別が含まれ，とくに半数あまりの地域で，簡便な1）の方法を採用している[13]。

介護認定審査会を広域化した場合の平均的な構成市町村数は，年次によって多少の違いはあるものの，概ね4.2〜4.4程度である。2004年度中に全国的に市町村合併が急速に進んだため，以上のような全市町村数に占める介護認定審査会の広域運営に関係する市町村数の割合および広域化地域ごとの平均構成市町村数は，2005年時点でいずれも値を低下させている。ただし，年次を通して大きく変化していない点として，表3-1における特化係数が示すように，これら介護認定審査会の広域化を図る自治体は，市よりも町において，そして町よりも村において，より多い。広域化の利点の一つとして前節で挙げたように，一般に人口規模が小さく介護認定審査会に必要な専門職の確保が難しい自治体で，広域化が不可欠の手段になっている実態が確認できる。

13）厚生労働省資料によれば，2005年4月1日現在で，介護認定審査会を広域で開催する373地域のうち，194地域（全体の約52％）が「審査会の共同設置」であり，広域連合による開催は54地域，一部事務組合による開催は109地域，県や一部事務組合への事務の委託は16地域であった。また2014年4月1日現在では，介護認定審査会を広域で開催する279地域のうち，133地域（全体の約48％）が「審査会の共同設置」であり，広域連合による開催は44地域，一部事務組合による開催は85地域，県や一部事務組合への事務の委託は17地域であった。

95

表 3-1　介護保険の広域的な運営状況

		2001 年 11 月 1 日	(%)	(特)	2003 年 4 月 1 日	(%)	(特)	2005 年 4 月 1 日	(%)	(特)	2010 年 4 月 1 日	(%)	(特)	2014 年 4 月 1 日	(%)	(特)
	市区	694	21.4		700	21.8		762	31.5		809	46.2		813	46.7	
	町	1,988	61.2		1,961	61.0		1,317	54.5		757	43.3		746	42.8	
	村	566	17.4		552	17.2		339	14.0		184	10.5		183	10.5	
	全国市区町村数 合計…(A)	3,248	100.0		3,213	100.0		2,418	100.0		1,750	100.0		1,742	100.0	
単独運営	市区	415	12.8	2.82	420	13.1	2.83	482	19.9	2.17	537	30.7	1.66	543	31.2	1.66
単独運営	町	251	7.7	0.60	241	7.5	0.58	207	8.6	0.54	155	8.9	0.51	151	8.7	0.50
単独運営	村	23	0.7	0.19	20	0.6	0.17	17	0.7	0.17	9	0.5	0.12	9	0.5	0.12
単独運営	市区町村数 小計…(B)	689	21.2		681	21.2		706	29.2		701	40.1		703	40.4	
広域的運営／介護認定審査会	市	238	7.3	0.53	231	7.2	0.53	231	9.6	0.53	217	12.4	0.55	215	12.3	0.55
広域的運営／介護認定審査会	町	1,413	43.5	1.10	1,358	42.3	1.11	897	37.1	1.19	496	28.3	1.35	490	28.1	1.37
広域的運営／介護認定審査会	村	451	13.9	1.23	408	12.7	1.19	252	10.4	1.30	134	7.7	1.50	133	7.6	1.51
広域的運営／介護認定審査会	関係市町村数小計…(C)	2,102	64.7		1,997	62.2		1,380	57.1		847	48.4		838	48.1	
広域的運営／介護認定審査会		479 地域			473 地域			373 地域			284 地域			279 地域		
広域的運営	市町村相互財政安定化事業関係市町村数…(D)	26（4 地域）			12（3 地域）			5（1 地域）			0（0 地域）			0（0 地域）		
保険財政	市	38	1.2	0.41	48	1.5	0.42	49	2.0	0.48	55	3.1	0.59	55	3.2	0.59
保険財政	町	308	9.5	1.17	355	11.0	1.11	211	8.7	1.18	106	6.1	1.21	105	6.0	1.22
保険財政	村	85	2.6	1.13	120	3.7	1.34	67	2.8	1.46	41	2.3	1.93	41	2.4	1.94
保険財政	関係市町村数小計…(E)	431	13.3		523	16.3		327	13.5		202	11.5		201	11.5	
保険財政		59 保険者			69 保険者			49 保険者			39 保険者			39 保険者		

注：(A) ＝ (B) ＋ (C) ＋ (D) ＋ (E)
　　資料の制約から，介護認定審査会の広域設置市町村数は保険財政の一体化を行う市町村数と一部重複するため，「介護認定審査会」に該当する関係市町村数 (C) は (A) － (B) － (D) － (E) によって求めた．市・町・村それぞれの数も同様に求めた．
　　(特) は特化係数を意味し，求め方は次の通り：(例) 2001 年の単独運営「市区」2.82 ＝(415 市区÷単独運営 689 市区町村) ÷ (全国市区 694 ÷全国市区町村 3248)
（厚生労働省資料より作成）

第3章　均一賦課制による介護保険の広域運営

　第二に，保険者機能の完全な一体化には至っていないが，保険財政の安定化を目的として「市町村相互財政安定化事業」を行う地域がみられる。この「市町村相互財政安定化事業」は，介護保険法に定められた制度であり，保険料等の収入と保険給付費用との均衡を同事業に参加する市町村間で相互に調整する仕組みである。同事業への参加自治体には，いずれも単独では保険財政の安定化に不安のある過疎山村地域の比較的小規模な町村が多く含まれる。ただしこれまで全国的にも事例は限られており，介護保険制度の始まった 2000 年度当初は全国に 5 地域（計 27 市町村）であったものが，関係市町村の合併や広域保険者への移行あるいは財政的負担の不均衡問題などから事業の解消が相次ぎ，2006 年 3 月までに同事業を実施する地域は消滅した[14]。

　第三に，最も強固な制度的結びつきとして，本章で主として考察対象とする，単一の保険者として保険財政の一体化まで進む場合が挙げられる。こうした組織形態の広域保険者の数は，最も多かった 2003 年 4 月時点で，広域連合が 39 地域，一部事務組合が 30 地域であった。両者の割合は 2005 年 4 月現在で，広域連合が 30 地域で一部事務組合が 19 地域となっており，広域連合による運営が比較的多い。1990 年代の地方自治法の上で比較的新しい制度として導入された広域連合は，地方分権の受け皿としての役割を期待され，議会の設置が義務づけられるとともに，住民による直接請求が認められるなど，特別地方公共団体の一形態として比較的堅固な組織性をもつ。そのため，「地方分権の試金石」と評されることの多かった介護保険分野ではとくに広域連合の枠組みが推奨され，政策的に誘導されることも岐阜や三重な

---

14) 厚生労働省資料によれば，2000 年 11 月現在での 5 地域は，①愛知県北設楽郡設楽町など 3 町 2 村，②島根県浜田市・江津市など 2 市 3 町 1 村，③島根県益田市など 1 市 5 町 1 村，④徳島県三好郡三野町など 6 町 2 村，⑤鹿児島県日置郡市来町など 7 町であった。このうち②④⑤は後に広域保険者へ移行したために同事業を廃止した。③は 7 市町村の枠組みにおける財政的負担の大きさを回避するために離脱した益田市とそれに追随した美濃郡 2 町とが新たな同事業を開始するとともに，残された鹿足郡 4 町で同事業を別途実施したが，前者 3 市町は合併により，また後者 4 町は一部の町での介護保険事業計画になかったグループホームの建設計画をめぐる混乱から事業廃止となった。最終的に残った①も，同事業の受け皿となってきた一部事務組合において介護認定審査会の機能を残しつつ 2006 年 3 月をもって同事業は廃止した。

97

第1部　市町村合併と介護保険の広域運営

どいくつかの県でみられた[15]。

　一方で，一部事務組合の形態を採用する広域保険者が多く残っていたのも一定の合理性があったためと言える。その理由は第一に，広域連合による制度的組織的あり方が，議会や総務系事務部門の設置を必要とするなど，直接的な介護保険運営とは別に業務上の負担も小さくないことである。介護保険事業の開始に伴って新たに広域化する場合はもちろんのこと，従来から消防・ごみ処理・し尿処理・福祉施設運営・農業共済等の様々な業務を一部事務組合の枠組みによって広域で行ってきた地域においても，新たに介護保険事業を運営する上でそれら広域連合ゆえの義務的コストを追加的に発生させる必然性は薄かったと言えよう。第二に，市町村合併が進展していなかった2000年代初めの段階においては，広域連合の発足および運営が国や都道府県による市町村合併の促進策の一環として利用されるのではないかとの懸念が首長や議会関係者に強かったことが指摘できる。地方財政の深刻な悪化やいわゆる三位一体の改革等によって地方交付税交付金が大幅に削減される見通しから，結果として市町村合併が2005年度までに急速に進展することになったが，介護保険制度の施行当初は市町村合併の必要性に関する緊迫感はさほど高くなく，むしろ抵抗感が上回っていた[16]。こうしたことから，古くからの形態である一部事務組合も多く残存することとなっている。

(2) 広域保険者の全国的分布と人口特性

　市町村合併が本格化する前の段階であって，広域保険者の数が最も多かった2003年4月現在を基準としてその全国的分布をみると，特定の地方における偏りはないものの，広域化の程度は都道府県によって大きく異なる（表3-2）。

---

15) 例えば三重県では，介護保険の広域化にあたって広域連合の1構成市町村当たり5,000万円の県補助金のほかに，県職員の派遣や県施設（各地の県庁舎など）の提供などが行われた。こうした補助事業は，広域連合の形態を要件としており，一部事務組合の形態では対象とされなかった。

16) 広域連合の形態を採用した場合も，その名称に「介護保険」の文言を入れることによって，当該広域連合が介護保険のみを目的としていることを意図的に明示した例は象徴的である。

第3章　均一賦課制による介護保険の広域運営

表 3-2　都道府県別にみた介護保険運営の広域化（2003 年 4 月 1 日現在）

	全市町村数 (a)	広域化市町村数 (b)	広域参加率 (%) (c)	広域保険者数
佐賀県	49	46	93.9	4
富山県	35	30	85.7	5
島根県	59	49	83.1	8
福岡県	96	71	74.0	1
沖縄県	52	34	65.4	1
長崎県	79	44	55.7	5
岐阜県	97	46	47.4	7
三重県	69	27	39.1	6
岩手県	58	20	34.5	4
秋田県	69	23	33.3	2
長野県	120	27	22.5	4
福井県	35	6	17.1	1
徳島県	50	8	16.0	1
広島県	79	10	12.7	2
石川県	41	5	12.2	1
滋賀県	50	6	12.0	1
鳥取県	39	4	10.3	1
岡山県	78	8	10.3	2
埼玉県	90	9	10.0	1
高知県	53	5	9.4	1
鹿児島県	96	7	7.3	1
山口県	56	4	7.1	1
大阪府	44	3	6.8	1
北海道	212	13	6.1	3
和歌山県	50	3	6.0	1
茨城県	83	4	4.8	1
愛知県	88	4	4.5	1
静岡県	73	3	4.1	1
新潟県	111	4	3.6	1
小計	2,111	523	24.8	69
その他 18 都府県	1,102	0	0.0	0
全国	3,213	523	16.3	69

注：ここでの広域化は保険財政を一体化させた広域保険者のみを対象としており，介護
　　認定審査会の共同設置等を含まない．
　　広域参加率 (c) = (b) ÷ (a) × 100
（厚生労働省資料より作成）

99

第1部　市町村合併と介護保険の広域運営

佐賀県や富山県などいくつかの県でとくに広域化が著しい点が目立つが，首都圏をはじめとした関東地方や近畿圏などの大都市圏のほか，島根県を除く中国地方や四国地方の大半および九州地方の中南部にはあまり広域保険者が存在しない。表3-2においてより詳細に言えば，全国の市町村数に占める広域保険者地域を構成する市町村数の割合が16.3％であるのに対して，県別にみると，93.9％の佐賀を筆頭に，富山・島根・福岡・沖縄・長崎県でその割合が半数を超えるなど，非常に高い値を示している。他方で，18都府県では介護保険制度の施行以来，一貫して広域保険者が皆無である。

　広域保険者を構成する市町村については，知多北部広域連合（愛知県東海市など3市1町）やくすのき広域連合（大阪府守口市など3市）などを除いて，その大半は農山村部を中心とした中小規模自治体からなる。福岡県介護保険広域連合（事業期間の初年度にあたる2000年11月現在で4市60町8村）や沖縄県介護保険広域連合（同じく2003年4月現在で1市11町22村）および佐賀県内4地域（同じく2000年11月現在で計6市35町5村）などでみられる広範囲にわたる保険者地域においても市部は比較的少なく，上述した介護認定審査会の場合と同様に，町村部の参加率が相対的に高い。

　2005年4月現在で全国に存在する49の広域保険者の中で，構成市町村数のとくに多い少数の保険者（福岡県介護保険広域連合：60市町村，佐賀中部広域連合：15市町村，島原地域広域市町村圏組合：17市町村，沖縄県介護保険広域連合：32市町村，いずれも2005年4月現在）を除いた45の広域保険者を構成する計216市町村について，人口などの基本的な地域特性をみると（図3-1），全体の82.9％に該当する179自治体は人口3万未満であり，その中でも116自治体（全体の53.7％）は人口1万に満たない。これに対して，人口が5万を超えるのは17市（7.9％）にとどまり，図3-1には示していないが，そのうち10万超の都市は，最大の19万あまりを有する鈴鹿（鈴鹿亀山地区広域連合：三重県）を含めて，熊谷・深谷（大里広域市町村圏組合：埼玉県），東海（知多北部広域連合），守口・門真（くすのき広域連合）の6市のみである。また，これら市町村の人口に占める65歳以上人口[17]の割合（人口高齢化率）をみると，2005年国勢調査での全国の値（20.1％）を下回るのは，全体の19.2％（41市町村）程度にとどまる。逆に，74市町村（全体の34.7％）で高齢化率の

100

第3章 均一賦課制による介護保険の広域運営

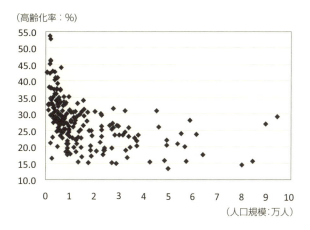

図3-1 広域保険者を構成する市町村の人口規模と高齢化率
注：人口10万超の6市および檜山北部広域連合の3町を除く207市町村を示している．

値が30％を超えており，そのうち紀和町（紀南介護保険広域連合：三重県）の53.7％および羽須美村（邑智郡総合事務組合：島根県）の52.8％を筆頭に，高齢化率40％超の自治体が15町村にのぼる。

つづいて，これら45広域保険者の人口規模などをみると（図3-2），13保険者で総人口が10万を超えるが，逆に16保険者では総人口が5万未満にとどまる。人口高齢化率についても，2005年国勢調査での全国の値（20.1％）と比較して，大半の保険者地域でそれを上回る高い値を示し，25％超が28地域，30％超が13地域にのぼる。一般的な傾向と同じく，これら総人口と高齢化率は概ね反比例の関係であり，多くの広域保険者が概して小規模かつ高齢化の進んだ地域であることが確認できる。

---

17) ここでの人口高齢化率の算出には，保険者によって各構成市町村の第1号被保険者数を用いた場合もあるほか，データの時点に保険者間で数ヶ月程度の幅がある。そのため，ここでの議論の目的は，厳密な意味での高齢化に関する地域（市町村や保険者）間比較や国勢調査による結果との比較ではなく，広域保険者に関する人口面での基本的特性の把握である。なお，216市町村のうち3町村は，65歳以上人口については合併前の3町村別データが得られなかったため除外し，213市町村を対象に算出した。

101

第1部　市町村合併と介護保険の広域運営

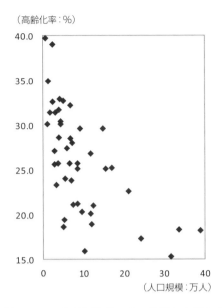

図3-2　45広域保険者の人口規模と高齢化率

　また，1構成市町村当たりの平均人口をみると（図3-3），12万あまりの鈴鹿亀山地区広域連合および11万あまりのくすのき広域連合などは例外的に大きいが，37地域で3万未満であり，2万未満に限っても全体の3分の2を超える31地域が該当する。加えて，これらの値は，鈴鹿亀山地区広域連合をはじめとして，近年の市町村合併によって人口規模を増大させた上での結果であり，広域保険者の発足時点での構成市町村をベースに平均人口を算出すれば，より小規模な自治体の集合であったと言える。また，構成市町村間の人口規模の違いについて，ここでは最大の市町村の人口を最小の市町村の人口で除した値をみると，過半数の25地域では5倍以内であるが，10倍超が10地域あり，うち4地域は20倍を超えている。このように，構成市町村間でも比較的大きな人口規模の違いがみられる広域保険者も少なくない。

第3章 均一賦課制による介護保険の広域運営

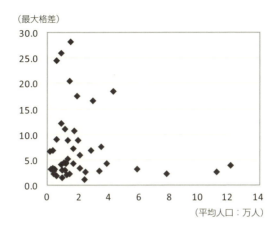

図 3-3　広域保険者の平均人口と構成市町村間の人口規模格差
注：最大格差は，各広域保険者における構成市町村のうち最大の人口を最小の人口で割ることで求めた．

4. 広域保険者における構成市町村別の受益と負担

(1)「広域化負担倍率」の定義

　広域保険者地域における受益と負担の関係に基づく市町村間の公平性は，一義的には，各市町村が単独で介護保険事業を運営した場合と広域運営した場合との違いを市町村間で比較することによって論じることが可能である。その方法として本章では，各市町村が単独運営した場合を仮定した第1号保険料を「仮想単独保険料」として独自に算出し，その値を同一の方法によって広域保険者全体で算出する「仮想広域保険料」と対比し，前者からみて後者が何倍に相当するかを示す「広域化負担倍率」を構成市町村ごとに求めることとする。「広域化負担倍率」は，その値が1.0を下回って低いほど，単独で保険財政を運営した場合よりも広域運営を選択したことによって保険料負担を軽減できていると判断できる。逆に，その値が1.0を上回って高いほど，単独運営の場合と比べて，広域化に伴って保険料負担が割り増しになっているとみることができる。

　ここでの「仮想単独保険料」の算出にあたっては，以下のように第1号保

103

第1部　市町村合併と介護保険の広域運営

険料率[18] の算定における普通調整交付金割合の考え方を加味した。一般に，65歳以上の第1号被保険者に賦課される1人当たりの第1号保険料は，きわめて単純化して言えば，ある保険者のサービス給付費の総額をその保険者内の第1号被保険者数で割ることによって決まる。しかし，第1号被保険者には，第1号保険料が賦課されながらも介護保険サービスの利用が必要な被保険者の割合が少ない前期高齢者（65〜74歳）と，サービス利用が活発化する後期高齢者（75歳以上）とが含まれる。また第1号保険料は，被保険者の所得段階に応じて異なる金額が賦課される[19]。地域によって住民構成が異なるため，これら年齢別・所得段階別にみた第1号被保険者数の割合は保険者ごとに多様である。そのため，例えば農山村部などでは，平均的に所得水準の低い第1号被保険者数が多いゆえに保険料収入が不充分で，かつ高齢化が進み後期高齢者の割合が高いためサービス給付費が大きく，結果として保険財政が圧迫される保険者が多くなる危険性がある。また逆に，大都市圏などで，全国的にみて所得水準が高く後期高齢者割合が低い状態にとどまっている保険者地域においては，サービス利用も相対的に少なく，保険財政を脅かす要素が少ない場合もある。

　保険者地域によるこうした大きな違いは，たとえ一部の保険者でも財政的行き詰まりを契機とした混乱につながれば，全国的な制度維持を重視する国（厚生労働省）の立場からは，看過できない危険をはらむことになる。そのた

---

18) 第1号保険料率とは，サービス利用時の自己負担を除く費用全体を100％とした場合に，そのうち65歳以上の第1号被保険者に賦課される第1号保険料で負担する割合（％）を指す。全国平均の第1号保険料率の値は第2号被保険者との人口比に基づき決定され，第2期事業期間の場合は18％とされた。

19) 2005年度までは，一般的には5段階設定が多くの保険者で採用され，第1段階は標準額（第3段階）の0.5倍，第2段階は同0.75倍，第4段階は同1.25倍，第5段階は同1.5倍とされるケースが多くみられた。ただし一定の条件の枠内であれば，所得段階の数および各段階の基準額に対する比率を保険者が独自に変更することも可能である。2006年度からは政令に基づく所得段階は6段階となったが，従来の第2段階を細分化し，より負担能力の低い被保険者層については基準額（新第4段階）に対する比率を生活保護世帯（第1段階）と同じく0.5倍にするとの基準が国から示されているので，一般的には，基準額に乗じる比率は5段階のままであった。

104

め，介護保険制度の発足時より，国は第1号被保険者における前期／後期高齢者の割合および所得段階別の加入者数割合を考慮した普通調整交付金制度[20]を導入し，第1号被保険者の年齢構成および所得段階の点で保険財政に厳しい条件を抱える保険者の第1号保険料率を相対的に下げ，逆に前期高齢者の割合が高く補正第1号被保険者数[21]が多いような保険者の第1号保険料率は全国平均の値よりも上昇させるなどの調整を行っている[22]。

　本章においては，以上のような年齢および所得段階を踏まえた「普通調整交付金交付割合：K_j」[23]を加味することで，構成市町村ごとの実態により近い「仮想単独保険料率：R_j」を求め，併せて第1号被保険者1人当たりのサービス給付実績を「仮想単独保険料率」で乗じることで第1号被保険者1人当たり（月額）の「仮想単独保険料：P_j」を算出し，広域保険者全体で同様の手法から算出した「仮想広域保険料：P_w」の金額と対比して構成市町村ごとの「広域化負担倍率：X_j」を求めることとした[24]。各指標の具体的な算出方法は次の通りである。

$$X_j = P_w \div P_j$$

---

20) 調整交付金制度には，普通調整交付金のほかに，自然災害などを受けた地域を対象とした特別調整交付金があるが，全ての保険者にとって普遍的かつ恒常的な調整制度ではないため，本書では考慮していない。

21) 補正第1号被保険者数は，保険料の基準額（多くの保険者では2005年度までの旧第3段階および2006年度以降においては新第4段階）に対する所得段階ごとの比率（第1段階で0.5倍など）に当該所得段階の第1号被保険者数を乗じた値を，全ての所得段階について積算することで得られる。高い所得段階の第1号被保険者が相対的に多い保険者では，第1号被保険者数を補正第1号被保険者数が上回るが，逆に所得段階の低い第1号被保険者が相対的に多ければ補正第1号被保険者数が減り，第1号被保険者からの保険料収入が少なくなる。調整交付金制度はそうした保険者地域ごとに抱える住民構成の差異から生じる保険財政上の避けられない影響の緩和を目的としている。

22) こうした方法によって保険者ごとの第1号保険料の負担に過大な差が開かないように調整しているが，実際の保険料設定にはサービス給付の多寡による影響もあるため，2006年度からの第3期事業期間における保険者別の保険料（基準額）をみると，最も高い沖縄県与那国町（月額6,100円）と最も低い岐阜県七宗町（同2,200円）との間には約2.8倍の開きがみられた。

第1部　市町村合併と介護保険の広域運営

$$P_j = Q_j \times R_j$$

$$R_j = 0.23 - K_j$$

　　X：広域化負担倍率
　　P：仮想第1号保険料
　　Q：第1号被保険者1人当たり給付費
　　R：仮想第1号保険料率
　　K：普通調整交付金割合
　　w：広域保険者
　　j：広域保険者を構成する各自治体

(2)「広域化負担倍率」による広域保険者の類型化

　ここでは，前節の(2)でみた45保険者のうち，サービス利用を意味する給付実績および年齢別・所得段階別第1号被保険者数に関する資料の得られた30保険者における「広域化負担倍率」について検討する。はじめに，こ

---

23) 第2期事業期間の場合，普通調整交付金割合Kは以下のように求められる。

　　$Ki = 0.23 - (0.18 \times Li \times Mi)$

　　　　$Li = (Eny \times Ynp + Ens \times Snp) / (Eiy \times Ynp + Eis \times Snp)$

　　　　$Mi = 1 - \{0.5 \times (Eia - Ena) + 0.25 \times (Eib - Enb) - 0.25 \times (Eic - Enc) - 0.5 \times (Eid - End)\}$

　　K：普通調整交付金割合，　L：後期高齢者加入割合補正係数
　　M：所得段階別加入割合補正係数，　E：第1号被保険者加入割合
　　n：全国平均，　i：任意の地域（個別の市町村または保険者）
　　y：前期高齢者，　s：後期高齢者
　　a：所得別第1段階，　b：所得別第2段階，　c：所得別第4段階，　d：所得別第5段階
　　Ynp：前期高齢者の補正要介護等発生率
　　Snp：後期高齢者の補正要介護等発生率

　ただし，第2期事業期間における全国平均値（普通調整交付金割合の算出に用いる定数）は次の通り。

　　　$Eny = 0.566$，　$Ens = 0.434$，　$Ynp = 0.042$，　$Snp = 0.261$，

　　　$Ena = 0.021$，　$Enb = 0.336$，　$Enc = 0.126$，　$End = 0.124$

106

第3章　均一賦課制による介護保険の広域運営

れら 30 保険者を構成する計 154 市町村について，その規模を第 1 号被保険
者数から把握するとともに，「広域化負担倍率」との対応関係を検討する。
表 3-3 で「広域化負担倍率」の分布をみると，その値が 1.20 以上になる 16
町村は第 1 号被保険者規模が 3,000 人未満に限定され，うち 10 町村は 2,000
人未満である[25]。この点は，広域保険者内での各構成市町村の第 1 号被保
険者構成比についても，類似の傾向が指摘できる。したがって，単独運営よ
りも保険料負担が相対的に上昇しているにもかかわらず広域化を選択してい
る小規模自治体の存在が指摘できる。

　また，構成市町村の規模によって「広域化負担倍率」が一義的に規定され
ることはないものの，一定の傾向を指摘することはできる。すなわち，第 1
号被保険者数が 3,000 人未満程度の小規模な市町村では「広域化負担倍率」
の値には大きな幅があるが，規模が大きくなるほどその幅は縮小し，1 万人
を超える 16 市は全て平均値に近い 0.90 ～ 1.09 の範囲内にある。しかし一方
で，それに準ずる規模である 5,000 ～ 1 万人の 26 市町村では，「広域化負担
倍率」が 1.00 を下回る場合が比較的多いことも見逃せない。この点は，広
域保険者を構成する市町村のうち規模のやや大きな自治体において，広域化
によって保険料負担が相対的に軽減されている可能性を示唆する。

　つづいて，こうした「広域化負担倍率」から把握できる構成市町村ごとの
受益と負担の関係に関するばらつきを広域保険者単位で分析する。30 の広
域保険者における構成市町村の「広域化負担倍率」の最大値と最小値との間

---

24) なお，実際の保険料率や保険料は，3 年間の事業期間を通じたサービス給付見込み（第
　　1 号保険料で賄うことが定められている，いわゆる上乗せサービス等も含む）や保険料
　　収入およびその他の収入（当該期間前に積み立てた基金からの取崩し等を含む）の見込
　　みおよび第 1 号被保険者数の見込みに基づいて予め事業期間開始前に策定される介護
　　保険事業計画において決定されている。それに対して，本章で採用する「仮想単独保
　　険料」「仮想広域保険料」および「仮想単独保険料率」は，資料の制約もあり，第 2 期
　　事業期間中のある一定期間における各保険者の状況（給付実績，第 1 号被保険者の年
　　齢別・所得段階別加入割合）から算出した値である。そのため，両者は厳密に一致し
　　ていない。
25) 表 3-3 には示されていないが，規模が 1,000 人未満の 4 町村は「広域化負担倍率」が
　　1.3 を超えており，うち 2 村は 1.739 および 1.781 と極端に高い。

107

表 3-3　広域保険者加入市町村の広域化負担倍率の度数分布

(単位：市町村数)

		30 保険者 154 市町村 *							
		広域化負担倍率						計	(%)
		0.80未満	0.80～0.89	0.90～0.99	1.00～1.09	1.10～1.19	1.20以上		
第1号被保険者 規模（人）	30,000～								
	20,000～29,999				2			2	1.3
	10,000～19,999			7	7			14	9.1
	5,000～9,999		5	15	5	1		26	16.9
	4,000～4,999	1	1	2	4	2		10	6.5
	3,000～3,999		1	7	3	1		12	7.8
	2,000～2,999		2	5	12	8	6	33	21.4
	1,000～1,999	2	5	9	5	11	6	38	24.7
	～999	2	3	4	5	1	4	19	12.3
第1号被保険者 構成比（%）	70～				1			1	0.6
	60～69.9			4	1			5	3.2
	50～59.9			1	1			2	1.3
	40～49.9			8	3	1		12	7.8
	30～39.9		2	2	4			8	5.2
	20～29.9		2	8	12	4		26	16.9
	10～19.9	1	6	17	10	13	5	52	33.8
	～9.9	4	7	9	11	6	11	48	31.2
計		5	17	49	43	24	16	154	100.0
(%)		3.2	11.0	31.8	27.9	15.6	10.4	100.0	

注：*2002 年度または 2003 年度の値.
（各広域保険者資料より作成）

の格差（最大倍率）をみると（表3-4），最も格差の少ない保険者では 1.1 倍未満であるのに対して，最も大きな格差を有する保険者では 2.3 倍に達している。それら構成市町村間の「広域化負担倍率」の格差を示す最大倍率を，各広域保険者の構成市町村数の大小と対比したが，両者に相関は認められない。すなわち，構成市町村数が多いためにサービス利用と負担のバランスが悪化するとは限らず，逆に，構成市町村数が比較的少ない保険者において負担と給付の格差が大きい場合もみられる。また，各保険者の規模を表す第 1 号被保険者数に着目しても，格差（最大倍率）に対して明瞭な関係はみられない。

　このように，「広域化負担倍率」の値に関する構成市町村間格差の大小が

第3章　均一賦課制による介護保険の広域運営

表3-4　広域保険者別にみた「広域化負担倍率」の構成市町村間格差

最大倍率順位	広域保険者	第1号被保険者数	市町村数	広域化負担倍率				第1号被保険者数規模でみた該当市町村の構成比(%)		
				最小値(a)	最大値(b)	差(b-a)	倍率最大(b÷a)	受益層	中間層	負担層
1	中新川広域行政事務組合	12,893	3	0.454	1.044	0.591	2.30	3.3	96.7	
2	西彼杵広域連合	23,746	8	0.740	1.435	0.696	1.94	45.6	11.8	42.6
3	射水地区広域圏事務組合	19,555	5	0.930	1.781	0.851	1.92		88.2	11.8
4	隠岐広域連合	7,877	4	0.921	1.739	0.818	1.89		79.5	20.5
5	鳥栖地区広域市町圏組合	22,522	6	0.790	1.425	0.635	1.80	7.6	72.5	20.1
6	杵藤地区広域市町圏組合	42,959	10	0.803	1.353	0.550	1.68	22.8	47.2	30.0
7	みよし広域連合	16,478	8	0.749	1.213	0.463	1.62	36.9	38.4	24.7
8	紀南介護保険広域連合	13,475	5	0.963	1.454	0.491	1.51		92.7	7.3
9	空知中部広域連合	9,687	6	0.828	1.196	0.367	1.44	28.0	30.9	41.1
10	大里広域市町圏組合	70,980	9	0.879	1.263	0.384	1.44	10.8	83.7	5.5
11	木曽広域連合	12,672	11	0.802	1.140	0.338	1.42	11.0	74.6	14.4
12	雲南広域連合	21,707	4	0.936	1.322	0.387	1.41		87.6	12.4
13	盛岡北部行政事務組合	19,966	6	0.810	1.126	0.316	1.39	27.0	35.0	38.0
14	大曲仙北広域市町村圏組合	44,202	5	0.770	1.044	0.274	1.36	4.4	95.6	
15	坂井郡介護保険広域連合	26,198	5	0.894	1.183	0.289	1.32	40.8	20.4	38.8
16	浜田地区広域行政組合	26,960	5	0.948	1.247	0.299	1.32		86.6	13.4
17	北松南部広域連合	9,368	6	0.863	1.134	0.271	1.31	17.1	67.2	15.7
18	依田窪医療福祉事務組合	3,614	3	0.860	1.104	0.244	1.28	32.7	23.5	43.7
19	大田市外2町広域行政組合	13,438	3	0.896	1.143	0.247	1.28	13.3	75.0	11.8
20	諏訪広域連合	47,773	6	0.917	1.150	0.234	1.26		96.2	3.8
21	紀北広域連合	13,182	3	0.935	1.173	0.238	1.25		75.4	24.6
22	安八郡広域連合	9,328	4	0.922	1.114	0.192	1.21		81.7	18.3
23	知多北部広域連合	48,353	4	0.910	1.088	0.179	1.20		100.0	
24	度会I部介護保険事務組合	10,059	4	0.945	1.124	0.179	1.19		80.5	19.5
25	一関地方広域連合	21,647	4	0.977	1.152	0.174	1.18		88.8	11.2
26	日高中部広域連合	7,860	3	0.965	1.115	0.151	1.16		80.6	19.4
27	砺波地方介護保険組合	39,091	4	0.933	1.058	0.125	1.13		100.0	
28	もとす広域連合	16,250	3	0.980	1.085	0.105	1.11		100.0	
29	南部箕蚊屋広域連合	7,515	3	0.955	1.046	0.092	1.10		100.0	
30	新川地域介護保険組合	21,891	4	0.987	1.014	0.027	1.03		100.0	
	計	661,246	154							

注：受益層：広域化負担倍率 0.90 未満
　　中間層：広域化負担倍率 0.90 以上 1.10 未満
　　負担層：広域化負担倍率 1.10 以上
（各広域保険者資料より作成）

第1部　市町村合併と介護保険の広域運営

広域保険者ごとに多様である中で，ここでは構成市町村の結びつき方をとらえるため，次のように構成市町村を便宜的に区分する。すなわち，構成市町村ごとの「広域化負担倍率」の値が0.90以上1.10未満の市町村を広域保険者全体の平均値に比較的近いという意味で「中間層」ととらえ，それよりも値が高い1.10以上の市町村を単独運営の場合よりも保険料負担が重いと考えられることから「負担層」として，逆にこの値が0.90未満の市町村を広域化によって保険料負担の相対的軽減の効果を享受している意味で「受益層」として区分した。そして，これら3区分にそれぞれ該当する市町村の第1号被保険者数の合計値から3区分別の構成比を保険者ごとに求めた。そうすることで，当該広域保険者がどのような規模と給付水準にある市町村の組合せで構成されているかを検討した。

　表3-4をみると，最大倍率の順位が低く構成市町村間で「広域化負担倍率」の差が少ない保険者では，当然ながら「中間層」に位置づけられる市町村の構成比が100％もしくは80％以上などの高い割合を占めている。また，それら最大倍率が下位に位置する保険者については，「中間層」の構成比が100％未満で「負担層」の構成比が2割近くになる場合でも，「負担層」に該当する市町村の「広域化負担倍率」の最大値が，「中間層」に関するここでの便宜的な上限（1.10）をわずかに上回る程度である保険者が多い。しかし，「負担層」に区分される市町村が存在しない7保険者を除く23広域保険者における「負担層」の平均的な「広域化負担倍率」は，「中間層」および「受益層」を含めた構成市町村間の格差（最大倍率）が概ね1.4倍程度より大きい保険者で，その値を大きく上昇させる傾向がみられる（図3-4）。

　一方で，最大倍率の大きな保険者では，「広域化負担倍率」の値が1.10以上の「負担層」の構成比が10％未満から4割超まで幅広く，同時に，0.90未満の「受益層」の構成比も数％から40％以上にわたるなど，1つの保険者の中で「負担層」と「受益層」とが混在する様子がうかがえる。この点は，最大倍率の順位で下位3分の1強にあたる20位以降の11保険者において「受益層」に区分される市町村が皆無であることと対照的である。

　以上のような，「広域化負担倍率」および第1号被保険者数構成比に関する整理から，各広域保険者における「中間層」のような平均的な水準への構

110

第3章　均一賦課制による介護保険の広域運営

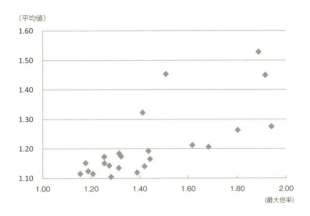

図3-4　「負担層」に該当する構成市町村における「広域化負担倍率」の平均値
注：最大倍率は，各広域保険者内での構成市町村間の「広域化負担倍率」の最大値を最小値で除した値．ここでは，「負担層」に該当する市町村が存在しない7保険者を除く23広域保険者

成市町村の集中の度合いが，保険者として均衡がとられた安定的な状態であるかどうかの判断材料になると考えられる。そうした観点から，広域保険者の構成市町村の結びつき方については次のような類型化が可能である（図3-5）。すなわち，第一の類型として，「中間層」の構成比が「負担層」および「受益層」のいずれよりも少ない保険者が挙げられる。この類型には，西彼杵広域連合（長崎県），坂井郡介護保険広域連合（福井県）および依田窪医療福祉事務組合（長野県）が該当する。これら3保険者では，「中間層」をはさむ形で「受益層」および「負担層」の構成比が相対的に高まる形で構成市町村が結びつき，いわば二極化の状況が生じている。このような類型は，第1号被保険者の構成比および「広域化負担倍率」をそれぞれ縦軸および横軸として考えると，模式的にみて「M字型の広域化」と呼ぶことが可能である。

「M字型の広域化」と対照的な類型には，「中間層」のように「広域化負担倍率」が各保険者の平均（1.00）に近い水準でより多くの第1号被保険者構成比が相対的に集中する保険者が想定される。ただし，「中間層」の便宜的な定義にわずかに該当しない「負担層」もしくは「受益層」の市町村も存

111

第1部　市町村合併と介護保険の広域運営

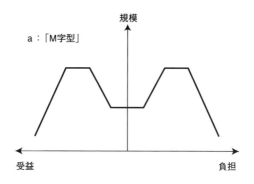

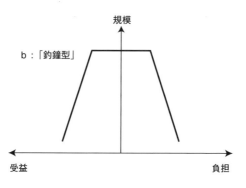

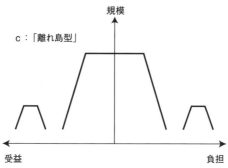

図3-5　広域保険者の類型化
注：cの「離れ島型」には，負担・受益軸のいずれか一方の側のみに保険者が存在する場合を含む．

第3章　均一賦課制による介護保険の広域運営

することを考慮する必要がある。それゆえ，ここではより厳密に定義するために，「受益層」に該当する 22 市町村の「広域化負担倍率」の平均値（0.8155）から「負担層」に該当する 40 市町村の「広域化負担倍率」の平均値（1.2127）の間に全ての構成市町村が含まれる広域保険者を第二の類型としてとらえる。このような構成市町村の組合せは，横軸にあたる「広域化負担倍率」の広がりが相対的に少なく，縦軸にあたる第 1 号被保険者構成比が「中間層」付近で集中的に高まっていることから，模式的にみて「釣鐘型の広域化」と呼ぶことができる。この類型には，表 3-4 における最大倍率の順位が下位の地域を中心として 13 保険者が該当している。

さらに，これらとは別に，「負担層」の平均値（1.2127）を上回るもしくは「受益層」の平均値（0.8155）に満たない「広域化負担倍率」をもつ構成市町村を抱える広域保険者を第三の類型として区別する。これらの保険者の多くは，「中間層」の構成比が本章で対象とした 30 保険者の平均値（73.7％）を上回るなど，ある程度まで先述の「釣鐘型」にみられる安定性も有する。その一方で，この類型に該当する広域保険者は，「負担層」ないしは「受益層」としての性格の強い構成市町村を含む点に特徴がある。すなわち，それらの市町村は，広域保険者としての全体的な安定性をもたらす「中間層」に対して，「広域化負担倍率」の水準の面で乖離して位置している。これを模式的にとらえた場合，「中間層」およびそれに近い水準の構成市町村が当該保険者の中心的部分を形成しつつ，それら中心（本土または本島）から離れた副次的な存在（離れ島）として「負担層」や「受益層」の顕著な水準に位置する自治体が包含されているとみることができる。こうしたことから，これらは模式的に「離れ島型の広域化」と呼ぶべき第三の類型として概念化できる。

この類型には，表 3-4 における最大倍率の順位で上位の地域を中心とした 14 保険者が該当している。これらの保険者の多くは，「受益層」もしくは「負担層」のいずれかにその副次的な性格を示すが，鳥栖地区広域市町村圏組合（佐賀県）および杵藤地区広域市町村圏組合（佐賀県）は，「受益層」および「負担層」の双方で「広域化負担倍率」の値に顕著な傾向をもつ構成市町村を抱えている。したがって両組合では，単独運営の場合と比較して，広域化によって著しい負担増を被る自治体と比較的大きな受益のある自治体と

113

第1部　市町村合併と介護保険の広域運営

が，同じ広域保険者内に混在している状況が指摘できる。

5. 広域保険者地域における保険運営の実態と課題

(1) 格差の大きい広域保険者における保険運営

　前節における分析から，構成市町村間でのサービス利用と保険料負担のバランスは，広域保険者によって多様であることが明らかとなった。ここでは構成市町村ごとの「広域化負担倍率」の格差がとくに大きい上位5保険者（表3-5）を事例として取り上げ，保険運営の実態について具体的に明らかにしていく。

　最も大きな格差を示す保険者は，中新川広域行政事務組合（富山県）である。1982年に設立された同組合は，介護保険事業のほかに下水道事業も実施している。この地域は，富山市と隣接しながら長野県境の北アルプスまで広がる立山町および上市町が人口および面積において大多数を占める中で，舟橋村のみが人口・面積ともに著しく小規模である点に一つの特徴がある。同組合では，第1号被保険者規模の非常に小さい同村においてサービス利用量が突出している。とくにその大半を施設介護サービスが占めており，第1号被保険者1人当たりの施設介護サービス利用実績は，他の2町のその値を合算した額のさらに1.4倍に近いほど高い水準である[26]。しかしながら，他の2町は「広域化負担倍率」の値がいずれも96％程度であり，第1号被保険者数でみた場合に同組合の97％弱を占めるこれら2町によって，きわめて規模の小さな舟橋村のサービス利用面での突出を許容することが可能となっている。以上の特徴は，前節でみた類型のうち，「離れ島型の広域化」に該当するとみることができる。

---

[26] 舟橋村では高齢者人口の少なさに対して著しく手厚い量とも言える50人定員の特別養護老人ホームが1施設立地するほか，立山町および上市町には舟橋村からきわめて近い位置（同村中心部から直線距離で5km以内）に同村にない老人保健施設が1つずつ立地しており，アクセスが容易である。また詳しい資料は得られていないが，近距離にある富山市などの施設利用が容易であることも施設サービスの利用が活発となっている要因として考えられる。

114

第3章　均一賦課制による介護保険の広域運営

表3-5　構成市町村間の「広域化負担倍率」格差の大きい5広域保険者

| 【保険者名】 | 第1号被保険者 | | 広域化負担倍率 | 第1号被保険者1人当たりサービス利用実績（年額） | | | |
市町村	人数	構成比(%)		居宅介護（支援）サービス	(%)	施設介護サービス	(%)
【中新川広域行政事務組合】							
舟橋村	428	3.3	0.454	99,735	15.3	553,880	84.7
立山町	6,659	51.6	1.044	112,167	36.1	198,232	63.9
上市町	5,806	45.0	1.033	120,494	37.4	202,063	62.6
計	12,893	100.0		115,504	35.3	211,763	64.7
【西彼杵広域連合】							
西彼町	2,491	10.5	1.215	127,271	52.3	116,046	47.7
西海町	2,651	11.2	1.140	127,078	49.1	131,487	50.9
大島町	1,585	6.7	1.435	81,438	39.4	125,370	60.6
崎戸町	960	4.0	1.364	133,932	53.4	116,918	46.6
大瀬戸町	2,426	10.2	1.219	128,550	50.7	124,896	49.3
長与町	6,527	27.5	0.896	167,378	61.7	103,729	38.3
時津町	4,310	18.2	0.740	213,289	63.0	125,084	37.0
琴海町	2,796	11.8	0.998	142,293	50.8	138,007	49.2
計	23,746	100.0		152,996	56.0	120,172	44.0
【射水地区広域圏事務組合】							
新湊市	8,866	45.3	0.980	128,841	45.3	155,775	54.7
小杉町	5,556	28.4	0.930	104,022	37.7	171,777	62.3
大門町	2,823	14.4	1.090	93,443	38.6	148,673	61.4
下村	453	2.3	1.781	87,366	59.9	58,418	40.1
大島町	1,857	9.5	1.117	84,636	36.8	145,131	63.2
計	19,555	100.0		111,520	41.7	156,030	58.3
【隠岐広域連合】							
隠岐の島町	5,316	67.5	0.921	149,577	44.8	184,030	55.2
海士町	946	12.0	0.988	140,340	46.5	161,694	53.5
西ノ島町	1,313	16.7	1.317	92,374	38.2	149,664	61.8
知夫村	302	3.8	1.739	183,766	93.1	13,573	6.9
計	7,877	100.0		140,243	45.3	169,084	54.7
【鳥栖地区広域市町村圏組合】							
鳥栖市	11,253	50.0	0.975	133,837	55.7	106,450	44.3
基山町	3,231	14.3	0.921	123,051	46.7	140,457	53.3
中原町	1,839	8.2	1.093	103,167	46.3	119,616	53.7
北茂安町	2,556	11.3	1.102	158,267	70.6	65,998	29.4
三根町	1,961	8.7	1.425	117,863	58.1	85,045	41.9
上峰町	1,710	7.6	0.790	95,271	31.7	205,109	68.3
計	22,522	100.0		128,405	53.1	113,572	46.9
全国	25,111,368	−	−	118,686	48.1	128,315	51.9

注：サービス利用実績（年額）は，中新川および鳥栖地区のみ費用額，他は給付額による．
　　給付額は費用額のおよそ9割に相当する．広域化負担倍率が1.0を下回れば利用実績より保険料負担が軽く，1.0を上回ればその逆を意味する．「居宅介護（支援）サービス」には，「施設介護サービス」3種別を除く全ての項目を含む．
（全国は平成17年3月末全国データ（「平成16年度介護保険事業状況報告（年報）」）より，その他は各保険者資料より作成）

115

第1部　市町村合併と介護保険の広域運営

　次いで構成市町村間の「広域化負担倍率」の格差が大きい広域保険者は，介護保険制度の本格的導入の前年にあたる 1999 年に設立された西彼杵広域連合（長崎県）である。8 町から構成されていた同広域連合では，最も南部に位置し長崎市中心部にも比較的近い 2 町と西彼杵半島に位置する 6 町[27]との間に，人口規模などの面で違いがみられる。同広域連合について 8 町別の「広域化負担倍率」と人口規模をみると，第 1 号被保険者数の上位 2 町の合計で全体の約 45.6％を占め，これら 2 町のみが「受益層」に該当している。逆に，第 1 号被保険者数の規模で第 3 位の町が「広域化負担倍率」で平均的な値（0.998）を示すのに対して，西彼杵半島北部および島しょ部に位置する，より規模の小さな 5 町におけるその値は，1.140 〜 1.435 などに達し，概して高くなっている。このように同広域連合では，「中間層」に該当する構成市町村が少なく，むしろより広域化の恩恵を受けている「受益層」とより負担の大きな「負担層」とに二極化しており，「M 字型の広域化」の典型と言える。なおかつ規模の大きな自治体ほど受益的であり，小規模自治体ほど相対的に負担が大きい構図となっている。第 1 号被保険者数当たりのサービス利用実績を居宅介護系と施設系とに区分すると，規模が大きく「広域化負担倍率」の値が最も低い 2 町では施設系の比重が広域連合の平均を下回り，他の 6 町では逆の傾向がある。このようにサービス利用実績が豊富で受益的な自治体ほど居宅系サービスの構成比が高い点は，中新川広域行政事務組合や後述する隠岐広域連合の場合と異なる特徴と言える。

　三番目に「広域化負担倍率」の格差が大きい広域保険者は，射水地区広域圏事務組合（富山県）である。同組合は 1975 年に設立され，ごみ処理・し尿処理・下水道・火葬施設の運営等の複数の事務を介護保険に先行して取り扱ってきた。5 市町村[28]から構成された同組合は，1 市のみで第 1 号被保険者数の半数近くを占める中心市において「広域化負担倍率」がほぼ平均的な

---

27) 西彼杵半島南端の琴海町は 2006 年 1 月に長崎市に編入合併し，半島北部の 5 町は新設合併によって 2005 年 4 月に西海市となった。なお長与町と時津町はそれぞれ単独で町制を維持している。

28) これら 5 市町村は 2005 年 11 月に新設合併して射水市となった。

116

第3章 均一賦課制による介護保険の広域運営

値をとり，他の4町村のうち3町が前述の「中間層」もしくはそれに限りな
く近い水準である。一方で，規模の極端に小さな1村のみは「広域化負担倍
率」が「中間層」から大きく離れた1.781に達している。そのため，これは
「離れ島型の広域化」に分類することができよう。このようなきわめて小規
模な自治体で単独運営の場合と比較して1.8倍に近い保険料負担をしている
と判断できるような「負担層」としての性格が著しい事例は，中新川広域行
政事務組合の場合と対照的であり，後述する隠岐広域連合の場合と類似して
いる。サービス利用動向に関連した居宅系と施設系との違いについては，最
も規模が小さく「広域化負担倍率」の値が高い1村で施設系の構成比が低い
が，他の4市町は「広域化負担倍率」との間に明瞭な関係は認められない。

　四番目に「広域化負担倍率」の格差が大きい広域保険者は，隠岐広域連
合（島根県）である。西彼杵広域連合と同様に介護保険を契機として1999年
に設立された隠岐広域連合は，隠岐諸島の旧7町村によって構成され，島後
の旧4町村が2004年10月に合併して隠岐の島町となったため島前地域と合
わせて4町村から構成される。介護保険のほか，従前より一部事務組合とし
て実施していた病院・消防・知的障害者施設・農業共済等の事業を引き継い
でいる[29]。同広域連合では，第1号被保険者規模のきわめて小さな知夫村
においてサービス利用が少ない点で上述の中新川広域行政事務組合のケース
と対照的である。知夫村は，居宅介護サービスでは保険者全体の平均値を
上回るものの，施設介護サービスの値が他の3町の10分の1に満たないな
ど極端に低く，結果として第1号被保険者数当たりのサービス利用額が他の
町村と比較して少ない[30]。このように「広域化負担倍率」の値が著しく高

---

29) 組織上の隠岐広域連合には，これら旧7町村だけでなく島根県も広域連合の一員に加
　　わったことが全国的にも特異な点として挙げられる。
30) 知夫村には，3種類の介護保険施設のいずれも立地しておらず，隠岐広域連合の資料
　　によれば，2004年度の同村では老人保健施設を除く他の2種類の施設介護サービスが
　　全く利用されていない。隠岐諸島の中で比較的近接する島前の他の2町には特別養護
　　老人ホーム2施設（海士町と西ノ島町に各1）と療養型医療施設1施設（西ノ島町）が
　　立地しているが，いずれに対しても知夫村からは利用が低調になっているものと推測
　　される。

117

第1部　市町村合併と介護保険の広域運営

い水準にある市町村では，広域化が保険料負担を増す効果を生んでいる。こうした点は，知夫村ほど規模が小さくはないものの「広域化負担倍率」の値が「負担層」に該当する 1.317 にのぼる西ノ島町についても同様の側面を有する。対照的に，第 1 号被保険者規模で全体の 8 割弱を占める 2 町が「中間層」の中でも平均値（1.0）を下回り，とりわけ，最も規模の大きな隠岐の島町（0.921）が「受益層」により近い性格を有している。以上の「広域化負担倍率」の分布から「離れ島型の広域化」に分類される同広域連合は，規模の大きな自治体が相対的に受益的であり，それに規模の小さな自治体が「負担層」に位置づけられながらも統合された形での広域化とみることができる。こうした点は，上述した西彼杵広域連合と類似の性格と言える。

　五番目に挙げるのは，鳥栖地区広域市町村圏組合（佐賀県）である。同組合も西彼杵広域連合や隠岐広域連合と同様に介護保険を主たる目的として 1999 年に設立された。佐賀県東部に位置する 6 市町[31] からなる同組合は，射水地区広域圏事務組合と同様に，第 1 号被保険者数ベースで全体の約半数の規模を占める中心市が「広域化負担倍率」でほぼ平均的な値（0.975）をとり，全体的なバランスを維持している。他の 5 町のうち 3 町が「中間層」に位置する一方で，「受益層」と「負担層」にも 1 町ずつ該当する。これら 2 町の「広域化負担倍率」が 0.790 および 1.425 であるため，分類上は「離れ島型の広域化」と判断できるが，前節でも指摘したように，この事例は「受益層」と「負担層」の両翼においてその広がりを見せる点で特徴をもつ。同組合は，「広域化負担倍率」の値に関する構成市町村間での最大格差（倍率）が 1.80 倍程度に及び（表3-4），かつ「中間層」の中でも「広域化負担倍率」の値が 0.921 から 1.093 程度まで幅はあるものの，全体的には，「中間層」に該当する自治体の中でとりわけ中心市の存在によって広域化が維持されていると考えられる。居宅系と施設系の違いについては，「受益層」に該当する 1 町でとくに施設系サービスの構成比が高い点が目立つが，6 市町全体では「広域化負担倍率」との間に明確な関係はみられない。

---

31) このうち中原町・北茂安町・三根町が 2005 年 3 月に新設合併によってみやき町となった。なお他の 3 市町は，合併せず単独を維持している。

第3章　均一賦課制による介護保険の広域運営

(2) 高負担を甘受する地域的条件と制度的背景

　以上のような「広域化負担倍率」を指標とした構成市町村間での格差の大きな広域保険者に関する分析から，介護保険の広域運営の課題の中でも，とくに本書で問題としている受益と負担の関係に関する構成市町村間での不均衡の実態が明らかとなった。それはとりわけ上述の3類型の中で「離れ島型の広域化」や「M字型の広域化」において顕著であった。

　これらの類型に該当する広域化については，とくに人口構成比に関する少数派が「負担層」に該当するようなケースでは，広域保険者への参加自体を再考する余地もあると言えよう。隠岐広域連合において「広域化負担倍率」が1.739にのぼる1村が，その典型例として指摘できる。同村は，広域保険者内での人口構成比の極端な低さ（3.8%）が大きな要因となって，保険給付額の増大を招きやすい施設サービス利用の増加というリスクの緩和を一つの目的として広域保険者に加入している可能性がある。しかし，実際には，施設サービスの利用は制度的にも実態面でも利用期間の比較的短い老人保健施設[32]にごくわずかな該当者がいるのみで，その他の2種類の施設への利用者は存在しなかった。介護保険が3年を1つの事業期間としており，その期間内での施設サービス利用の新たな発生の可能性を考慮する必要は確かにあるが，そうしたリスクの緩和を念頭に置きながらも，現実には施設サービス利用が非常に少ない状態である。

　このことから，同村が結果的には広域化のメリットを充分に享受できておらず，保険料を負担する村民（第1号被保険者）の福祉向上に結びつきにくい面があることも指摘せざるを得ない。また，利用実績（金額）を居宅系サービスと施設系サービスに分類した場合に，そのうち後者の割合がわずか6.9%にとどまるような同村のケースでは，保険財政の一体化による広域

---

[32] 老人保健施設は，リハビリテーション等を通じた身体的・生活機能の向上によって自宅等へ戻ることを制度的に想定している。また実態面でも，厚生労働省による「平成15年介護サービス施設・事業所調査結果の概況」によれば，介護保険3施設の退所者の平均在所期間は，介護老人福祉施設（特別養護老人ホーム）が1,429日，介護老人保健施設が230日，介護療養型医療施設が360日である。

119

第1部　市町村合併と介護保険の広域運営

化とは異なる方法が検討されてもよいのではないだろうか。すなわち，施設サービス利用の増大を念頭に置いたリスクヘッジを考えるよりも，施設系サービスへの依存度が低い状態をむしろ特長として生かすことも一案となろう。つまり，施設に入らなくても自宅等での生活を可能にするような居宅系サービスの環境を整備することによって，広域化ではなく単独運営を選択することも視野に入るのではないだろうか。

　介護保険の広域運営を含む様々な広域行政の枠組みについては，仮に1つの事業分野で構成市町村間の有利・不利性があっても，同じ一部事務組合や広域連合における他の事業分野については逆の不公平が存在する可能性もある。したがって，個別の行政分野の問題のみに規定されない面にも留意する必要はあろう[33]。ただし，そうした一部事務組合や広域連合への参加が，近年の介護保険制度の導入時のように，それら組織での新たな取扱い分野が生じた際に，各市町村における個別の事情を捨象して慣例的にあるいは半ば自動的にその枠組みを許容していくことにつながるばかりでは，問題を残していると言えよう[34]。これに加えて，仮に単独での運営を志向しながらもそれを実現する上での行財政面での実務的な障害[35]があるために，保険料上昇のように条件的には不利な場合でも広域化を甘受せざるを得ない可能性も指摘しておく必要がある。

　本章では，「広域化負担倍率」を指標とした分析を通じて，介護保険の広域運営によって相対的に負担増となる自治体の存在を明らかにした。このような高負担化は，少なくとも当該市町村にとって好ましくないにもかかわら

---

33) 新井（2001）は，とくに小規模自治体の事務実施上の困難への対応について論じる中で，個別分野ごとの違いを超えて統一的に理解すべきと指摘している。

34) 隠岐広域連合の発足の経緯について論じた横山（2003, p.138）は，特定の町村名は明記していないものの，「保険料が他の町村よりも低くなることが予想される町村は，広域連合に必ずしも積極的とは言えなかった」と述べている。

35) ここでの障害とは，事業実施の財源面や職員の人的資源の面あるいは介護認定審査会への人員確保の困難性が，同審査会の単なる共同設置および参加の枠組みでとどまることを許容せずに広域保険者への一体化へと誘導するような近隣市町村間または県との間での諸関係などを挙げることができよう。

120

第3章 均一賦課制による介護保険の広域運営

表3-6 「広域化負担倍率」のとくに高い10町村にみる保険者地域内での財政比較

| 広域保険者 | 都道府県 | 市町村 | 第1号被保険者 | | 広域化負担倍率 | 財政力指数 | 広域保険者内比率(%) |
			人数	構成比(%)			
大里広域市町村圏組合	埼玉県	大里町	1,550	2.2	1.263	0.513	74.6
隠岐広域連合	島根県	西ノ島町	1,313	16.7	1.317	0.128	107.3
雲南広域連合	島根県	横田町	2,687	12.4	1.322	0.180	96.9
杵藤地区広域市町村圏組合	佐賀県	江北町	2,433	5.7	1.353	0.354	95.2
西彼杵広域連合	長崎県	崎戸町	960	4.0	1.364	0.118	32.0
鳥栖地区広域市町村圏組合	佐賀県	三根町	1,961	8.7	1.425	0.311	55.8
西彼杵広域連合	長崎県	大島町	1,585	6.7	1.435	0.377	102.3
紀南介護保険広域連合	三重県	鵜殿村	982	7.3	1.454	0.465	160.7
隠岐広域連合	島根県	知夫村	302	3.8	1.739	0.081	67.9
射水地区広域圏事務組合	富山県	下村	453	2.3	1.781	0.242	43.4

注：財政力指数の広域保険者内比率（％）は各広域保険者における構成市町村別の財政力指数の平均値
に対する比率を示す．財政力指数は各県の市町村別財政指標等の資料から2003年度または2004年
度を含む3ヶ年平均値を用いた．

ず，いかなる理由でそうした状況が甘受されているのであろうか。ここでは
最後に，こうした市町村がいわば不利な条件を是認している背景について検
討する。そのため，先にみた「負担層」に該当する40市町村のうち，その
性格がとくに強いと判断される上位10町村に着目した（表3-6）。すでに述
べた通り，広域保険者を構成する市町村は概して小規模かつ高齢化の進んだ
自治体が多い。これら10町村も，一部の町を除けば，それぞれが属する広
域保険者における第1号被保険者のうち，自らが占める構成比は1割に満た
ない。したがって広域保険者地域内での位置づけは様々な面において相対的
に低位にとどまると考えられる。

　また，広域保険者を構成する市町村は概して小規模で高齢化が進んでいる
ことから，一般的な傾向として，全国的水準からみて財政力が弱く，職員な
ど人的資源を含めた行財政力の乏しさも特徴である。その中でも，ここで注
目する10町村の財政力指数は，全国的水準からみた場合だけでなく，それ
ぞれが属する広域保険者の他市町村と比較した場合でも平均値を下回る場合
が多い。逆に，近隣の市町村と比較して財政面で相対的にも絶対的にも優位

121

第1部　市町村合併と介護保険の広域運営

な立場にある市町村はほとんどない[36]。このような近隣市町村を含めた地域内での人口規模や行財政力の面で相対的に従属的な地位にあることは，上記のような不利性を甘受することにつながる重要な一因であると考えられる。

加えて，ほとんどの広域保険者は一部事務組合の形態によって介護保険の運営以前から他の行政分野に関する共同での取扱いの実績があり，また県の出先機関の所管区域と広域保険者地域の地理的範囲とが一致するなどの地域的条件を有することが多い。そのため，とくに行財政力に余裕のない自治体では，本章2節で挙げたような様々な業務上のコストや課題に鑑みて，制度施行当初から国または県によって広域的取り組みが推奨された介護保険に関して，あえて単独での運営を選択する積極的理由は少なかったと言えよう[37]。

ただし，本章で問題としたサービス給付実績に照らした保険料負担における不均衡が生じる側面がありながら，行政（各構成市町村）の立場からそれを受忍可能な理由を，次のような制度的背景から，もう一点指摘しなければならない。すなわち，介護保険給付の財源構成において，利用者負担を除いた金額の50％に相当する公費分のうち市町村負担金（12.5％部分）は，広域保険者では規約に基づいて構成市町村間で負担配分をしている。一般的にその方法としては，1) 均等割，2) 人口（または第1号被保険者）規模割，3) サービス利用実績割の3種類が一定の比率で併用されることが多い。その際，上記のようなサービス利用実績が少ないため「広域化負担倍率」が高く，住民

---

36) 三重県最南端の熊野川河口に位置する鵜殿村（合併によって現在は紀宝町）は人口・面積ともに小規模であるが，製紙業や製材業が立地し，生産年齢人口割合が高い一方で人口高齢化率は2004年10月現在で19.1％にとどまるなど，熊野市をはじめとする紀南介護保険広域連合の他市町（人口高齢化率28.5〜53.3％）と比較して特異な人口特性を有する。このような社会的経済的背景から財政力指数（0.465）が他の市町を上回っている。

37) ただし，3節で述べた全市町村数に占める広域保険者への加入市町村の割合をみると，例えば消防やごみ処理など施設の設置・維持管理や職員の雇用など大きな行政コストを要する分野と比べて広域的取り組みは少ない。また都市部では，介護保険において首長をはじめ行政の裁量が比較的発揮しやすい制度的側面が評価された結果，単独運営を積極的に選択する場合も多かったと言われる。

122

第 3 章　均一賦課制による介護保険の広域運営

（第 1 号被保険者）の保険料負担が相対的に高まる自治体についても，行政と
して負担すべき法定の費用は，均等割を除けば大きな支障にはなりにくい面
がある。このことは言い換えれば，「広域化負担倍率」が高い自治体におい
ても，住民（第 1 号被保険者）の直接的な負担である保険料には不利な面があ
る一方で，行政（各構成市町村）にとっての公費負担は相対的に緩和される
構図となっている。こうした点が，本研究において見出されたようなサービ
ス給付実績に照らした保険料負担に関する構成市町村間の不均衡を生じさせ
る一因となっている。

6. 補論
― 大合併期前後で比較した広域保険者における給付と負担 ―

均一賦課制をとる広域保険者では，本書第 1 章でみた通り，2000 年代半
ばまでに収束した平成の大合併期を経て，非合併市町村を含む構成市町村の
顔ぶれなどに少なからず変化が生じている。このように広域保険者の枠組み
が再編されて存続した後の段階において，構成市町村間で給付の平準化がど
の程度進み，受益（サービス給付）と負担（保険料）の関係がどの程度改善さ
れたのかを改めて確認しておく意義があると考えられる。

広域保険者における構成市町村の広域化負担倍率が，平成の大合併期を経
た前後でどのように変化したのかを把握するため，ここでは大合併期前の状
況を，本章第 4 節でみた，2005 年度に運営されていた 47 の広域保険者のう
ち資料の得られた 30 の広域保険者における計 154 市町村の 2002 年度または
2003 年度[38]の運営実績から算出した。また，大合併期後の状況は，2012 年
度に運営されていた 36 の広域保険者[39]のうち資料の得られた 25 保険者の
88 市町村における第 4 期（2009 ～ 2011 年度）実績から算出した。

---

38) 提供された実績値の年度は，保険者によってばらつきがある。

39) ここでは，2012 年度に広域運営されていた 39 の保険者のうち，不均一賦課制を採用
する 3 保険者（後志広域連合，福岡県介護保険広域連合，沖縄県介護保険広域連合）を
除いている。

第1部　市町村合併と介護保険の広域運営

表3-7　平成の大合併期前後における広域保険者加入市町村の広域化負担倍率の度数分布とその変化　　　　　　　　　　　　　　　　　　　　　　　　　　　（単位：市町村数）

| | | 大合併期前の30保険者154市町村* 広域化負担倍率 | | | | | | | | 大合併期後の25保険者88市町村** 広域化負担倍率 | | | | | | | |
		0.80未満	0.80~0.89	0.90~0.99	1.00~1.09	1.10~1.19	1.20以上	計	(%)	0.80未満	0.80~0.89	0.90~0.99	1.00~1.09	1.10~1.19	1.20以上	計	(%)
第1号被保険者規模（人）	30,000 ~									1		1			2	4	4.5
	20,000 ~ 29,999				2			2	1.3			1	1	1		3	3.4
	10,000 ~ 19,999			7	7			14	9.1		2	7	3	1		13	14.8
	5,000 ~ 9,999		5	15	5	1		26	16.9	2	2	9	12	1		26	29.5
	4,000 ~ 4,999	1	1	2	4	2		10	6.5			3	1	1		5	5.7
	3,000 ~ 3,999		1	7	3	1		12	7.8		1	2	7		1	11	12.5
	2,000 ~ 2,999		2	5	12	8	6	33	21.4	1	1	4	4	2		12	13.6
	1,000 ~ 1,999	2	5	9	5	11	6	38	24.7	1		3	2		1	7	8.0
	~ 999	2	3	4	5	1	4	19	12.3		1	1	1	2	2	7	8.0
第1号被保険者構成比（％）	70 ~				1			1	0.6			2		1		3	3.4
	60 ~ 69.9			4	1			5	3.2			2	1		1	4	4.5
	50 ~ 59.9			1	1			2	1.3			2	4			6	6.8
	40 ~ 49.9			8	3	1		12	7.8			4	5		1	10	11.4
	30 ~ 39.9		2	2	4			8	5.2			5	4			9	10.2
	20 ~ 29.9		2	8	12	4		26	16.9	1	2	9	6	2		20	22.7
	10 ~ 19.9	1	6	17	10	13	5	52	33.8	1	4	5	6	3	1	20	22.7
	~ 9.9	4	7	9	11	6	11	48	31.2	3	1	2	5	2	3	16	18.2
	計	5	17	49	43	24	16	154	100.0	5	7	31	31	8	6	88	100.0
	(%)	3.2	11.0	31.8	27.9	15.6	10.4		100.0	5.7	8.0	35.2	35.2	9.1	6.8		100.0

注：＊2002年度または2003年度の値.
　　＊＊第4期（2009 ~ 2011年度）の値.
（各広域保険者資料より作成）

　表3-7は，これら広域保険者の構成市町村ごとに算出した広域化負担倍率について，その水準別にみた市町村数の度数分布を，大合併期の前後に分けて示している。大合併期の前後を比較すると，1保険者当たりの構成市町村数は，5.13から3.52へと減少している。第1号被保険者数からみた規模も，3,000人未満の市町村数が占める割合は58.4％だったものが29.5％へと低下し，逆に，5,000人以上の市町村数が占める割合が27.3％から52.3％へと上昇している。同様に，広域保険者内での規模的割合を意味する第1号被保険者構成比も，20％未満の市町村数が64.9％であったのが40.9％へ低下し，逆

に，40％以上の市町村数が13.0％から26.1％へと倍増する結果となっている。このように，全体として規模の拡大が進んだ中で，各構成市町村の広域化負担倍率の変化をみると，単独運営による場合との差が少ない0.9〜1.1の範囲に該当する市町村数の占める割合は，大合併期前の59.7％から大合併期後には70.5％へと拡大している。

また，各構成市町村別にみた広域化負担倍率を大合併期の前後で比較すると，その増減の平均値は，大合併期前の広域化負担倍率が1.0以上であった市町村では0.052の低下が，大合併期前に1.0未満であった市町村では0.040の上昇がみられた。このように，大合併期の前後で，全体として単独運営の場合と同水準の1.0へ近づく方向へ変化しているとみなすことができる。こうした変化は，合併を経て1保険者当たりの構成市町村数が減少したことによる数字上の自然な帰結でもあるが，同時に，行財政の枠組みが変化したことに伴って，介護保険給付に対して何らかの影響を及ぼした結果とも言える。それは，合併を通じた一部の自治体間での介護保険サービスをめぐる諸資源（具体的にはサービス事業所）の選択肢の拡大が域内格差を一定程度緩和させた可能性であり，またより広義には，合併によって行財政の制度をめぐる均一化・統一化への動きが介護保険分野に波及したことも考えられよう。

一方で，広域化負担倍率が1.0から比較的乖離した市町村も依然として残っている。広域化負担倍率が0.80未満で，広域保険者に参加していることで単独運営の場合よりも保険料負担がとくに低く済んでいると考えられる市町村の数は，全体の市町村数が大きく減少する中でも5自治体と変わっていない。最も低い値は，大合併期前には，単独運営の半額未満の負担水準を意味する0.454であったのが，大合併期後は0.620に上昇したとは言え，なお単独運営の3分の2未満の水準にとどまっている。

これに対して，広域化負担倍率が1.2倍を超えてとくに高い市町村は，絶対的な数の上でも相対的な割合の面でも大合併期の前後で減っている。ただしその水準は，大合併期前に下村（富山県，射水地区広域圏事務組合）で1.781，知夫村（島根県，隠岐広域連合）で1.739がみられたが，合併期後もあまり大きくは下がっておらず，知夫村ではなお1.639を示し[40]，東海市（愛知県，知多北部広域連合）の1.483，藤沢町（岩手県，一関地区広域行政組合）の1.443

第1部　市町村合併と介護保険の広域運営

表3-8　広域化負担倍率が1.0から乖離した市町村における大合併期前後での変化

広域化負担倍率の水準	大合併期前		大合併期後	
1.2 以上	16町村	知夫村　　1.739（→ 1.639へ低下）○ 江北町　　1.353（→ 1.153へ低下）○ 西ノ島町 1.317（→ 1.044へ低下）○ （13町村は合併）	6市町村	知夫村 1.639（← 1.739 から低下）○ 東海市 1.483（← 1.088 から上昇）△ 藤沢町 1.443*○ 川本町 1.239（← 1.122 から上昇）○ 熊谷市 1.231（← 1.001 から上昇）◎ 舟橋町 1.227（← 0.454 から上昇）△
0.8 未満	5町村	上峰町 0.790（→ 0.781へ低下）○ 舟橋村 0.454（→ 1.227へ上昇）△ （2村は合併，1町は非合併で単独化）	5市町	上峰町 0.781（← 0.790 から低下）○ 東浦町 0.751（← 0.945 から低下）△ 深谷市 0.747（← 1.030 から低下）◎ 寄居町 0.723（← 0.980 から低下）○ 飯南町 0.620（← 0.936 から低下）◎

注：◎自身も他の構成自治体も合併あり
　　○自身は非合併，他の構成自治体で合併あり
　　△自身も他の構成自治体も非合併
　　＊藤沢町は大合併期前は広域保険者に未加入．ここでは一関市への編入合併（2011年9月）前の約
　　2年半の実績で算出．
（各広域保険者資料より作成）

がこれに続いている[41]。

　これら広域化負担倍率が1.0から離れた個別の市町村単位に着目すると，大合併期の前後で大きな変動を示す場合が散見される（表3-8）。大合併期前に1.2を超えていた16町村のうち，知夫村（1.739から1.639へ）はあまり変化していないものの，江北町（佐賀県，杵藤地区広域市町村圏組合）が1.353から1.153へ，西ノ島町（島根県，隠岐広域連合）が1.317から1.044へと，単独運営の場合と同水準の1.0に比較的大きく近づく動きを見せた[42]。逆に，大

40）大合併期前に最も高い広域化負担倍率を示していた下村は，射水地区広域圏事務組合の全5市町村による新設合併に伴って広域保険者が消滅したため，大合併後の広域化負担倍率は算出できない。

41）藤沢町は，2006年4月以降に一関地区広域行政組合による介護保険の広域運営に参加したため，大合併期前の広域化負担倍率は算出できない。なお，同町は2011年9月に一関市へ編入合併したが，それ以前の約2年半の事業実績値が同組合から資料提供されたので，分析の対象とした。

第3章　均一賦課制による介護保険の広域運営

合併期前に広域化負担倍率がとくに低い0.8未満の水準であった5町村の
うち，上峰町（佐賀県，鳥栖地区広域市町村圏組合）は0.790から大合併期後も
0.781とほとんど変化していないが[43)]，舟橋村（富山県，中新川広域行政事務組
合）は0.454から1.227へと大幅に上昇した。

　また，大合併期後の広域化負担倍率が1.2を超える6市町村をみると，上
述の知夫村および舟橋村を除くと，川本町（島根県，邑智郡総合事務組合）は
大合併期前の1.122から1.239へと上昇幅が小さいが，東海市（愛知県，知
多北部広域連合，1.088から1.483へ）や熊谷市（埼玉県，大里広域市町村圏組合，
1.001から1.231へ）の上昇は比較的大きい。大合併期後の広域化負担倍率が
0.8未満の5市町では，上述のように上峰町の変化があまり大きくなかった
のと比べて，東浦町（愛知県，知多北部広域連合，0.945から0.751へ）はもとよ
り，深谷市および寄居町（いずれも埼玉県，大里広域市町村圏組合）の，それぞ
れ1.030から0.747へ，0.980から0.723へといった低下幅は，より大きい。

　広域化負担倍率が1.0から離れた値を示すのは，給付水準に関する各広域
保険者内での相対的な位置を反映した結果であり，自身の給付水準の変動の
みならず他の構成市町村の影響を受けている。その点で，広域保険者の構成
市町村の枠組みに変化があれば，何らかの影響が生じる可能性もある。例え
ば，熊谷市や深谷市は，同一の広域保険者内で，自身も他市町村も合併が
あり，大合併期前は構成市町村数も9であったのが大合併期後には3へと減
少している中で，ともに大合併期前は1.0に近かった値が，前者は1.231へ，
後者は0.747へと対照的な変化を見せている。同時に，同一の広域保険者に
おいて，自身は合併しなかった寄居町も影響外ではなく，その変化は深谷市
と同様の傾向を示している。一方で，舟橋村や東海市，東浦町は，自身も他

---

42) 他の13町村はそれぞれ合併に参加したため，大合併期後の広域化負担倍率は算出され
　ない。

43) 時津町（長崎県，西彼杵広域連合，0.740）は大合併期後は単独運営に移行し，西祖谷
　山村（徳島県，みよし広域達合，0.749）は新設合併（三好市）し，西木村（秋田県，大
　曲仙北広域市町村圏組合，0.770）も新設合併（仙北市）したため，大合併期後の広域化
　負担倍率は算出されない。

127

第1部　市町村合併と介護保険の広域運営

の構成市町村も合併が皆無であったが，広域化負担倍率に少なからず変動が生じており，これらは大合併期前後の時間的経過の中で，構成自治体間での給付水準の差異に変化が生じた結果と考えられる。このように，広域化負担倍率が1.0から離れた市町村の属する広域保険者について，その構成市町村が関与した合併の有無や影響は多様である。

　以上のように，広域化負担倍率の変動が市町村単位でみられる中で，大合併期の前後で各広域保険者における構成市町村間の格差がどの程度の変化を見せたのかを示したのが表3-9である。ここでは，大合併期前と大合併期後の双方に関する広域化負担倍率の算出ができた18保険者を中心にみていく。大合併期前の最大倍率（広域保険者内の構成市町村別にみた広域化負担倍率の最大値÷最小値）は，最高が中新川広域行政事務組合（富山県）の2.30倍，最小が南部箕蚊屋広域連合（鳥取県）の1.10倍であったのが，大合併期後では，最高が知多北部広域連合の1.97倍，最小が南部箕蚊屋広域連合の1.03倍となった。大合併期前後での最大倍率の変化をみると，18保険者のうち13保険者では減少し，少なくとも当該保険者内での最大値および最小値の自治体間での差は縮小している広域保険者が多いことが確認される。

　ただし，他の5保険者では，微増とも言える砺波地方介護保険組合（富山県）の0.05を除いて，倍率で0.3前後の増加が3保険者でみられ，知多北部広域連合では0.78を示すなど，比較的大きな増加となっている。このように，全体としては大合併期の前後で構成市町村間の広域化負担倍率からみた格差の縮小が進む傾向が認められるものの，構成市町村単位および広域保険者単位でみても，格差の縮小よりもむしろ拡大の傾向を指摘せざるを得ない事例も散見されることが分かる。

　以上のように，最大で69地域あった広域保険者の数は，大合併期を経て39地域にまで減少したが，全国の市町村数の1割強が広域保険者に参加する状況は継続している。その点を踏まえ，広域保険者において給付と負担のバランスに関する構成市町村間での公平性が大合併期の前後でどのように変化しているかを，「広域化負担倍率」の指標から検証した。その結果，広域保険者に参加していることで賦課される保険料水準が，大合併期の前後で，単独運営の場合の水準に比較的近づいた構成自治体が，全体としては多いこ

128

第3章　均一賦課制による介護保険の広域運営

表 3-9　広域保険者内の市町村別にみた広域化負担倍率の格差に関する大合併期前後での変化

広域保険者	大合併期前の広域化負担倍率				大合併期後の広域化負担倍率				最大倍率の増減
	最小値(a)	最大値(b)	差(b-a)	最大倍率(b÷a)	最小値(a)	最大値(b)	差(b-a)	最大倍率(b÷a)	
1　中新川広域行政事務組合	0.454	1.044	0.591	2.30	0.979	1.227	0.248	1.25	-1.05
2　隠岐広域連合	0.921	1.739	0.818	1.89	0.953	1.639	0.686	1.72	-0.17
3　鳥栖地区広域市町村圏組合	0.790	1.425	0.635	1.80	0.781	1.088	0.307	1.39	-0.41
4　杵藤地区広域市町村圏組合	0.803	1.353	0.550	1.68	0.875	1.163	0.288	1.33	-0.36
5　紀南介護保険広域連合	0.963	1.454	0.491	1.51	0.903	1.035	0.132	1.15	-0.36
6　空知中部広域連合	0.828	1.196	0.367	1.44	0.932	1.112	0.180	1.19	-0.25
7　大里広域市町村圏組合	0.879	1.263	0.384	1.44	0.723	1.231	0.508	1.70	0.27
8　雲南広域連合	0.936	1.322	0.387	1.41	0.620	1.104	0.484	1.78	0.37
9　盛岡北部行政事務組合	0.810	1.126	0.316	1.39	0.973	1.113	0.140	1.14	-0.25
10　大曲仙北広域市町村圏組合	0.770	1.044	0.274	1.36	0.974	1.033	0.059	1.06	-0.29
11　浜田地区広域行政組合	0.948	1.247	0.299	1.32	0.987	1.029	0.042	1.04	-0.27
12　諏訪広域連合	0.917	1.150	0.234	1.26	0.934	1.100	0.166	1.18	-0.08
13　安八郡広域連合	0.922	1.114	0.192	1.21	0.959	1.073	0.114	1.12	-0.09
14　知多北部広域連合	0.910	1.088	0.179	1.20	0.751	1.483	0.732	1.97	0.78
15　一関地区広域行政組合	0.977	1.152	0.174	1.18	0.970	1.443	0.473	1.49	0.31
16　砺波地方介護保険組合	0.933	1.058	0.125	1.13	0.901	1.070	0.168	1.19	0.05
17　もとす広域連合	0.980	1.085	0.105	1.11	0.980	1.057	0.078	1.08	-0.03
18　南部箕蚊屋広域連合	0.955	1.046	0.092	1.10	0.980	1.010	0.030	1.03	-0.07
19　西彼杵広域連合*	0.740	1.435	0.696	1.94					
20　射水地区広域圏事務組合*	0.930	1.781	0.851	1.92					
21　みよし広域連合	0.749	1.213	0.463	1.62					
22　木曽広域連合	0.802	1.140	0.338	1.42					
23　坂井郡介護保険広域連合	0.894	1.183	0.289	1.32					
24　北松南部広域連合*	0.863	1.134	0.271	1.31					
25　依田窪医療福祉事務組合*	0.860	1.104	0.244	1.28					
26　大田市外2町広域行政組合*	0.896	1.143	0.247	1.28					
27　紀北広域連合	0.935	1.173	0.238	1.25					
28　度会I部介護保険事務組合*	0.945	1.124	0.179	1.19					
29　日高中部広域連合	0.965	1.115	0.151	1.16					
30　新川地域介護保険組合	0.987	1.014	0.027	1.03					
31　大雪地区広域連合**					0.883	1.099	0.216	1.24	
32　久慈広域連合					0.861	1.063	0.201	1.23	
33　二戸地区広域行政事務組合					0.912	1.109	0.197	1.22	
34　本荘由利広域市町村圏組合					0.989	1.039	0.050	1.05	
35　揖斐広域連合					0.937	1.064	0.127	1.14	
36　邑智郡総合事務組合					0.931	1.239	0.308	1.33	
37　島原地域広域市町村圏組合					0.971	1.012	0.040	1.04	

注：* 合併を経て大合併期後に存続していない広域保険者.
　　** 運営が2004年度からであったため大合併期前の値は算出できない広域保険者. 表中に空欄のある広域保険者は，資料提供がなかった.
（各広域保険者資料より作成）

129

第1部　市町村合併と介護保険の広域運営

とが確認された[44]。一方で，個別の構成自治体でみると，単独運営の場合と大きく乖離する市町村もなお存在し，かつ大合併期前よりも構成市町村間の格差がむしろ拡大した広域保険者もみられた。

---

[44] ただし，広域化負担倍率が多くの構成市町村で単独運営の場合に近づく変化を見せた背景について，例えば各市町村の行財政上の改善意欲や広域保険者内での均一化への意識といった具体的側面について本章では充分な検討に至っておらず，これらは今後の課題としたい。

第2部
不均一賦課制による広域保険者地域

第4章

広域保険者地域における介護保険事業の
地域差と広域運営の枠組みをめぐる諸問題
―全国最大規模の福岡県介護保険広域連合を事例として―

1. 全国最大規模の広域保険者

　近年，人々の暮らしに身近な地方行財政は大きな変化を経験しており，平成の大合併による市町村領域の再編が進むなど，広く住民にも直接的な影響が及んでいる。市町村合併は，その積極論者によってしばしば主張されたように，地方分権の受け皿となるべく行財政の規模拡大を求めて推進されたが，それが終息した現在，新たな課題がそれぞれ異なる地理的スケールにおいて提起されつつある。その一つは，市町村領域内部のミクロなスケールにおける地域ガバナンスの問題であり，もう一つは，合併による規模拡大を通じて基礎自治体としての地位を確立すると思われた市町村を超える広域行政の新たな展開である。このうち後者すなわち広域行政における近年の変化は，とりわけ，高齢化の進展と国・地方自治体に共通の危機的財政下で持続可能性が不安視される社会保障の各分野で顕著である。その比較的早い段階からの実例が，介護保険事業の広域運営である。

　介護保険の広域運営をめぐっては，第3章で，構成市町村間での受益と負担の不均衡に関する一般的な性質について，全国の広域保険者の実態をもとに整理した。しかし，サービス機能（施設や事業所）の分布と保険給付実績との関係を広域保険者内部のミクロスケールで分析し，それを踏まえた上で，広域運営における受益と負担の問題点を詳細に検討するところまでは充分に踏み込んでいなかった。加えて，近年の介護保険政策の動向を踏まえれば，よりローカルなスケールでの事業運営の可能性を念頭に置きながら広域化に

133

第2部　不均一賦課制による広域保険者地域

ついて検討する必要性が高まっている。同時に，そうした点を含めて広域化の是非に関して論じる上では，第3章で指摘したように，大規模な広域保険者において，より一層幅広い問題を抱えていると予想される。以上のような問題意識から，本章では，介護保険に関する広域保険者として全国最大規模を誇る福岡県介護保険広域連合を事例として，サービスの需要と供給をめぐるミクロな地域事情を踏まえた上で，ローカルな事業運営の実効可能性を加味しながら，単独運営の場合との比較から，同広域連合における介護保険事業の広域運営の問題点を詳細に検討することを目的とする。

　複数の自治体から構成される広域保険者にあっては，加入することで適用される保険料負担に相当するサービス給付水準と，単独運営の場合の給付水準との比較を通じて，広域化に伴う負担の増減の程度を市町村別に把握することが可能である。介護保険の広域保険者のうち構成市町村数および人口規模が最大である福岡県介護保険広域連合では，後述するように構成市町村間での給付水準の差異が大きいため，広域化の枠組みによって受ける影響についても，受益と負担のバランスの面で構成市町村間の差異が大きいと予想される。それゆえ，とくに負担増が著しい自治体において，ローカルな事業運営に制約を抱えながら広域化を選択していることの妥当性を問う必要があると考えられる。

　福岡県介護保険広域連合は，都道府県内の全市町村が加入する形態を除くと国内最大規模の広域連合である。そのため，後期高齢者医療制度や今後の国保広域化が，サービスの受益と負担をめぐって，基礎自治体としての市町村による枠組みとの違いとして顕在化していくことが予想される中で，同広域連合は今後の社会保障各分野における広域行政ならびに地方自治を考える上で一つの大きなモデルケースになりうると言える。実際にも，介護保険制度導入を念頭に置いた構想・準備段階から，同広域連合はその規模の大きさや希少性が注目を集め，2000年代初めにかけて行政学・財政学・社会保障政策の諸分野を中心として，広域連合設立の政策的過程や制度的課題などについて多くの関心を呼ぶこととなった（宮下 1999; 坂田 2002; 村上 2002; 今里 2003 など）。ただし，制度の本格的始動から間もない時期であったため，それら既存研究は実際のサービス給付実績に基づく分析を含むものではなかっ

た[1]。その後，2000 年代半ばになると，広域連合などの広域行政制度よりも市町村合併が政策的に推奨され進展する中で，同広域連合による介護保険の広域運営は次第に既成事実化するとともに，当初のような活発な議論は沈静化へと向かった。

　その一方で，介護保険制度施行の 2000 年度から 2000 年代後半にかけての期間には，構成市町村の合併に伴う広域連合からの脱退や再加入がみられたことや，さらには，広域運営の維持を目的として，後述する保険料の不均一賦課制が 2005 年度から採用されるなど，広域化の枠組みに影響を与える動きが相次いで生じることとなった。しかし，それらを踏まえた論考は，地理学だけでなく他分野も含めて管見の限り見当たらない。また，同広域連合を構成する市町村の住民にとって，保険者が広域連合であることは保険運営の主たる責任の所在が距離的にも心理的にも遠く，介護保険の事業特性に関して自らの自治体が広域連合の中でどのような位置づけにあるのかが分かりづらくなる面は否めない。

　これらの点から，介護保険制度の施行とともに同広域連合が広域運営を本格的に開始して以降の諸環境の変化を踏まえながら本章でその実態と広域化の妥当性を検証することは，介護保険をめぐる情報提供や地域福祉の啓発の観点から広く社会的な意義をも有するものと考えられる。さらには，上述した社会保障の各分野で進みつつある広域化を検討する上で，同広域連合の動向が示唆する点は少なくないと考えられる。

2. 福岡県の市町村別にみた事業特性の地域差

　第 4 期事業期間の始まった 2009 年 4 月現在で，福岡県の 66 市町村（28 市 34 町 4 村）のうち 27 市町は介護保険を単独で運営し，残る 39 市町村が福岡

---

1) 同広域連合の設立から一定の時間を経過した段階での研究として，久留米大学文学部介護福祉研究会編（2005）による同広域連合に関する報告書があり，給付実績に関して受給者数および給付件数に言及しているが，本章で問題とする地域別の第 1 号保険料に最も影響する給付費については分析されていない。

第2部　不均一賦課制による広域保険者地域

県介護保険広域連合を構成している。保険者規模を第1号被保険者数からみると、人口約100万の北九州市で234,960人と最大であり、人口約140万の福岡市を5,000人程度上回る。そして、福岡県介護保険広域連合は19万人あまりの第1号被保険者を抱えており、2つの政令市に次ぐ県内第3位の規模を誇る。ただし1構成市町村当たりの平均人数は4,923人であり、県内のどの単独保険者よりも小規模である。

　福岡県介護保険広域連合は、介護保険制度の本格的導入の前年に当たる1999年7月に発足した。第1期事業期間の始まった2000年時点の構成市町村は当時の県内97市町村のうち72市町村にのぼり、その人口規模は北九州市を上回る約110万に及んだ。県町村会が中心となって設立された経緯から、72市町村のうち市部は4市（田川・柳川・山田・豊前）のみであったが、町村部は大半が広域連合に参加した[2]。

　この72市町村による枠組みは、制度開始から3年間は変わらなかったが、市町村合併の動きとともに変化を見せ始めた。平成の大合併における県内最初の事例として新設合併した旧玄海町（現・宗像市）を皮切りに、広域連合の構成市町村が関与した合併が2006年度までに18件（2003年度1件、2004年度7件、2005年度8件、2006年度2件）あった。このうち、広域連合に非加入の自治体との合併では8件いずれも広域連合を脱退したが、加入自治体のみによる合併の場合は、2件（嘉麻市、みやま市）を除く他の8件で広域連合への再加入が選択された。一方、第1期事業期間の開始時点で非加入であった県内25市町が新たに広域連合に加入する事例はなかった。結果として、第4期事業期間の始まった2009年4月現在の広域連合の構成自治体は39市町村（5市30町4村）となったが、これらは全県的に分布し、人口規模はなおも約80万を維持している。また県内の保健所のエリアを基に構成市

2）町村部での不参加は5町のみであった。広域連合事務局での聞き取りによれば、このうち4町は、広域連合に参加しない近隣の市と介護認定審査会を共同設置することが不参加の要因であった。その背景には、介護認定審査会で中核的役割を果たす医師の確保のため、市・郡医師会の地理的範囲と一致させる必要性が実務上あったとされる。また、他の1町は従来から介護予防の事業に取り組んできた町であり、その独自性を維持することが優先されたと言われる。

第4章　広域保険者地域における介護保険事業の地域差と広域運営の枠組みをめぐる諸問題

町村を地域別に細分した支部[3] が配置され，認定審査会の運営業務を中心に機能している。

　同広域連合の事業特性について，福岡県全体および県内の単独運営の保険者と比較すると，介護保険サービスの利用が生じやすい後期高齢者の構成比[4] は県全体の平均（47.7％）の 1.05 倍に当たる 50.1％であるが，第 1 号被保険者数に占める要介護認定者の割合である認定率（19.6％）は県平均の 1.07 倍に相当し，保険者別で県内第 4 位と高水準である。そして，各地域の保険料水準に最も大きな影響を及ぼす第 1 号被保険者 1 人当たりサービス給付費[5] について，単独保険者と広域連合構成市町村とを比較可能な 2007 年度の実績からみると，同広域連合の値（270,837 円）は県平均の 1.09 倍に達し，嘉麻市・飯塚市に次ぐ第 3 位の高さである。つまり，同広域連合では，高齢化が進む中でサービス利用が非常に活発であり，高い給付水準となっている。

　第 1 号被保険者 1 人当たり給付費の水準に関する地域的分布を図 4-1 でみると，単独保険者では，嘉麻市（328,962 円）が突出し，これに飯塚市（285,173 円）が続くが，広域連合構成市町村に着目すると，嘉麻市および飯塚市と近接する筑豊地域の市町村で高い値が集中している。中でも，30 万円以上のとくに高い給付水準にある 13 市町村のうち 12 市町村までが，広域連合の構成自治体である。また，単独保険者のうち，嘉麻市など県内有数の

---

3) 第 1 期は 14 支部の体制であったが，合併に伴う脱退によって所属する自治体が消滅したため廃止された支部もあり，第 4 期は 12 支部の体制で始まった。属する自治体が 1 つしかない支部なども生じる中で，合併による脱退の終息した 2010 年度に 8 支部へ再編されたが，その結果として，属する自治体が飛び地になる支部が残るなどの状態が生まれた。

4) 要介護認定者（要介護・要支援（以下では，要支援も含めて要介護とする）認定を受けた者）が必ずサービスを利用するとは限らない点に留意する必要があるが，第 1 号被保険者数に占める要介護認定者の割合（認定率）をみると，前期高齢者（65 〜 74 歳）では 4.4％にとどまるのに対して，後期高齢者（75 歳以上）では 29.1％に達する。後期高齢者医療制度の導入前後に，その名称を含み，年齢区分のあり方が社会的議論を呼んだが，少なくとも介護保険サービスの利用動向に関して加齢の影響は無視しにくい。

5) 本章で用いた給付費は，介護給付・予防給付のほか，特定入所者介護（介護予防）サービス費および高額介護（介護予防）サービス費を含む。

137

第2部　不均一賦課制による広域保険者地域

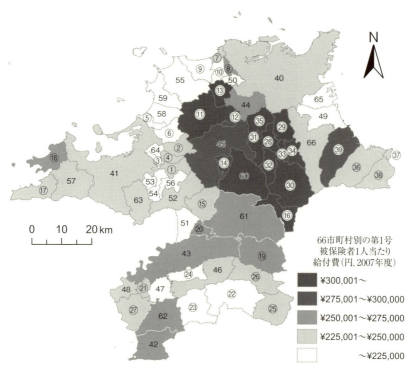

(広域連合の構成市町村：①～㊴)
①宇美町　②篠栗町　③志免町　④須惠町　⑤新宮町　⑥久山町　⑦芦屋町　⑧水巻町　⑨岡垣町　⑩遠賀町
⑪宮若市　⑫小竹町　⑬鞍手町　⑭桂川町　⑮筑前町　⑯東峰村　⑰二丈町　⑱志摩町　⑲うきは市
⑳大刀洗町　㉑大木町　㉒黒木町　㉓立花町　㉔広川町　㉕矢部村　㉖星野村　㉗柳川市　㉘田川市
㉙香春町　㉚添田町　㉛糸田町　㉜川崎町　㉝大任町　㉞赤村　㉟福智町　㊱豊前市　㊲吉富町
㊳上毛町　㊴築上町

(単独運営の27市町：40～66)
40 北九州市　41 福岡市　42 大牟田市　43 久留米市　44 直方市　45 飯塚市　46 八女市　47 筑後市　48 大川市
49 行橋市　50 中間市　51 小郡市　52 筑紫野市　53 春日市　54 大野城市　55 宗像市　56 太宰府市　57 前原市
58 古賀市　59 福津市　60 嘉麻市　61 朝倉市　62 みやま市　63 那珂川町　64 粕屋町　65 苅田町　66 みやこ町

図4-1　福岡県の66市町村別にみた第1号被保険者1人当たり給付費
注：地図中の市町村番号のうち，①～㊴は広域連合構成市町村を，40～66は単独運営の市町を表す
　（2009年4月現在）.
（厚生労働省「介護保険事業状況報告（平成19年）」および福岡県介護保険広域連合資料より作成）

第4章　広域保険者地域における介護保険事業の地域差と広域運営の枠組みをめぐる諸問題

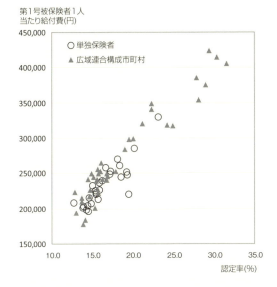

図 4-2　単独保険者および広域連合構成市町村の認定率と給付水準
注：単独保険者は 2007 年度実績，広域連合構成市町村は第 3 期事業期間実績．
(厚生労働省「介護保険事業状況報告（平成 19 年）」および福岡県介護保険広域連合資料より作成)

　高い給付水準を誇る各市のうち，旧飯塚市を除く全ての地域が，近年の新設合併時まで同広域連合の構成市町であった．同広域連合は，合併によって単独運営を選択した構成市町による脱退が相次いだ後も，それ以上に給付費の高い市町村を多く含むため，結果として，非常に高い給付水準をなお維持している．
　一方で，広域連合参加自治体でも，福岡市郊外や北九州市近郊および県南部では給付水準が低い地域もみられ，上述の市町村とは大きな差が存在する．単独保険者を含め，第 1 号被保険者 1 人当たり給付費は，高齢化の状況や要介護認定とも関係しており，後期高齢者の構成比との間に一定の関係（相関係数 0.628）が確認され，認定率との間にはより強い相関関係（同 0.879）がある．給付費とそれに影響する認定率とを図 4-2 でみると，給付費[6]は，福智町（423,886 円）を筆頭に，田川市・郡に含まれる地域で 35 万円を超える

139

第2部　不均一賦課制による広域保険者地域

水準にある一方で，県南部の黒木町（177,562円）など非常に低い水準にある
自治体もみられる。これらの間には最大で2.39倍もの差が生じており，広
域連合を含む県内28保険者単位での最大の差が1.62倍であることと比較し
て大きな開きと言える。認定率についても，28保険者単位では最大1.80倍
の差であるのに対して，広域連合内では大任町（31.6%）と篠栗町（12.9%）
との間に最大2.46倍の開きがある。このように，県内の保険者地域間よりも，
むしろ1つの保険者である広域連合にこそ，より大きな事業特性の差異が内
包されている。

3. 広域連合の構成市町村別にみたサービスの需要と供給

　広域連合の構成市町村別の給付水準に大きな差があることを踏まえ，ここ
ではそれら差異を生じさせている要因を，介護保険サービスの需要と供給の
両面から検討する。

　はじめに，サービスに対する需要特性をつかむため，利用者となる高齢者
の世帯構成と所得水準に注目する（図4-3）。全世帯に占める高齢独居世帯の
割合（広域連合全体の平均：14.4%）をみると，県南部の山間地域に位置する
星野村（24.8%），矢部村（23.3%）および東峰村（23.1%）で最も高い値となっ
ているが，それに次いで高い20%以上にあるのは筑豊地域の7市町村であ
る。また福岡市近郊では久山町（6.7%）など概して低い水準にある。この高
齢独居世帯率と第1号被保険者1人当たり給付費とは，一定の関係（相関係
数0.652）をもつ。

　次に，サービス利用者となる高齢者の所得水準について，構成市町村別に
みた所得段階別第1号被保険者数に占める第1段階の構成比から検討する。
所得第1段階は，市町村民税世帯非課税の老齢福祉年金受給者または生活保

6）以下でみる広域連合の構成市町村別の第1号被保険者1人当たり給付費については，
　第3期事業期間（2006～2008年度）の3年間を通じた給付費の累計を3年度ごとの年
　度末の第1号被保険者数の累計で除した値を用いることで，単年度のデータを用いる
　場合と比べて年次による変動の影響を除去することを試みた。

第4章 広域保険者地域における介護保険事業の地域差と広域運営の枠組みをめぐる諸問題

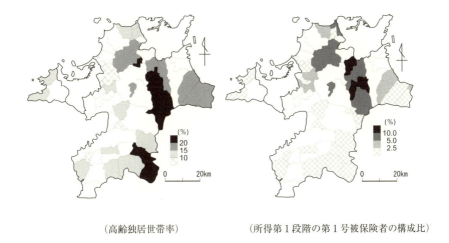

（高齢独居世帯率）　　　　　　（所得第1段階の第1号被保険者の構成比）

図 4-3　広域連合構成市町村における介護保険給付に対する需要特性
注：地図中の空白は単独保険者（広域連合非加入自治体）を意味する．
（福岡県介護保険広域連合資料より作成）

護被保護者が該当し，その大半を後者が占める[7]。生活保護被保護者については，介護保険サービスの利用時に生じる利用者負担（費用額の1割）に対して生活保護制度に基づく介護扶助として公費で手当てされ，利用者本人の負担が実質的に発生しない（池田 2009）。そのため，他の一般的な被保険者のような介護保険サービスの利用に関する金銭的な障壁がなく，サービス給付が生じやすい性質をもつ。

　厚生労働省「介護保険事業状況報告」によれば，全ての第1号被保険者に占める所得第1段階の割合は，全国平均で 2.43 ％（2009 年 3 月末現在）であ

---

[7] 生活保護の動向編集委員会編（2008, p.62）によれば，全国で 65 歳以上の生活保護被保護者数（2007 年）は 616,963 人であるので，介護保険事業状況報告による 2008 年 3 月末現在の所得第 1 段階の被保険者 651,145 人に対して約 95 ％を占める．また福岡県介護保険広域連合についても，生活保護被保護者が「概ね 95 ％」で，老齢福祉年金受給者との重複は「ほぼなし」との回答を得た．

第2部　不均一賦課制による広域保険者地域

るのに対して，福岡県介護保険広域連合全体では2倍近い4.70％（2009年7月末現在）にのぼる。同広域連合における39市町村のうち19市町村はこの値が全国平均よりも低いが，一方で14市町村は全国平均の2倍以上に達する。さらに，3倍以上に限っても9市町村が該当し，うち川崎町（20.4％）を筆頭に5町で10％を上回る。構成市町村別の地理的分布をみると，低い値の市町村は広い範囲に分布しているが，高い値の市町村は筑豊地域および北九州市近隣に集中する傾向が認められる。そして，この所得第1段階の被保険者の構成比は，第1号被保険者1人当たり給付費との間に，高齢独居世帯率の場合よりもさらに強い関係（相関係数0.861）がある。

　次に，構成市町村別にみた介護保険サービスの供給面の差異を検証する。ここでは，福岡県介護サービス情報公表システムによる2009年7月現在の介護サービス事業所数を用いた。単独保険者地域を含む福岡県全域の平均では第1号被保険者千人当たり9.97ヶ所の事業所が立地するのに対して，広域連合では平均11.05ヶ所であるが，構成市町村別にみると，最小の5.1ヶ所（黒木町）から最大の23.1ヶ所（田川市）まで，その差は4倍を超えている。

　市町村別の分布傾向をみると（図4-4），ここでもとくに高い値は筑豊地域にほぼ集中している。さらに，種類別にみたサービス事業所（諸サービスの前提となるケアプランを作成する居宅介護支援事業所を除く）の中で最も多い訪問介護事業所についてみると，福岡県の平均は第1号被保険者千人当たり1.25ヶ所であるのに対して，広域連合の平均はその1.24倍に当たる1.55ヶ所にのぼる。これを構成市町村別にみると，事業所が皆無の大木町から最多の田川市（5.04ヶ所）まで幅広く，上述した事業所数全体の場合と類似の傾向を示している。以上のように，田川市・郡を中心とした地域に介護保険事業所が多い状態が目立ち，中でも中心都市である田川市での事業所立地が顕著である。そして，第1号被保険者1人当たり給付費の金額は，これら事業所立地の動向とも強い関係を示し，第1号被保険者千人当たりの全事業所数と0.781の，訪問介護事業所数と0.728の相関係数をもっている。

　旧産炭地としての田川市およびその近隣の田川郡各町村は，エネルギー政策の転換に伴う1950年代半ばからの相次ぐ炭鉱の閉山によって多くの失業者を生んだ。それら炭鉱離職者には様々な失業対策事業が実施されたが，他

第4章　広域保険者地域における介護保険事業の地域差と広域運営の枠組みをめぐる諸問題

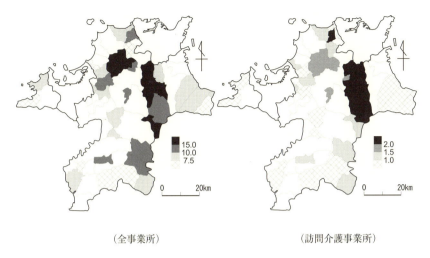

（全事業所）　　　　　　　　　　　（訪問介護事業所）

図 4-4　広域連合構成市町村における第 1 号被保険者千人当たり介護保険事業所数
注：地図中の空白は単独保険者（広域連合非加入自治体）を意味する．
（福岡県介護保険広域連合資料より作成）

方で，全国的にも突出した生活保護率の高さを示すことになった。工業誘致など産業振興策も展開されたが，近年それら工場の撤退・閉鎖が相次ぐなど[8]，現在まで必ずしも同地域の産業構造を自立的な性格に転換させるには至っていない。そうした中で，介護保険制度の導入とともに新たな産業として 2000 年代以降に全国的に急速に拡大した高齢者向け福祉サービス業は，雇用の多様性に乏しい非大都市圏地域において相対的に重要性が高まる傾向をもつ（由井・加茂 2009）。田川市および田川郡各町村における全産業のうち当該業種の占める割合[9] をみると（表 4-1），事業所数および従業者数の両面で全国平均を大きく上回り，とりわけ従業者数では，全国平均で全産業の 2.05％に過ぎないこの業種で 10％を超える自治体が多いなど，この地域にとって数少ない新たな雇用機会創出の手段としてとらえられている様子が

---

[8] 松田（2007）によれば，近年の田川市は 1960 年代に立地した雇用規模の比較的大きな工場の閉鎖・撤退が相次ぎ，工業都市として衰退の局面に入ったという．

第2部　不均一賦課制による広域保険者地域

表 4-1　田川市・郡における高齢者福祉サービス業への就業状況

	事業所数				従業者数			
	割合 (%)	全国 特化係数	県内 特化係数	広域 連合内 特化係数	割合 (%)	全国 特化係数	県内 特化係数	広域 連合内 特化係数
田川市	2.18	2.70	2.40	1.52	7.10	3.46	2.83	1.64
香春町	2.01	2.49	2.21	1.40	6.75	3.29	2.69	1.56
添田町	4.15	5.13	4.56	2.88	12.67	6.17	5.05	2.92
糸田町	1.87	2.31	2.06	1.30	14.39	7.01	5.74	3.32
川崎町	3.30	4.09	3.63	2.30	10.77	5.25	4.29	2.48
大任町	2.42	2.99	2.66	1.68	6.62	3.23	2.64	1.53
福智町	3.91	4.84	4.30	2.72	10.97	5.35	4.38	2.53
赤村	1.54	1.90	1.69	1.07	14.00	6.82	5.58	3.23
広域連合	1.44	1.78	1.58	1.00	4.34	2.11	1.73	1.00
福岡県	0.91	1.12	1.00		2.51	1.22	1.00	
全国	0.81	1.00			2.05	1.00		
北九州市	1.04	1.29	1.15		3.01	1.47	1.20	
福岡市	0.57	0.70	0.62		1.42	0.69	0.57	

注：小分類 754「老人福祉・介護事業」および細分類 75H「訪問介護事業」の合計により算出.
（平成 18 年事業所・企業統計調査より作成）

うかがえる。

　田川市・郡に限らず，このような高齢者福祉サービス業への依存度が高い産業構造をもつ地域では，介護保険サービスの事業者が他の地域と比較して相対的に多く立地し，より多くのサービスが供給されがちである。医療経済学における供給者誘発需要仮説を援用した既存研究（山内 2004; 湯田 2005）でも，訪問介護サービスなどで事業者密度が高齢者人口等当たりの利用件数を増加させる傾向を指摘している。こうした面に関連して，介護事業所の立地が増えることで，いわゆる「掘り起こし」と呼ばれる事業者による過度なサービス提供[10]が給付費増大をもたらすとの問題が指摘されている。この

---

9) ここでは，「平成 18 年事業所・企業統計調査」における産業分類のうち，小分類 754「老人福祉・介護事業（訪問介護事業を除く）」に含まれる 4 種類の細分類と，小分類 759「その他の社会保険・社会福祉・介護事業」のうち細分類 75H「訪問介護事業」の合計を高齢者福祉サービス業として取り扱った。

第4章　広域保険者地域における介護保険事業の地域差と広域運営の枠組みをめぐる諸問題

点は，介護保険制度の開始以降，比較的早い段階から全国的にも問題となり，厚生労働省も給付の適正化事業として対策を講じてきた[11]。しかし，福岡県介護保険広域連合管内では，とくに田川支部において訪問介護事業所とその従業者が不自然なほど多く，同広域連合の他の地区ではみられない親族介護も非常に多いとされる[12]。

　このため同広域連合では，国による適正化事業とは別に，独自の対策として，「利用者実態調査型ケアプラン点検事業」（通称「みまもり調査員事業」）を2008年度から田川支部（田川市・郡8市町村）を中心に一部の地域を対象に導入し，2009年度には全地域を対象とする実施体制を整えている。2008年度の同事業では，サービス提供の実態を伴わない架空請求事案が発見され，介護報酬の返還と当該事業者の「自主的な」廃業に至る事例が生じている。こうした不適正なサービス事業者の実態は，生活保護受給世帯や高齢独居世帯の多さなどの需要面と比べて一般的に認知されていないが，仮にそうした状況が広く知られるようになれば，広域連合管内の他地域からの理解は得られるものではなく，広域運営の枠組みに対しても厳しい評価が増す可能性を

---

10) 田川市・郡に隣接する他市町村での聞き取りでは，田川郡の事業所（とくに訪問介護）が「掘り起こし」に来ており，親しいケアプラン作成事業所と連携して利用に結びつけるケースが多いとの見方が示された。

11) ただし，国による介護給付適正化事業は，ごく一般の良識ある利用者および事業者から厳しい評価を受けており，国の社会保障審議会介護給付費分科会委員であった沖藤（2010, pp.31-103）は，訪問介護の生活援助などに対する制度改定による一律で機械的な利用制限がもたらした居宅生活への影響を批判的に論じている。

12) 有資格者であっても同居親族による介護サービスの提供は認められていないが，近くに住む子や孫などの非同居親族によるサービス提供は，制度上は一律に禁止されていない。福岡県介護保険広域連合事務局によれば，ヘルパーにとっての親族介護とは，祖父母など親族へのサービス提供と自身の所得獲得が同時に可能となる利点があり，かつ事業所数が非常に多い田川市・郡ではより良い条件の勤務先への転職機会も比較的豊富であって，親族を含む固定客を帯同して就業するヘルパーを，事業者側も利用者確保の面で歓迎するという。親族介護をめぐるこれらヘルパーと事業者のいずれにも好都合な図式は，サービス給付費増大の背景の一因と言われる。同広域連合では，親族介護の場合はそのやむを得ない理由を付した届出を提出させる仕組みを2007年に導入したが，大きく減少していないという。

145

第2部　不均一賦課制による広域保険者地域

もっている。

4. 保険料の不均一賦課制の導入とその影響

(1) 不均一賦課制の方法とグループ構成

　上述のように，福岡県介護保険広域連合は構成市町村間で給付水準に大き
な差を抱えている。この状態は制度開始当初から生じていたものの，2004
年度までは全ての構成市町村に同一の保険料が賦課されていた。しかし，給
付と負担のアンバランスが構成市町村間であまりに大きいため，組織的一体
性を阻害するほど不公平であるとの見方も根強く，その是正が課題となって
いた。そうした中，2001 ～ 2003 年度の 3 ヶ年平均の高齢者 1 人当たり給付
費が最も高い福智町と最も低い広川町との間に 2.18 倍の差があったものが，
2002 ～ 2004 年度の 3 ヶ年平均では 2.36 倍へとさらに格差が拡大した（福岡
県介護保険広域連合編 2006）。このように給付水準の差が開く中で，保険料賦
課を均一水準に維持することによって不公平性が拡大しつつあった事態を踏
まえ，同広域連合では第 2 期事業期間の終了を待つことなく，その最終年度
に当たる 2005 年度から保険料の不均一賦課（A ～ C の 3 グループ区分）を
採用するに至った。

　同広域連合における不均一賦課制の具体的方法は次の通りである。将来の
再均一化を念頭に，広域連合全体で一律に算出した場合の金額とほぼ等し
い保険料水準が適用される市町村（B グループ）の数が全体の半数程度を占
めることが望ましいとの前提から，給付水準の偏差値 57 以上を A グループ，
44 ～ 56 を B グループ，43 以下を C グループとすることによって，A・B・
C の各グループに該当する市町村数が概ね 1：2：1 の比率となるように，給
付水準の実績に応じて構成市町村を 3 つのグループに区分した[13]。表 4-2 は，
第 2 期から第 6 期事業期間までのグループ別の保険料（基準額，月額）を福
岡県平均および全国平均と比較している。第 2 期事業期間は，第 1 期での赤
字に対する財政安定化基金からの借入に係る償還（返済）費用が生じ始めた
こともあり[14]，最も低い C グループでも全国平均を 1 割以上も上回る高さ
であった。第 3 期以降は各グループとも対全国平均で低下したが，第 4 期

146

第4章　広域保険者地域における介護保険事業の地域差と広域運営の枠組みをめぐる諸問題

表4-2　福岡県介護保険広域連合におけるグループ別保険料の推移

グループ	第2期（2005年度）		第3期		第4期		第5期		第6期	
	（円）	（比率）	（円）	（比率）	（円）	（比率）	（円）	（比率）	（円）	（比率）
A	5,476	1.66	6,456	1.58	6,275	1.51	6,589	1.33	7,369	1.34
B	4,410	1.34	4,966	1.21	4,700	1.13	4,872	0.98	5,545	1.01
C	3,748	1.14	3,873	0.95	3,862	0.93	4,389	0.88	4,800	0.87
福岡県	3,725	1.13	4,584	1.12	4,467	1.07	5,165	1.04	5,632	1.02
全国平均	3,293	1.00	4,090	1.00	4,160	1.00	4,972	1.00	5,514	1.00

注：第1期（2,908円）と第2期の当初2年間（3,940円）は均一賦課.
　　（円）は基準額（月額）.（比率）は全国平均に対する値.
（3グループ別金額は福岡県介護保険広域連合各期事業計画より作成.福岡県および全国の第2期〜第4期は
社会保険研究所編（2009, p.377）より，第5期〜第6期は厚生労働省資料より作成）

もBグループ（4,700円）で全国および福岡県平均を超えており，さらにAグ
ループは6,275円と突出して高い。第4期現在で，この金額は同様に3区分
の不均一賦課制を採る沖縄県介護保険広域連合における最も高い市町村（第
3ランク：5,243円）よりも大幅に高く，保険者単位でみた場合に全国最高で
あった青森県十和田市（5,770円）をも大きく上回り，実質的に全国一の高額
保険料となった。
　第4期事業期間における市町村別のグループごとの構成をみると（図4-5），

---

13) 1人当たり給付費の算出には，それぞれの給付費実績の最終年度末における高齢者数
　　（県データ）が用いられた。グループ数が3つ（A〜C）であることや区分する際の1
　　人当たり給付費の偏差値についても，導入初年度から第4期事業計画まで変化してい
　　ない。
14) 第1期事業期間の保険料（均一2,908円）は当時の県平均（3,050円，加重平均）よりも
　　低いが，広域化のスケールメリットと広域連合の存在理由が広く理解されることを意
　　図した広域連合長（当時）の方針によって，本来の給付水準と乖離した過度に低い金額
　　に設定されたとの見方がある（今里2003; 三浦2005）。結果として，初年度から発生し
　　た赤字に対して，2001〜2003年度に計46億6000万円を借り入れることになったと
　　考えられる。償還金の負担は第1号保険料で充当することになっているが，広域連合
　　事務局での聞き取りによれば，2004年度以降の借入はなく，給付費見込み額の上昇に
　　よって保険料が全国的に急騰した第3期で逆に黒字を確保したため，予定より2年早
　　い2009年度に償還が完了した。

147

第2部　不均一賦課制による広域保険者地域

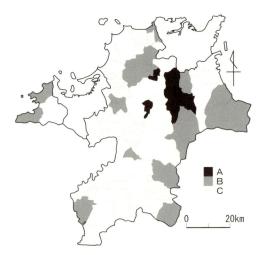

図4-5　広域連合の構成市町村別にみたグループ別保険料区分（第4期）
注：地図中の空白は単独保険者（広域連合非加入自治体）を意味する．
（福岡県介護保険広域連合資料より作成）

給付費および保険料水準の最も低いCグループ（12市町村：3,862円）および広域連合全体の水準とほぼ等しいBグループ（19市町村）は全県的に分布している。これに対して，最も高いAグループ（8市町村）はいずれも筑豊地域にあり，とくに田川市・郡に集中する傾向が明らかである。

(2) グループ別にみた不均一賦課の影響

一保険者一保険料を原則とする介護保険制度の中で，福岡県介護保険広域連合など一部の広域保険者が不均一賦課制を採用する目的は，第1号被保険者1人当たり給付費に構成市町村間の違いがある中で，異なる水準の保険料を適用することによって給付と負担の不公平性を緩和することである。この点を踏まえ，ここでは，第3章でみた均一賦課制による広域保険者の場合と同様の観点から，不均一賦課制の下での広域化負担倍率[15]を算出することによって，各市町村が広域運営を選択し，いずれかのグループに区分された結果として，単独運営の場合に比べて保険料の増減にどの程度の影響があっ

第4章　広域保険者地域における介護保険事業の地域差と広域運営の枠組みをめぐる諸問題

たのかを把握する。具体的には次のような算出方法を用いた。

$$X_j = R\frac{Ps_w}{Ps_j}$$

ただし，X_jは構成市町村jの広域化負担倍率，Ps_wおよびPs_jはそれぞれ広域連合wおよび構成市町村jの第1号被保険者1人当たり給付費，Rは広域連合全体で算出した場合の保険料基準額に対するグループ別の保険料基準額の比率（Aグループ＝1.322，Bグループ＝0.990，Cグループ＝0.814）である[16]。この広域化負担倍率の値は，1.0を下回り低くなるほど単独運営の場合よりも負担が軽くなる受益的な性格をもち，逆にこの値が1.0を上回って高くなるほど，広域化に伴って負担増となることを意味する。

この広域化負担倍率の地理的分布を構成市町村別にみると（図4-6），宮若市（Bグループ：0.836）や香春町（同：0.841），添田町（同：0.842）などいずれも筑豊地域にあってAグループの近隣に位置する3市町で最も低い値を示すほか，第3期の給付実績が第1位であった福智町（Aグループ：0.842）や川崎町（同：0.860）など田川郡内の町が広域化負担倍率の低さによる受益の度合いが高い。このほかに0.9を下回るのは大任町（同：0.881），東峰村（Bグループ：0.895），鞍手町（同：0.899）のみであり，東峰村を除けば，低い広域化負担倍率は筑豊地域の自治体にほぼ集中している。

逆に，広域化負担倍率が高い自治体は，福岡市郊外や豊前市とその近隣な

---

15) ここでの福岡県介護保険広域連合に関する不均一賦課制での広域化負担倍率は，第3章でみた均一賦課制による広域保険者の場合や，第6章でみる沖縄県介護保険広域連合における不均一賦課制による広域化負担倍率とは，データの諸条件が異なることもあり，全く同一の算出方法ではない。福岡県介護保険広域連合の提示するデータの制約から，第3章や第5章のような仮想的な保険料に該当する数値はここでは算出できないため，広域連合全体およびグループ別，構成市町村ごとの1人当たり給付費からそれらの相対的関係を把握することで，第3章や第5章の保険料試算に代替させている。

16) 福岡県介護保険広域連合編（2009）によれば，グループ別の第4期事業計画における3年間の保険料収納必要額を補正第1号被保険者数で除した値をさらに予定保険料収納率で除すことで保険料基準年額が得られるので，その値を広域連合全体で同様に求めた基準年額で割ることによってグループ別のRの値が得られる。

第2部 不均一賦課制による広域保険者地域

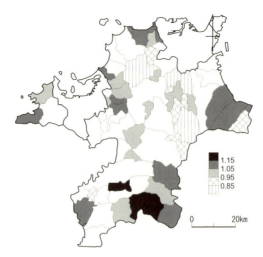

図4-6 広域連合の構成市町村別にみた広域化負担倍率（第3期実績）
注：地図中の空白は単独保険者（広域連合非加入自治体）を意味する．
（福岡県介護保険広域連合資料より作成）

どの県東部および県南部農村地域に広がっている。その値がとりわけ高い県南部の黒木町（Cグループ：1.238）や広川町（同：1.196）は、第3期の給付実績が39市町村のうち最も少ない水準にあり、不均一賦課制によってもなお単独運営の場合と比較して2割程度高い保険料負担を住民に求めている状態である。これは、同じCグループ内で最も広域化負担倍率の低い大木町（0.918）が単独運営と比べて8％あまり割安な水準になっていることと対照的である。同様にBグループでは約16％割安な宮若市と約11％割高な豊前市との間に、Aグループでは約16％割安な福智町と約5％割高な小竹町との間に格差が生じている。

ただし、これら各グループ内の市町村間の格差は、全国の広域保険者と比較してとくに大きいとは言えない。ここで、構成市町村別の広域化負担倍率について各グループ内で最も高い市町村の値（最大値）を最も低い市町村の値（最小値）で割ることによって広域化負担倍率の格差を3グループごとに算出すると、Aグループが1.24倍、Bグループが1.33倍、Cグループ

第 4 章　広域保険者地域における介護保険事業の地域差と広域運営の枠組みをめぐる諸問題

が 1.35 倍であった。このうち最も大きな C グループ内の格差は，第 3 章（表 3-4）で全国の 30 の広域保険者に関して把握された同様の値（構成市町村のうち広域化負担倍率の最大値÷最小値から求めた最大倍率）と比較すると，中央値に近い第 14 位（1.36 倍）と第 15 位（1.32 倍）の間に位置する水準にある。そして，それら 30 保険者の構成市町村数が多くても 11 市町村で，大半の保険者が 3 ～ 6 程度であったことを踏まえると，本事例における C グループは構成市町村数（12 市町村）が大きい割にグループ内の市町村間格差（最大倍率）は必ずしも高くないと言える。

　以上のことから，福岡県介護保険広域連合の 3 グループはいずれも，同一水準の保険料を賦課されるグループ内での市町村別にみた広域化負担倍率の格差が，全国の広域保険者と比較してもあまり大きくない状態にあると言えるだろう。しかしながら，広域化負担倍率とは，広域連合に参加せずに単独運営であった場合と比較した負担の減少（$X_j < 1.0$）または増加（$X_j > 1.0$）の程度を構成市町村ごとに求めた値であるので，異なる保険料率が適用されるグループ間で，不均一賦課による調整の結果としてその負担の増減（X_j の値の高さ）がどのように異なるのかをここで詳しくみておく必要がある。言い換えれば，不均一賦課制をみる上では，グループ内での差だけでなく，グループ間で広域化負担倍率の構成市町村別の分布がどのように異なるのかを検証する必要がある。

　図 4-7 は，第 4 期事業計画に基づく構成市町村別の広域化負担倍率 X_j の高さが，グループ別にいかなる違いがあるのかを示している。このうち A グループは，8 市町村のうち 3 市町で X_j が 1.0 を上回る程度があまり大きくないが，給付水準のより高い他の 5 町村では 1.0 を比較的大きく下回っている。グループごとの該当市町村の顔ぶれは給付実績に基づいて 3 年ごとの事業計画改定時に異動が生じるため，仮にこの A グループのうち給付水準の低い自治体が B グループに異動することになれば，X_j の値は大きく低下し，単独運営の場合と比較して保険料の負担水準が大きく低下する可能性をもつ。加えて言うなら，3 グループ区分を前提にすれば，自らの給付費が伸びたとしても，現状よりも 1 段階高い水準のグループへの異動による保険料急上昇の可能性がないのも A グループの強みと言える。

151

第 2 部　不均一賦課制による広域保険者地域

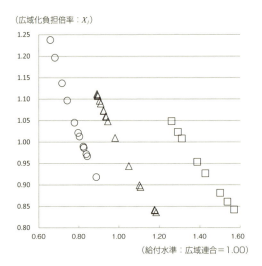

図 4-7　広域連合の構成市町村別にみた給付水準と広域化負担倍率（第 3 期実績）
注：給付水準は第 1 号被保険者 1 人当たり給付費として把握．
　　〇：C グループ，△：B グループ，□：A グループ
（福岡県介護保険広域連合資料より作成）

　B グループの 19 市町村をみると，X_j が 1.0 を下回る自治体は 6 市町村のみであるが，それらの値は相当高いと言える．また B グループで給付実績が最大の宮若市（広域連合を 1.0 とした給付水準の指数 Ps_j / Ps_w で 1.184）と A グループ最小の小竹町（同 1.261）との間の差は，後でみる B グループと C グループとの間の差よりも大きく，少なくとも現状の構成市町村の枠組みを前提にすれば，容易には B から A へと異動しにくいと予想される．かたや B グループの半数以上の自治体は X_j が概ね 1.05～1.11 の範囲に位置し，単独運営よりも 5～11％程度の割高な保険料負担になっている．しかし，これら B グループ内で X_j の値が高位にある自治体は，第 3 期の実績をみる限り，給付水準に大きな違いがなく，また C グループで最も給付水準の高い大木町（同 0.886）と B グループで最も給付実績の少ない豊前市（同 0.891）との差は，上述の A グループと B グループとの間の差ほど大きくない．このことは，B グループの中で給付水準の低い自治体に対して，次期事業計画改定のグルー

152

第4章　広域保険者地域における介護保険事業の地域差と広域運営の枠組みをめぐる諸問題

プ編成時に，保険料の最も安いCグループへ異動できるとの期待を抱かせる可能性がある。

　Cグループの12市町村も，X_jが1.0を下回る自治体は5町村のみにとどまり，なおかつグループ内で最も給付実績の大きな大木町のみがやや低い値であるものの，他の4町村はいずれも0.966〜0.989の範囲内にあり，AおよびBグループで1.0を下回る自治体が非常に低い値を示すことと対照的である。一方で，X_jが1.0を上回る自治体が相対的に多く，かつその値が1.1以上など著しく高い自治体が含まれている。3グループ体制を前提にすれば，現状と比べて保険料の安いグループに異動できる可能性がないことも含めて，Cグループの相対的不利性がうかがえる[17]。

　以上のような3グループ編成は，給付実績に基づいて3年間の事業期間ごとに入れ替わる仕組みをもつが，不均一賦課制を導入した第2期から第4期までの所属グループの異動状況を福岡県介護保険広域連合編（2006, 2009）からみると，第3期および第4期へのいずれの移行時においても異動を経験したのは，例外的に田川郡香春町と同郡添田町（両町ともB→A→B）のみであった。多くの市町村は第3期および第4期への2回の移行時のいずれでも所属するグループの異動が生じておらず，第4期の39市町村のうち27市町村は第2期から同一のグループに属している。中でも，より低位の保険料グループに異動する余地のないCグループでは，該当する12町村のうち9町が一貫してCグループに属している。介護保険制度が始まり10年以上が経過し，高齢者にとって必要なサービスがすでに概ね周知・利用されている段階となっては，3年程度の期間に第1号被保険者1人当たりの給付水準が大きく増減することは考えにくい。したがって，これまでも固定的な性格をもっていたグループ編成が，今後大きく変動する可能性は低いとみられる。

---

17) 以上のようなグループ間の格差をもたらしている最も大きな要因は，グループ別の保険料率を決定する際に第4期事業期間から調整交付金交付率をグループ別に適用する方法を採用したことである。この点については，第5章で詳述する。

第2部　不均一賦課制による広域保険者地域

5. 広域運営の枠組みに関する問題点

(1) 保険者規模からみた広域運営の妥当性

　第3章で触れた通り，一般に介護保険の広域化には，①財政的効率化，②業務の円滑化，③地域間の「公平性」確保の狙いがある。このうち③は，保険料均一化による「公平性」と給付格差とが併存する本質的矛盾が生じ，福岡県介護保険広域連合では不均一賦課制によってもなお一定の問題を残していることが，前節までの分析から明らかとなった。これに対して①および②は，スケールメリットの実現を目指すものであるが，同広域連合における構成市町村の多くは，以下に述べる通り，全国的水準と比較しても規模的な面で単独運営は可能であり，広域化の必然性が高いとは言いがたい。例えば，Cグループで広域化負担倍率が1.0以上の7町（久山町・志免町・遠賀町・岡垣町・新宮町・広川町・黒木町）をみると，このうち久山町は総人口8千人強，高齢者人口2千人弱と小規模であるが，他の6町の人口規模は約1.3〜4.3万程度であり，第1号被保険者規模でも3,721人（新宮町）から8,309人（岡垣町）にのぼる[18]。

　また，仮に単独運営でないとしても，1) 従来からの保健福祉行政の枠組みを踏襲した単一の支部の範囲内で，2) 地理的に連接し，3) 不均一賦課制における保険料区分が同一グループに属する，という3条件を満たす場合に限っても，岡垣町・遠賀町の2町（遠賀支部）で総人口5.2万，高齢者人口1.3万を，新宮・久山に篠栗町（Cグループ）を加えた福岡市近隣3町（粕屋支部）が一体化すれば人口6.4万，高齢者人口1.1万を超えており，規模的な面で運営に支障はないとみられる。

　こうした点は，BグループやAグループの市町村についても同様に当てはまる。Bグループでは，粕屋支部の2町（総人口6.4万，高齢者人口1.2万），

---

18) 7町いずれも2009年4月1日現在の値である。「介護保険事業状況報告（平成20年度）」で2009年3月末現在の第1号被保険者数をみると，全国における1,646保険者地域のうち32.2%に当たる530地域は第1号被保険者数で新宮町を下回り，岡垣町の規模であれば，それを下回る保険者数は902地域（全体の54.8%）にも達する。

154

第4章　広域保険者地域における介護保険事業の地域差と広域運営の枠組みをめぐる諸問題

遠賀支部の2町（総人口4.7万，高齢者人口1.1万），鞍手支部の2市町（総人口5.0万，高齢者人口1.3万），豊築支部の全4市町（総人口6.4万，高齢者人口1.8万）が挙げられる。さらにAグループでは，田川支部における上記3条件に該当する6市町村の総人口は11.7万，高齢者人口は3.1万に達する規模である。

　村上（2009, p.80）は，制度導入時の介護保険行政について，その業務は「市町村にとってできればやりたくない事務」であったとしている。その点で，今里（2003, pp.195-196）が指摘するように，多くの自治体，とくに小規模自治体にとって広域連合に参加することで得られる実務上のメリットは小さくなかった。しかし，制度施行からすでに時間が経ち，構成市町村から広域連合への派遣を通じて介護保険業務に精通する職員の育成が進んだ中で，各自治体が自立的運営へと向かう一定の素地は醸成されたのではないだろうか。そうした意味でも，広域運営の必然性が改めて問われていると考えられる。

(2) 不均一賦課制に伴うグループ間格差

　さらに，不均一賦課制の下では，同広域連合への加入によって次のような問題点がグループごとに生じている。広域運営の枠組みによって生じる影響は，前節でみたようにグループ間で異なり，グループ別の保険料率をめぐる算出方法に関しても，給付水準の高いAグループにとって相対的に有利であり，第5章で詳細は述べるが，他の2グループにとって不利な状況をもたらしている[19]。こうしたことから，同広域連合に加入していることによって，広域化負担倍率の面での負担増や，保険料率の算定方法での不利性がありながら，なおも広域化を選択するB・Cグループの自治体については，その妥

---

19) 調整交付金交付率および予定保険料収納率の2指標を，3グループ別に適用するか広域連合全体で一括して算出するかによってグループ間の保険料率の差は変化するが，同広域連合の第4期事業計画では，その差を極小化する方法が採用された。その結果，BグループとCグループの保険料率は上昇し，Aグループのみが低下した。詳細は，第5章で検討する。

第2部　不均一賦課制による広域保険者地域

当性を改めて検討する必要があると考えられる。とりわけ，Cグループに属し，かつ広域化負担倍率が1.0を超える上記7町は，現状の広域連合の枠組みにとどまることが給付と負担のバランスだけをみても明らかに不合理な面をもっている。広域連合によるアンケート調査の結果からみると，これらの町の住民は，保険料の最も低いグループに属していることに関して，ある種の安心感ないし満足感を得ている可能性がうかがえるが[20]，グループ内での我が町の位置づけに関する情報が，単独運営との比較の観点から提供されることは少ないと考えられる。

　またAグループについては，その地理的分布が筑豊地域の旧産炭地に集中しており，高給付の背景には，3節でみたように，高齢独居世帯率や生活保護受給率の高さや，介護保険事業所の立地が相対的に多いことが挙げられる。したがって，この点を政府による戦前からのエネルギー・産業政策の影響としてとらえ，当地域における現在の介護保険行政のレベルで対処しきれない問題であると措定するなら，例えば調整交付金交付率の算定に生活保護関連の指標を加えるか，または所得段階別加入割合のうち第1段階の重み付けを増やす等の手法が一つの対策としては考えられる。

　しかし，旧産炭地であるからとの理由のみでそうした優遇策を導入することは，県内を含めて他地域からの理解が得られるか不透明である。例えば，福岡県とともに日本の主要な石炭産業の歴史をもつ北海道の旧産炭地域における10の介護保険者[21]の第1号被保険者1人当たり給付費（2007年度）に

---

20) 福岡県介護保険広域連合では第4期事業計画策定の参考とする目的で2008年7月に構成市町村全域の被保険者（40歳以上）を対象に住民アンケートを実施した。同広域連合の第4期事業計画書添付資料（データ編）によれば，グループ別保険料に関する279件の有効回答の内訳は，「維持すべき」92件，「やめるべき」28件，「わからない」153件，無回答6件であった。このうち，「維持すべき」との回答の割合を居住する市町村の所属グループ別にみると，Aグループで15.7%（回答数13件），Bグループで31.1%（同41件）であるのに対して，Cグループでは60.3%（同38件）にのぼった。またA・Bグループでは「わからない・無回答」がいずれも回答者の6割以上に達するのに対して，Cグループでは36.5%にとどまり，Cグループ回答者によるグループ別保険料への肯定的評価がうかがえる。なお，以上のアンケート結果による不均一賦課制への評価と所属グループとの間には統計的に有意な関係が確認された。

第4章　広域保険者地域における介護保険事業の地域差と広域運営の枠組みをめぐる諸問題

ついて，全国平均を 1.0 とした指数でみると，三笠市のみ値（1.17）がやや高いが，半数の 5 保険者は 0.74 〜 0.89 の範囲にあり，他の 4 保険者も 1.03 〜 1.07 の水準にとどまる。これらに対して，福岡県介護保険広域連合のＡグループに含まれる筑豊地域各市町村の同様の値は，1.61 〜 1.99（2007 年度）に達する。

　条件不利地域への救済的な仕組みが検討されることは一概に否定されるべきものではないが，例えば高給付自治体の保険料負担軽減を目的として単に公費負担を増やすことは，財政難の中で現実的に難しいだけでなく，介護保険事業をより身近な空間的単位で住民が自らの地域の問題として受け止めることを妨げる可能性もはらんでいる。その意味で，本章でみた福岡県介護保険広域連合の枠組みは，高給付のＡグループに関して，一面では優遇しつつも，他方で，当該自治体の介護保険運営の自立性や，以下で述べるようなローカルな取り組みの機運を阻害している可能性にも留意すべきではないだろうか。

(3) ローカルな事業運営の課題

　介護保険を含む現在の福祉サービスのあり方は，すでに述べた通り，地域密着型サービスや地域支援事業および地域包括支援の仕組みなど，よりローカルな空間的スケールでの展開が推進されている。しかし，これら 2006 年度以降に全国で導入された諸施策を，福岡県介護保険広域連合の構成市町村についてみると，広域連合の枠組みにとどまることによって，ローカルな地域単位での介護保険施策の実効可能性が充分に担保されない状況が生じている。

　地域支援事業の主たる担い手として機能する地域包括支援センターは，一般には 1 つの市町村に 1 ないし複数の設置がなされるが，同広域連合ではい

---

21) ここでの 10 保険者は，「北海道産炭地域産業振興方針 平成 19 年 3 月」における計 6 市 5 町（空知産炭地域：夕張市・芦別市・赤平市・三笠市・歌志内市・上砂川町，釧路産炭地域：釧路市・釧路町・厚岸町・白糠町・浦幌町）のうち，空知中部広域連合（歌志内市・上砂川町が加入）と他の 5 市 4 町（単独運営）を指す。

第2部　不均一賦課制による広域保険者地域

表4-3　支部別にみた地域包括支援センターの職員配置状況

支部	65歳以上人口	専門職人員			3職種3人当たり65歳以上人口
		保健師	主任ケアマネ	社会福祉士	
粕屋	30,622	5	5	6	5,742
遠賀	24,172	3	2	2	10,359
鞍手	16,170	4	2	2	6,064
嘉穂	3,527		1	1	5,291
朝倉	7,455	(1)	1	1	7,455
糸島	7,754	1 (1)		1	7,754
うきは・大刀洗	12,171	2	1	3	6,086
三潴	3,181		1		9,543
八女	14,407	4	2	1	6,174
柳川	19,083	1	1	(3)	11,450
田川	38,665	10	4	4 (3)	5,524
豊築	18,348	4	2	1 (1)	6,881

注：( ) は非常勤職員（嘱託職員）の人数（外数）を表す.
　　主任ケアマネとは，主任介護支援専門員を指す.
（福岡県介護保険広域連合資料より作成）

くつかの市町村で構成される支部ごとに1つずつの設置に限定された。また同センターの人員体制は，第1号被保険者数で概ね3,000人以上6,000人未満ごとに所定の専門職（保健師・社会福祉士・主任介護支援専門員の3職種）を各1人常勤・専従で配置することが原則とされている。しかし，第4期事業期間について示した**表4-3**にある通り，同広域連合では専門職の人員で基準を概ね満たしている支部が半数程度ある一方で，3職種3名当たり第1号被保険者数は，5,000人台の支部から同10,000人を超える支部まで差がある。規模の大きな田川支部（8市町村）や粕屋支部（6町）では専門職の配置は相対的に手厚いものの，対象とする自治体の数が多いことや面積の広さゆえに，ローカルな対応が求められやすい地域支援事業ではきめ細かな展開に難点がある[22]。同様に，第3期以降の介護保険でローカルな地域単位として事業

---

22) 地域への目配りがしやすい1自治体のみからなる3支部をみると，嘉穂支部と三潴支部では保健師の配置がなく，柳川支部では3職種当たりの高齢者人口の比率が12支部のうち最も高いなど，人員配置の原則との整合性に問題を抱えている。

第4章　広域保険者地域における介護保険事業の地域差と広域運営の枠組みをめぐる諸問題

計画に盛り込まれることになった「日常生活圏域」についても，一般には1つの市町村（保険者）で中学校区などを参考にして1ないし複数の圏域が設定されるが，同広域連合では，一部で飛び地も抱えながらの支部ごとの圏域設定であり，一部の支部を除いて「日常生活圏域」としては規模的あるいは面積的に大きいと言わざるを得ない。

　これらの問題に対処するためとして，同広域連合では構成市町村ごとに「介護サポートセンター」を置き，住民に対する窓口機能および地域包括支援センターとの連絡調整を図っているが，専任の人員配置ではなく市町村職員による代替的な対応や地域包括支援センターの職員による巡回での対応にとどまる。加えて，複数の地域包括支援センターの運営に関する評価や同センターの設置に関わる選定などを行うために一般には市町村ごとに設置されることが定められている「地域包括支援センター運営協議会」も，同広域連合では本部に1ヶ所設置されるのみであり，抱える規模的な面でも，対象とする地理的範囲の面でも，充分なきめ細かさを確保することは困難な状況とならざるを得ない。

　森（2008, pp.126-131）は，介護保険の2005年度改正に伴って，広い意味での高齢者福祉の領域が介護保険の枠内に取り込まれるとともに，保険者としての業務に偏ることになった市町村が，高齢者住民の生活状況を把握しない傾向が強まっていることに警告を発している。単独運営を行う一般の市町村でさえもそうした点が懸念される中で，上述のような運用上の課題を抱える同広域連合の問題はより深刻と言えるのではないだろうか。この点は，不均一賦課制においてどのグループに属するとしても，構成市町村にとって共通の問題であると言える。

　介護保険を含む社会福祉の分野においても，市町村を責任主体として，よりローカルな地域単位での住民参加を含むガバナンスの必要性が叫ばれて久しい。そうした今日的状況に鑑みて，住民からの地理的・心理的距離の大きな広域連合の枠組みがその機能を充分に発揮していくことは，決して容易ではない[23]。武智（2003）によれば，ガバナンス論の台頭は，各国における財政悪化による政府機構の再編，公共性や正統性をめぐる異議申し立て，民主的な代表制と参加の再検討などを背景としている。しかしながら，こうした

159

第2部　不均一賦課制による広域保険者地域

ガバナンス論の一方で，上述のように，福岡県介護保険広域連合では，ローカルな事業運営における体制構築が単独運営と比較して明らかに困難な特質をもつなどの問題点を抱えながらも，多くの市町村が広域連合に対して各自の介護保険の責任を移管したままである。これは，ローカルなガバナンスの実現にとって前提条件となる保険運営の自立性を欠いた状況であり，地域主権あるいは地域創生なる言葉が脚光を浴びた昨今もなお，このようなガバナンス以前の問題にとどまっているのが，一面では地方自治の現実であると評価せざるを得ないであろう。Aグループに限らず，市町村合併に伴う広域連合からの脱退の機会にも再加入を選択する地域が多かったことは，そうした自立志向が全般的に乏しい証左であったと言えよう[24]。

[23) 厚生労働省「高齢者医療制度改革会議」による最終とりまとめ（2010 年 12 月 20 日）においても，後期高齢者医療制度の広域連合による運営のあり方をめぐる問題点として，広域連合が住民から充分に認知されていないことや直接選挙を経ていない広域連合長の責任が不明確と受け止められていることを挙げている（厚生労働省 2010）。
24) 脱退を模索しながら実現しなかった例も一部でみられる。県北部の自治体では，近隣自治体間での合併協議時に広域連合を脱退するとの合意があったが，合併自体が頓挫したため広域連合に残留せざるを得なくなったという。

第5章

福岡県介護保険広域連合における
グループ別保険料の設定方法とその効果

1. 保険料を統一しない広域保険者

　介護保険における保険財政の一体化は，業務の効率化・円滑化に資する面が大きいが，その反面では，第3章で指摘した通り，次のような事情から，構成市町村間での公平性に問題を抱えることも珍しくない。保険財政を一体化した広域保険者では，65歳以上の住民（第1号被保険者）が負担する第1号保険料を構成市町村の間で統一することが原則とされている。保険者地域ごとに異なる介護保険の第1号保険料を規定する要素は様々であるが，最も決定的に重要であるのは，当該地域における保険給付費の多寡である。それは言い換えれば，介護保険サービスをどの程度多く（少なく）利用するのか，という問題である。

　サービス利用の多寡は，利用者となる高齢者（および家族）を取り巻く需要面とともに，供給面すなわちサービスを実際に提供する事業所がどの程度あるのかといった立地動向によって影響を受ける。一般に，これらサービスをめぐる需要面および供給面のいずれも，様々な地理的スケールにおいて地域差を伴うものであり（杉浦2005），広域保険者のスケールでみた場合でも，市町村間での差異が珍しくない。介護保険では，地域密着型サービス[1]を除けば，住民票のない他市町村に立地する事業所のサービスを利用すること

---

[1] 地域密着型サービスの詳細については，畠山（2012）や宮澤（2012）に詳しい。

第2部　不均一賦課制による広域保険者地域

も制度的に可能であるが，居宅系サービスを中心に，自宅から近接する事業所が少ない場合，利用が増えにくい性質がある。

この点を，広域保険者を構成する市町村間で考えると，事業所立地の多い自治体ではサービス給付が増え，事業所の少ない自治体では保険給付費は小さいと言える。仮に，各自治体が個別に単独運営されるなら，前者のような自治体は相対的に高額の，後者は低額の保険料を賦課されるはずである。しかし，広域保険者では保険料を構成市町村間で統一することが原則とされるため，「不均一な給付の下での均一な保険料負担」という公平性に関わる問題を生じさせることとなる。

こうした広域保険者の多くは，相互に隣接する2〜5程度の市町村から構成されるが，その一方で，10を超える市町村によって組織された広域保険者も少数ながら存在する。そのうち，前章および本章で対象とする福岡県介護保険広域連合は，構成市町村数や第1号被保険者数など規模的な面で全国最大の広域保険者であり，介護保険制度の施行当初から広域運営がなされてきた。加えて，同広域連合では，当初は全市町村で同額の保険料に統一した均一賦課制を採用していたが，構成市町村数の多さによる給付水準の違いがある中で，公平性を確保しづらい傾向が顕著であった。そのため，給付と負担のアンバランスへの対策として，後述の通り，保険料水準を複数の段階に分ける賦課方式を2005年度から採用した。こうした保険料の多段階設定すなわち不均一賦課制は，厚労省が示している「一保険者一保険料」の原則を逸脱する例外措置とされているが，同広域連合のほか，第6章で詳述する沖縄県介護保険広域連合および後志広域連合（北海道）でも採用されている[2]。

すでに述べた通り，福岡県介護保険広域連合は，介護保険制度の導入に向けた準備段階であった1999年7月に，同県の大半の町村および一部の市によって設立された。同年9月に新たに1町が加わり，制度が本格的に始動した2000年4月からは72市町村（4市60町8村）の体制となった。同広域連

---

[2] 後志広域連合では，第6期事業計画で均一賦課制へ変更している（後志広域連合介護保険課 2015, p.39）。

第 5 章　福岡県介護保険広域連合におけるグループ別保険料の設定方法とその効果

合は，都道府県内の全市町村が加入する形態[3] を除いて，国内の広域連合
の中でも最大規模を誇る。その構成市町村の分布が同県の全域にわたるだけ
でなく，総人口がおよそ 110 万に達する政令市並みの巨大な保険者となった
ことなどから，構想・準備段階から 2000 年代初めにかけて，行政学・財政
学・社会保障政策の諸分野を中心として，広域連合設立の政策的過程や制
度的課題などが広く注目された（宮下 1999; 村上 2002; 坂田 2002; 今里 2003; 横山
2003）。また北山（2011）は，介護保険が財政悪化によって第二の国保になる
ことを恐れた市町村によって広域化が選択されたととらえ，その代表例とし
て福岡県介護保険広域連合を挙げている。そして同広域連合が必ずしも地域
的一体性をもたない点が，保険者の再編・統合による「次の制度発展」に大
きな影響を与えるとしている。

　本章では，構成市町村数や被保険者数の規模が大きく，かつ不均一賦課制
を採用する広域保険者の事例として福岡県介護保険広域連合に着目し，その
不均一賦課制による構成市町村への影響およびグループ別保険料の設定方法
による効果を明らかにするとともに，グループ編成のあり方についてグルー
プ別保険料の設定方法の面から検討を加えることを目的とする。前章では
第 3 期事業期間を主たる分析対象としていたことを踏まえ，以下の分析では，
より新しい第 4 期事業期間（2009 ～ 2011 年度）の 3 年間を通じた給付費の合
計を各年度末の第 1 号被保険者数の合計で除した値から求める。次いで，第
4 期事業計画におけるグループ別保険料の設定方法に着目し，多数の構成市
町村からなる同広域連合における連携の狙いと効果を明らかにする。そして，
より新しい第 5 期までの状況を踏まえて，同広域連合における不均一賦課制
の下でのグループ編成の妥当性について考察していきたい。

---

3) 広域連合に関する総務省の資料によれば，2009 年 4 月 1 日現在，全国に 113 の広域連
合が存在し，都道府県別に組織された 47 の後期高齢者医療広域連合を除く 66 件のうち，
彩の国さいたま人づくり広域連合（構成団体の職員の人材の開発，交流及び確保に関
する事務），静岡地方税滞納整理機構（地方税滞納事案の処分，構成団体への研修・相
談等），こうち人づくり広域連合（構成市町村の職員等の研修，人材交流，人材確保及
び調査研究に関する事務）の 3 件が，各県の全市町村（前 2 者は県も参加）から構成さ
れている。

163

第2部　不均一賦課制による広域保険者地域

2. 給付水準の地域差と不均一賦課制の導入

　同広域連合では，設立後に，構成市町村が関与した合併が 2009 年度までに 20 件生じた。そのため，第 4 期事業期間の始まった 2009 年 4 月現在で，福岡県の 66 市町村（28 市 34 町 4 村）のうち 27 市町が介護保険を単独で運営し，残る 39 市町村が福岡県介護保険広域連合を構成していた。さらに，第 4 期事業期間の初年度中に構成自治体が関係する市町村合併が 2 件あり，2010 年 2 月までに，広域連合の構成自治体は 33 市町村（5 市 26 町 2 村）へと減少した。ただし，その構成市町村は県内に広く分布し，人口規模はなおも約 72 万を維持していた。

　同広域連合の第 4 期における介護保険の事業特性を概観するため，構成市町村別の第 1 号被保険者 1 人当たり給付費[4] の地域的分布をみると（図 5-1），大任町（445,305 円）が最も高く，このほか福智町（423,268 円）や赤村（411,067 円）をはじめとして 40 万円前後の比較的高い水準の自治体が，田川市・郡など筑豊地域に集中している。その一方で，福岡市近郊の新宮町（192,934 円）など県北部の各町で低い値となっており，全体として，第 4 章でみた第 3 期（2006 ～ 2008 年度）の状況と同様の地域的傾向を示している[5]。大任町と新宮町との間には 2.31 倍の差が生じており，これは第 3 期にみられた市町村別給付費の最大値（福智町 423,886 円）と最小値（黒木町 177,562 円）の差（2.39 倍）に比べるとわずかに縮小しているが，最大で 2 倍を超える状態は変わっていない。不均一賦課制を採用した第 2 期（改訂版）以降の事業計画において，均一賦課制への再転換が将来的な課題として言及されているが，こうした現状からは，実際に均一賦課制に再び転じることの難しさがうかがえる。

　福岡県介護保険広域連合では，従来は構成市町村数がより多かったため，

---

[4] ここでみる広域連合の構成市町村別の第 1 号被保険者 1 人当たり給付費は，第 4 期事業期間（2009 ～ 2011 年度）の 3 年間を通じた給付費の合計を各年度末の第 1 号被保険者数の合計で除した値である。

[5] 第 3 期では県南部の農山村地域でも給付費がとくに低い自治体の分布が目立ったが，2009 年度の合併に伴って広域連合を離脱した旧自治体については，第 4 期実績を対象としたここでの分析からは除外している。

第5章 福岡県介護保険広域連合におけるグループ別保険料の設定方法とその効果

図5-1 福岡県介護保険広域連合の33市町村別にみた第1号被保険者当たり給付費（第4期）
注：地図中の空白は単独保険者（広域連合非加入自治体）
（福岡県介護保険広域連合資料より作成）

給付費の差は一層大きかった。2004年度現在で広域連合に参加していた60市町村間でみると，2001～2003年度の給付実績（県が集計する市町村別の高齢者人口当たりの金額）には最大2.5倍を超える差があった（福岡県介護保険広域連合編2006）。同広域連合では，こうした点について，「負担と給付という面から見た場合，バランスの取れた保険料とはいえず，相互扶助の精神を超えた不公平感」が生じていたとして，その状況を緩和・是正すべく，第2期の最終年度である2005年度から構成市町村を3グループ（A，B，C）に区分し，給付費の多い自治体には高い保険料を，少ない自治体には低い保険料を適用する「グループ別保険料」と呼ぶ不均一賦課制の導入に踏み切った[6]。その後，2006年度に広域連合を構成する43市町村について，2001～2003年度実績の最大格差が2.18倍であったのが，2002～2004年度実績では2.36倍へと拡大した（福岡県介護保険広域連合編2006, p.74）。この結果を受けて第3期事業期間（2006～2008年度）も継続されることとなった不均一賦課制は，

165

第 2 部　不均一賦課制による広域保険者地域

その後，第 4 期（2009 ～ 2011 年度）と第 5 期（2012 ～ 2014 年度）を経て，第 6 期（2015 ～ 2017 年度）においても維持されている。

　福岡県介護保険広域連合では，3 グループの編成を次のような方法で行っている。同広域連合だけでなく，介護保険者では 3 年ごとの事業計画の策定は，前事業期間の 3 年目に実施することが一般的である。同広域連合では，策定時までに判明している前事業期間の 1 ～ 2 年目の給付費を同期間の高齢者人口で割った金額を各市町村の給付水準として把握し，その金額を偏差値に変換した値（四捨五入による整数値）がグループ区分の基準として用いられている。不均一賦課制を開始した第 2 期から第 6 期の現在まで，A，B，C の各グループに属する市町村数が概ね 1：2：1 となることを念頭に，偏差値が 57 以上の市町村は A グループに，44 ～ 56 であれば B グループに，43 以下は C グループに区分し，グループごとに異なる保険料水準を適用する方法が一貫して用いられている。

　第 2 期から第 5 期までの所属グループに関する異動状況をみると，33 市町村のうち 22 市町村は異動がなく，一貫して同じグループに配属されている。その他の 11 市町村も，香春町および添田町が第 2 期から第 5 期まで 2 回の異動（B→A→B→B）を経験しているのが例外的に多いが，残りの 9 市町村は異動が 1 回のみの状況である。不均一賦課制における事業計画の改定は第 5 期事業計画の策定時までで計 3 回行われたが，このように，現在の 33 市町村が異動を経験することは全体として少なく，そのグループ編成には固定的な傾向が強いとみられる。この点は，第 6 章で後述するように，所

6）福岡県介護保険広域連合事務局によれば，不均一賦課制は，2003 年度から広域運営を開始した沖縄県介護保険広域連合を参考に導入したという。なお，事業期間途中での 2005 年度における事業計画の変更（改定）は異例とも言えるが，不均一賦課制の導入理由に関連して三浦（2005）は，市町村間格差の是正とは別に，同広域連合における保険財政の赤字について指摘している。すなわち，財政難にあった第 2 期に，給付水準の低い自治体が合併によって広域連合を脱退することで，同広域連合の保険財政の赤字がさらに増える見通しとなったため，第 2 期当初の保険料（全市町村均一，月額 3,940 円）を，不均一賦課制の導入とともに，A グループで 39.0％増，B グループで 11.9％増，C グループで 4.9％減へと変更することによって，いわば広域連合全体での赤字削減を意図して保険料の再編を行ったとの見方を示している。

166

属グループ間での異動が珍しくない沖縄県介護保険広域連合の場合と対照的である。

3. グループ別保険料の設定方法とその効果

福岡県介護保険広域連合における保険料の不均一賦課制は，第4章でみた通り，単独運営と比べた場合の保険料負担水準の面で，給付水準の高いAグループに相対的に有利な性質をもっている。ただし，上述のようなグループ区分の方法自体は，給付実績に基づく偏差値による数量的基準から決定されており，一定の客観性を担保しているとも言える。しかし，結論を先取りして言うならば，本章で分析する通り，グループ別保険料の設定方法について詳しくみると，いずれのグループに編入されるかによって各市町村が受ける影響は，グループ間の差異を一層強めている。ここでは，第4期事業期間の開始当初に広域連合に加入していた39市町村を分析対象として，第4期事業計画におけるグループ別保険料の設定方法を次の3つの点から検討し，そうしたグループ別の取扱いの狙いと効果を明らかにする。

第一は，グループ区分の基準となる偏差値の算出方法の問題である。上述のように，3グループの編成は，各構成市町村の給付実績（高齢者人口当たり給付費）の多寡を偏差値化して広域連合内で位置づけ，予め境界として定めた偏差値で区分することで行う。第4期事業計画では，その偏差値の算出にあたり，構成する39市町村のうち，市町村合併に伴う広域連合からの脱退が事業期間中に予定されていた6町村[7]を除いた33市町村の実績値によって，各市町村の給付水準が位置づけられた。

脱退予定の6町村を除いて偏差値を算出することは，合併・脱退期日が3年間の事業期間の初年度であることを踏まえれば妥当と言えるが，これら6町村はいずれも給付実績が広域連合の平均値を下回り，うち3町村はCグループに位置づけられるなど，全体的に低給付自治体で占められている。このため，39市町村で計算する場合と比べて，第4期事業計画として33市町村から算出された広域連合全体の平均的な給付水準の値は上昇した。それゆえ，高い給付水準にある自治体の偏差値が相対的に低下し，結果として，最

167

第2部　不均一賦課制による広域保険者地域

も高い保険料を賦課されるＡグループの市町村数を圧縮する効果をもった[8]。

　第二は，予定保険料収納率の取扱いである。保険料算定で必須の保険料収納必要額（第1号被保険者が負担すべき保険料の総額）の算出には，過去の収納状況に基づいて見込まれる保険料の予定収納率が適用される。第1号保険料は，老齢（退職）年金・障害年金・遺族年金に関して年額18万円以上の年金から特別徴収（天引き）されるが，年金がその金額に満たない場合や65歳に到達して第1号被保険者資格を初めて得た場合，または保険者の異なる住所に転入した初年度には，普通徴収として年に数回に分けた納期ごとに役場窓口や金融機関等で納付される。そのため，収納が確実な特別徴収と比べて，普通徴収では一般に滞納も生じやすく，その収納率には市町村間で差がある。例えば，普通徴収の収納率（2008年度）は，広域連合全体では84.71％であったが，糸田町の78.80％から矢部村の92.91％まで大きな差がみられる[9]。

　結果として，賦課・徴収されるはずの金額（調定額）に対する特別徴収を含む保険料収納率（2007〜2008年度）は，Ａグループが最も低い97.94％であり，Ｂグループが98.41％，Ｃグループが98.53％と順に高く，いくらかの差が生じている。この場合，収納率が低いほど第1号被保険者1人当たりに賦課する保険料をそれに見合う程度まで高く設定する必要がある。しかし，実際の第4期事業計画におけるグループ別の保険料設定においては，いずれの

---

7) 糸島郡二丈町・志摩町が広域連合非加入の前原町と新設合併（2010年1月1日，糸島市），八女郡黒木町・立花町・矢部村・星野村が同じく八女市に編入合併（2010年2月1日）することが第4期事業計画策定時までに決定済みであった。これら偏差値の算出で除外された6町村は，給付実績で同水準に相当するいずれかの保険料グループに組み入れられ，脱退まで当該の保険料が賦課された。

8) ＢグループのうちＡグループとの境界付近の自治体について算出方法による偏差値の違いをみると，39市町村で算出した場合に添田町（偏差値57.32）・香春町（56.95）・宮若市（56.66）の3市町は「偏差値57以上」とする広域連合の規定に基づけばＡグループに該当する。一方，Ｃグループで給付実績上位の自治体を同様の方法でみた場合にＢグループに該当することが仮定されるのは，大木町（偏差値44.31）のみであった。

9) 広域連合における保険料徴収の対象額（調定額）のうち普通徴収の占める割合は，全体で10.7％であった（2008年度実績）。なお，保険者が保険料を徴収する権利は2年間の時効を過ぎると基本的に消滅し，徴収不可能となるが，一定期間以上の滞納者（被保険者）には給付制限が課される。

168

第 5 章　福岡県介護保険広域連合におけるグループ別保険料の設定方法とその効果

グループについても同一の予定収納率（98.31％）を適用して求めており，こうした収納率の違いを加味せずに保険料を算定することは，逆に不公平とも言える。このような算定方法によって，収納率の低いことが実質的に見込まれるＡグループの構成市町村にはいくらか割安な金額が設定され，逆にＣグループにそのしわ寄せが生じる構図がうかがえる。

　第三に，第4期事業計画におけるグループ別保険料の設定方法に関する最も重要な点として，調整交付金交付率のグループ別適用の導入が指摘できる。一般に，地域ごとの保険料水準の高低には，保険給付リスクの高い後期高齢者の加入割合や保険料収納額を規定する所得段階別の第1号被保険者の加入割合が影響を及ぼす。調整交付金制度は，保険者による努力では対応できないそれら年齢構成や所得構成の地域差に起因する第1号保険料の過度な差を緩和することを目的としている。すなわち，財源構成（第4期）の中で第1号保険料と調整交付金の占める計25％部分について，後期高齢者や所得段階の低い第1号被保険者の占める割合が高い保険者は調整交付金交付率が5％（全国平均）を超えるため，給付費に対して全国平均（20％）を下回る保険料率が適用される[10]。

　この調整交付金交付率は年度ごとに国が定めており，2009年度の福岡県介護保険広域連合の全体では6.930％であるが，同広域連合では第4期事業計画においてＡ～Ｃの各グループに一律の交付率を適用するのではなく，国による所定の方法でグループ別に交付率を算出した結果，Ａグループは8.734％，Ｂグループは6.873％，Ｃグループは4.888％とされた。言い換えれば，Ａグループは給付費の金額の16.266％部分だけを第1号保険料で負担すればよい一方で，Ｂグループは18.127％部分を，Ｃグループは20.112％部分を負担しなければならないことを意味している。つまり，調整交付金交付率のグループ別適用は，交付率が高いＡグループには有利な条件をもち，Ｃグループには不利な影響をもたらす方法と言える。

　以上のようなグループ別保険料の設定方法の差異による効果は，**表5-1**

---

10) 調整交付金制度は，社会保険研究所編（2009）に詳述されている。

169

第 2 部　不均一賦課制による広域保険者地域

表 5-1　福岡県介護保険広域連合（第 4 期）におけるグループ別保険料の算定方法の差異による影響

	調整交付金交付率の適用方法	グループ別		一括	
	収納率の適用方法	一括	グループ別	一括	グループ別
基準年額 （円）	A	75,297	75,578	79,995	80,294
	B	56,399	56,344	52,335	52,284
	C	46,344	46,238	41,062	40,969
	広域連合	56,956	56,942	54,141	54,128
比率	A	1.322	1.327	1.478	1.483
	B	0.990	0.989	0.967	0.966
	C	0.814	0.812	0.758	0.757
	広域連合	1.000	1.000	1.000	1.000

注：調整交付金を一括で適用した場合の基準年額（G）は次のように算出.
　　$G = p \div q \div r \times s$
　　　p は第 3 期給付実績（円），q は第 4 期計画の補正第 1 号被保険者数，r は保険料収納率，
　　　s は第 1 号保険料率であり，全グループで 0.1807 と仮定（調整交付金交付率を 2009 年度の値
　　　6.930% として算出）した.
　　調整交付金をグループ別に適用した場合の基準年額（H）は次のように算出.
　　$H = t \div q \div r \times s$
　　　t は 4 期計画上の 3 ヶ年の保険料収納必要額，s は A グループを 0.16266，B グループを 0.18127，
　　　C グループを 0.20112 とした.
　　収納率 r は 2008 ～ 2009 年度実績値に基づき，一括適用の場合は 0.9833，グループ別の場合は A：
　　0.97944，B：0.98406，C：0.98534 とした.
　　四捨五入のため，事業計画上の年額（調整交付金交付率はグループ別，収納率は一括）と A グループ
　　は 3 円，B グループは 1 円のずれがある（C グループは一致）.

のように整理できる。調整交付金交付率を一括適用し，収納率をグループ別に反映させると，広域連合全体の基準年額を 1.0 とした場合の比率で A グループは 1.483 であり，逆に C グループは 0.757 にとどまるので，両者の保険料水準の開き（倍率）は 1.96 倍と大きい。これに対して，収納率を一括して適用しても，A グループと C グループとの間の開きはわずかに小さくなるのみである。しかし，調整交付金交付率をグループ別に適用すると，その違いは大幅に縮小する。このように，保険料収納の影響は相対的に小さいものの，調整交付金交付率をグループ別に，収納率を一括適用すると，A グループの比率が 1.322 に低下するとともに，C グループの比率は 0.814 に増加し，結果として実際の第 4 期事業計画では，両者の差は 1.63 倍にまで縮

170

第5章 福岡県介護保険広域連合におけるグループ別保険料の設定方法とその効果

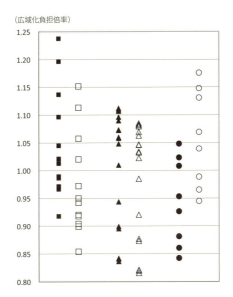

図5-2 福岡県介護保険広域連合（第4期）のグループ別にみた保険料算定方法の
違いによる広域化負担倍率の分布変化
注：●はAグループ，▲はBグループ，■はCグループの構成市町村別にみた第4期事業計画に基づく
実際の広域化負担倍率を，○，△，□は調整交付金を3グループ一括で保険料収納率をグループ別
に適用した保険料算定方法に基づく広域化負担倍率を示す。
（福岡県介護保険広域連合資料より作成）

小されることとなった。また，以上のような保険料設定の方法を当てはめると，中間の水準にあるBグループも，Cグループと同様に次第に比率が上昇していく。

各グループの構成市町村にとって，こうした保険料設定方法の違いは，第4章で示したような広域化負担倍率の高さに影響をもたらす（図5-2）。すでに第4章で述べた通り，広域化負担倍率とは，各市町村が広域運営を選択し，いずれかのグループに区分されたことによって，単独運営の場合に比べて保険料の増減にどの程度の影響があるのかを把握するための指標である。図5-2が示すように，仮に，調整交付金を一括で，収納率をグループ別に適用する方法をとった場合，CグループとBグループの自治体では広域化負担倍

171

第2部　不均一賦課制による広域保険者地域

率が低下し，逆にAグループではその値が著しく上昇する傾向が認められる。広域化負担倍率のグループ別平均値を実際の第4期計画に基づく値と比べると，Cグループは0.073の，Bグループは0.025の低下であるが，Aグループは0.115の上昇となる。以上のことから，調整交付金交付率および保険料収納率の適用パターンのうち，実際に第4期事業計画で採用された方法からは，Aグループにとって全体として優遇的な取扱いが，そしてBグループとCグループにとっては負担が相対的に重くなる方向での取扱いがなされていたことが確認できる[11]。

4. 単独運営の場合と比較した保険料水準の変動

不均一賦課制の導入は，すでに述べた通り，構成市町村間で第1号被保険者1人当たり給付費に違いがある中で，異なる水準の保険料を適用することによって給付と負担の不公平性を緩和することを目的としている。第4章では，第1号被保険者1人当たり給付費に関するグループ別保険料比率との関係から市町村ごとに算出した第3期事業期間の指標を基に，単独運営の場合と比較した保険料水準の増減の程度を把握することを試みた。第1号被保険者1人当たり給付費を用いて分析したのは，一般に，それが次期事業期間（3年間）の給付費見込額を決定する際に重要な指標であり，各保険者地域において保険料を規定する最も基本的な特性である点に着目したためである。

ただし，より精確に言えば，各保険者における保険料は，給付費の大きさおよびそれに影響を受ける給付費見込額だけで決まるものではない。社会保険研究所編（2012）によれば，介護保険では，事業計画期間（3年間）で必要となることが見込まれる「保険料収納必要額（a）」，従来の収納率を基に

---

11) 給付水準の高いAグループに対する優遇的な取扱いは，第3期事業計画でもみられた。すなわち，2002～2004年度の給付実績に基づく広域連合全体の平均に対して1.32倍のAグループは「小数第2位を四捨五入した値1.3倍」が適用され，Bグループは0.98倍の給付水準が1.00倍にかさ上げされ，CグループはこれらAとBの残りを広域連合全体で賄えるようにすべく0.77倍から0.78倍へ増やされた（福岡県介護保険広域連合編 2006, p.78）。

172

第5章　福岡県介護保険広域連合におけるグループ別保険料の設定方法とその効果

見込まれる「予定保険料収納率（β）」，第1号被保険者の所得構成に基づく「補正第1号被保険者数（γ）」の3指標から，$\alpha \div \beta \div \gamma$の計算式によって保険者ごとに定める第1号保険料を算出することとされている。とくに，第1号被保険者の年齢構成（前期高齢者と後期高齢者の比率）と所得段階別構成は，給付費見込額全体のうち国からの調整交付金交付率を差し引いた第1号被保険者による負担総額（保険料収納必要額）の割合（保険料率）を保険者地域ごとに規定するとともに，保険料収納必要額に対して補正第1号被保険者数を規定することによって，最終的な第1号被保険者1人当たり保険料の決定に大きな影響をもつ。

　こうした点も踏まえ，ここでは，第4期および第5期について，前事業期間の3年間の給付費の実績値を当該事業期間の給付費の見込額として用いながら，それに加えて，事業計画で用いられている調整交付金交付率および保険料収納率を加味した市町村別の保険料（以下では，試算保険料と呼ぶ）を求めることとする。試算保険料の算出にあたり，福岡県介護保険広域連合では，年齢別加入割合は第5期最終年度（2014年度）までの推計値が示されているのでこれを利用した。保険料収納率については，第4期は2007〜2008年度の，第5期は2009〜2011年度の市町村別収納率実績値を用いた。また，給付見込額は事業計画で市町村別に示されていないので，前事業期間の実績値による市町村ごとの構成比を代替的な指標として試算保険料の算出に用いた。

　一般に広域保険者では，個別の構成市町村ごとに計算された保険料が公表されることはない。しかし，均一賦課制では市町村ごとの負担と給付のバランスが悪すぎることが不均一賦課制を採用する理由となっている。この点を踏まえれば，単独運営の場合の試算保険料が，実際に賦課されている保険料とどの程度異なっているのかについて明らかにされる必要があるだろう。また，福岡県介護保険広域連合のように不均一賦課制を採用する保険者では，グループごとに保険料率が異なるので，各構成市町村にとっては，どのグループに編入されるのかによっても，単独運営の場合と比べた保険料水準の違いに均一でない影響を受ける。そうした点を踏まえ，ここでは不均一賦課制の下で編入されたグループに適用される保険料が，各市町村にとって試算保険料の何倍に相当するのかを意味する広域化負担倍率について評価する。

173

第 2 部　不均一賦課制による広域保険者地域

ここでは，実際の保険料算定で用いる変数をより多く投入することによって，第 1 号被保険者 1 人当たり給付費のみを指標とした第 4 章の分析をより精緻化した試みとして位置づけることができる。

広域化負担倍率は，この値が 1.0 よりも低ければ，広域運営に参加していることで保険料負担の割引効果を享受しており，逆に 1.0 を超えて高いほど，単独運営の場合と比べて保険料負担の水準が増していることを意味しており，次のように定義できる。

$$Y_j = R \frac{Q_w}{Q_j}$$

ここで，Y_j は構成市町村 j の広域化負担倍率であり，Q_j および Q_w はそれぞれ構成市町村 j および広域保険者 w の試算保険料，定数 R は広域保険者として算出した場合の保険料基準額に対するグループ別の保険料基準額の比率である。福岡県介護保険広域連合では，例えば第 5 期の A グループの各市町村の第 1 号被保険者には 79,072 円を，同じく B グループには 58,466 円を，C グループには 52,671 円の保険料（いずれも所得段階における基準額に該当する第 1 号被保険者の年額）が賦課されているので，広域連合全体での基準額（60,727 円）との比率から，それぞれ A グループの定数 R_a は 1.302，B グループの定数 R_b は 0.963，C グループの定数 R_c は 0.867 となる[12]。なお均一賦課制の場合，R の値は 1 となる。

図 5-3 は，第 4 期および第 5 期における市町村別の広域化負担倍率をグループの違いとともに示している。ここから，各市町村に賦課される保険料水準が単独運営による試算保険料と比べてどの程度異なるのかについて，全体的な傾向およびグループごとの特徴をとらえることができる。

市町村別の広域化負担倍率（以下，Y 値）は，第 4 期および第 5 期ともに，その多くが 0.85 〜 1.15 の水準に位置するものの，単独運営による保険料水準と比べて上昇または割引が 5％以内の範囲に収まる自治体は全体の 3 分の 1 に過ぎず，半数以上の自治体は保険料が一定以上の変動を示している。第 4 期および第 5 期におけるグループ別の Y 値の平均値をみると，A グループは第 4 期 0.963，第 5 期 0.992，B グループは第 4 期 1.023，第 5 期 0.997 で

174

あったが，Cグループでは Y 値が 1.0 を上回る自治体数が第 5 期で増加し，平均値は第 4 期の 1.030 から 1.073 へと上昇している。

　グループ内での Y 値の最大値と最小値との差（レンジ）をみると，A グループでは比較的小さいが，B グループでやや大きく，さらに C グループは，第 4 期および第 5 期のいずれでも 3 グループ中で最も大きい。給付水準の最も低い自治体からなる C グループでは，第 4 期に Y 値が 0.91 から 1.21 まで大きな差があったが，第 5 期においてその分布は一層広がりを見せている[13]。

　また，グループ別に Y 値の分布の特徴をみると，A グループや C グループ

---

12) 福岡県介護保険広域連合による第 5 期事業計画では，保険料算定に関する説明として，3 グループ別の保険料収納必要額（a），予定保険料収納率（β），補正第 1 号被保険者数（γ）を示しているが，広域連合全体としての β および保険料は非公表とされている。ただし，保険料は $a \div \beta \div \gamma$ によって算出できるため，ここでは，3 グループごとに β に γ を乗じて合計した値を γ の 3 グループ合計値で割ることによって広域連合全体の β（0.9828）を求め，そこから広域連合全体で均一化した場合の保険料を 60,727 円として分析した。なお 33 市町村全体での保険料を個別市町村と同じ方法で算出すると 60,583 円となり，上記のような a，β，γ の各指標から求めた場合の金額とは完全には一致しないが，その差は年額 144 円（月額 12 円）であり，また比率の面でも 0.24% にとどまるため，誤差の範囲と判断し，以下では 60,727 円を 33 市町村全体での試算保険料として分析した。なお，この金額は，厚生労働省の公表資料「第 5 期計画期間における介護保険の第 1 号保険料について」（平成 24 年 3 月 30 日）http://www.mhlw.go.jp/stf/houdou/2r9852000026sdd.html で示された福岡県介護保険広域連合の保険料月額（5,103 円）に 12 を乗じた 61,236 円とも一致しない。この理由は，同資料が，「保険料を経過的に複数設定している保険者については，加重平均により 1 保険者につき 1 保険料として掲載している」ためであり，第 1 号被保険者数に保険料を乗じた値を 3 グループで積和した金額を第 1 号被保険者数の合計で割った値は，保険財政運営の規定に基づいて上記 a，β，γ から決定される保険料とは必然的にずれが生じていると考えられる。

13) C グループの Y 値に大小の差が大きい要因の一つは，第 5 期への移行とともに B グループから C グループへ異動した自治体が生じたため，当該自治体の Y 値がとくに低くなり，他方で，もともと給付実績の低い自治体がさらに給付実績を相対的に低下させたことで，グループ内での Y 値の高さを際立たせる結果につながったためである。例えば，新宮町は第 4 期計画において給付水準が 2 番目に低かった（0.734）が，第 5 期計画ではさらに全市町村で最下位の 0.669 へ低下したことで，Y 値が広域連合全体の中でも最も高い 1.24 になった。

第 2 部　不均一賦課制による広域保険者地域

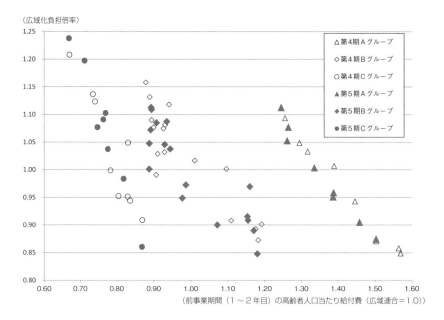

図 5-3　福岡県介護保険広域連合における高齢者人口当たり給付費と広域化負担倍率の分布

は，第 4 期および第 5 期のいずれも一定の傾きをもち，そこから各市町村のばらつきの度合いが比較的小さい。このことは，高齢者人口当たり給付実績の多寡に試算保険料が比例する度合いが高く，保険料算定に影響する調整交付金交付率を規定する年齢別および所得段階別の第 1 号被保険者加入割合の面からみた構成自治体の地域特性が比較的均質であることを意味する。

　これに対して B グループでは，第 4 期と第 5 期のいずれでも，一定の傾きからのばらつきが相対的に大きく，同程度の給付水準でも Y 値に大きな差があったり，逆に給付水準に差があっても Y 値が同程度になる場合がみられる。この背景には，A・B・C グループの市町村数の構成比を 1：2：1 とすることを目安にしたグループ区分の方針によって，B グループの構成自治体数が A グループや C グループより多いことが関係している。B グループでは，高

第5章　福岡県介護保険広域連合におけるグループ別保険料の設定方法とその効果

齢化の度合いや高齢者の所得水準に自治体間でばらつきが大きく，調整交付金交付率が市町村ごとに多様となっているため，結果として試算保険料が給付実績を単純に比例した結果になっていないと考えられる。

　福岡県介護保険広域連合では，以上のようにグループごとに広域化負担倍率の分布傾向には差異がある中で，とりわけグループ区分の境界層に給付水準が位置する自治体にとっては，区分の基準となる前事業期間の1〜2年目における給付実績のわずかな違いがグループ間の異動をもたらし，結果として賦課される保険料に大きな差が生じる可能性をもつ。中でもBグループとCグループの境界に近い自治体では，前事業期間（1〜2年目）の給付実績に関して，BグループとAグループの場合に比べて差が非常に小さい[14]。したがって，BグループとCグループの境界付近の自治体における給付水準の拮抗状態は，今後の事業期間の移行時に，該当する自治体は少数ながらも，一部の自治体でY値に大きな変動を生じさせる可能性が高いと言えるだろう[15]。

　以上のような広域化負担倍率の分布から，福岡県介護保険広域連合における不均一賦課制には，次のような2つの特徴が指摘できる。第一に，第5期の場合，Y値が最大で1.238，最小で0.848を示したことから，前者は単独運営と比べて保険料水準が約24％も割高であるのに対して，後者は15％あまり割り引かれる格差が保険者内に存在している。第二に，前事業期間の1〜2年目における給付実績がグループ区分の指標とされており，かつその金

---

14) 福岡県介護保険広域連合においてグループ区分の基準となる前事業期間1〜2年目の給付実績（広域連合全体を1.0とした比率）について，Aグループの最小値とBグループ最大値の差は，第4期で0.06，第5期で0.07あるのに対して，Bグループ最小値とCグループ最大値の差は第4期で0.01，第5期で0.02にとどまる。

15) 第4期にBグループに属していた須恵町は，給付水準（広域連合を1.0とした相対値）を第4期計画の0.907から第5期計画では0.868へと相対的に低下させたため第5期にCグループに編入され，それゆえY値を第4期の0.991から第5期にはグループ内で最も低い0.861へと変化させるに至った。逆に，第4期にCグループに属していた大木町は，給付水準が0.869，Y値が0.909だったが，第5期計画時は給付水準が0.929へ上昇したためBグループに異動となり，結果としてY値は1.046へと大きく上昇した。

第2部　不均一賦課制による広域保険者地域

額に関して予め決められた基準（偏差値）で区分するため，グループ編成方法の明瞭性や客観性は担保されている。しかし，3年ごとの事業期間で保険財政上の歳入と歳出をバランスさせ，必要な保険料を算出し賦課するためには，本来であれば高齢者人口当たりの給付水準のみで保険料を決めることはできない。自治体数の多いBグループで，前事業期間の1〜2年目における給付実績と広域化負担倍率との関係性にばらつきがあるのはその証左である。したがって，単純に高齢者人口当たりの給付費の多寡を保険料率の異なるグループ区分の指標とすることは，事業計画の策定に係る便宜上の性格を超えるものではなく，年齢段階別および所得段階別の第1号被保険者加入割合を加味して算出される保険料額とのずれが大きくなる必然性をもつ。こうした点は，福岡県介護保険広域連合における現状のグループ区分ならびに保険料の設定方法の問題として，再検討の余地があるのではないだろうか。

第**6**章

広域連合の比較からみた介護保険料の
不均一賦課制と市町村の連携
―沖縄県介護保険広域連合と後志広域連合―

1. どのような広域運営が望ましいか

　近年の日本では，少子高齢化や国および地方自治体における厳しい財政状況によって，様々な面で行財政に関わる諸制度の変革が進められつつある。そこでは，既存の行財政の地域的枠組みをめぐって再編を模索する動きが相次いでおり[1]，地理学分野からも神谷ほか編（2012）などにみられるように，人々の日常的なサービス供給のあり方をめぐる研究への関心が高まっている。とりわけ，少子高齢化の問題が早くから指摘されていたことから，行財政のスケールや枠組みを問い直す動きは，社会保障分野において先行した。中でも，年金や医療と比べて給付費の伸びが一層高い介護については，サービスの供給と利用に地域的な諸条件が大きく関与するため，制度の骨格をなす介護保険運営について，費用負担の共有方法に影響を及ぼす地域的枠組みを再編成する動きが生じてきた。

　介護保険の広域運営では，後期高齢者医療制度のように1つの県全域で単一の保険者となる事例はみられず，近隣の2〜4程度の市町村で保険者が構

---

[1] 市町村合併や道州制のほか，ポスト平成の大合併期における新たな枠組みとして制度化された定住自立圏構想について，森川（2012）は，近隣市町村の自主的な協力を前提とする連携の考え方を地域政策として有効としつつも，具体例とともに詳細な問題点の検討を加えている。また下平（2012）は，定住自立圏の目指す生活機能強化の例として，長野県と北海道の地域医療分野での連携に焦点を当て，中核病院や医師会等の地域医療資源の役割に言及している。

179

第2部　不均一賦課制による広域保険者地域

成されることが多い。その背景には，第一に，三次医療圏のような全県的広さをもつ医療サービスと比べると，介護サービスの空間的特質として，需給が完結する地理的範囲がそれほど広くないことが挙げられる。第二に，そのため介護保険制度の施行前からの様々な広域行政の担い手となっていた機関（一部事務組合など）を介護保険事業の受け皿として機能させることが選択されたり，その地理的範囲を単位として介護保険のための新たな運営組織（広域連合など）を設立させることにつながった面があった[2]。

　一方で，サービス給付費の多寡を通じて保険財政に影響を与える介護保険の需要と供給には，様々な要因から，地域差が少なからず生じている。介護をめぐる地域差が生じる要因には，保険者地域内における介護事業所の分布に偏りがあってサービス利用機会の地理的不均等があることや，家族構成による世帯内での介護力の違いや，経済力に基づく利用者負担の支払能力が介護の外部化の程度に影響を与えることなどが挙げられる。同時に，介護保険制度の根本的な性質としては，保険者地域における給付費の高さが，65歳以上の住民（第1号被保険者）に賦課される第1号保険料を上昇させる効果をもつ。その反面で，介護保険制度では，保険者ごとに一種類の保険料水準を設定する「一保険者一保険料」を原則としている[3]。そのため，広域保険者を構成する市町村間で給付費の違いが大きくなると，負担水準としての第1号保険料を市町村間で均一化することが，かえって公平性を阻害する可能性もあり，第3章で述べた通り，その点が介護保険の広域運営全般の問題点として指摘できる。

　このような「不均一な給付の下での均一な負担」は，単独運営による場合

---

[2] 森（2012）によれば，広域連合は，国の政策実施に対応して国や都道府県の働きかけで結成されることが多いという。また佐藤（2012）も，自治体が主導して結成されることが想定されていた広域連合が国の介入によって半ば強制的に結成される場合が多いことを指摘している。

[3] 同じ保険者地域内でも，第1号被保険者ごとの所得水準の違いは各自に賦課される保険料水準に反映されるが，同一の所得段階であれば，保険者地域内の居住する地区によって保険料水準が異なることはない。なお，市町村合併の後に一定の期間のみ，旧自治体ごとに異なる保険料水準が賦課された例はしばしばみられた。

180

第6章　広域連合の比較からみた介護保険料の不均一賦課制と市町村の連携

に比べて，広域保険者に参加したことで住民の保険料負担が緩和される構成市町村と，保険料負担が増す構成市町村とが，1つの広域保険者内に混在することを意味している。そのため，構成市町村数の多い広域保険者ほど，市町村間での不公平性が保険者としての一体性を阻害するリスクが高く，運営上の課題となってきた。広域保険者の構成市町村数は，2〜4程度が一般的である中で，その数が10を超える広域保険者も3つ存在する。第5期事業期間（2012〜2014年度）の開始当初の場合，201市町村から構成される全39地域のうち36の広域保険者をみると，構成市町村数2が8保険者，3が16保険者，4が5保険者，5が3保険者，6が3保険者，7が1保険者であった。

　それらの構成自治体は空間的に広範囲に及び，日常的なサービス需給の地理的範囲を大きく超えた形で結びつくケースが多い。そして，構成市町村数の多さによる帰結として，給付水準に少なくない差異をもつ市町村が含まれるため，保険料を全市町村で統一する均一賦課制によって不公平性が生まれることとなる。こうした問題への対策として導入された方法が，第4章および第5章でみた福岡県介護保険広域連合のような，第1号保険料の多段階設定すなわち保険料の不均一賦課制である。

　保険料の不均一賦課制とは，サービス利用量を反映する給付費の見込みから算出される保険料額の多寡に対応する形で，広域保険者内で適用する保険料を構成市町村によって数段階の異なる水準で設定する仕組みである。すなわち，市町村別に把握される給付費またはそこから求められる保険料額が高い市町村には高い保険料を賦課し，その逆の市町村には低い保険料が適用される。このように不均一賦課制とは，給付に見合った負担水準を各市町村に適用することによって，均一賦課制による不公平性を緩和することを目的としている。

　この保険料の不均一賦課制は，「一保険者一保険料」の原則からみれば，多数の市町村から構成される規模の大きな保険者における例外的な手法とも言える。しかし，それは今後の介護保険運営にとって重要な示唆をもたらす可能性を秘めている。なぜなら，多くの市町村数から構成される場合はもとより，より少数の市町村からなる広域保険者においても，不均一賦課制の適用は，各構成市町村が保険運営を保険者（一部事務組合や広域連合）の事務局

181

第2部　不均一賦課制による広域保険者地域

に丸投げして無責任状態に陥るリスク[4]を回避し，3年を一期とする事業計画期間ごとの，あるいはより長期にわたる我が町の介護のあり方に積極的に関与する契機となりうるからである。

介護保険制度が始まって10年あまりの時期において，地理学分野からは介護保険サービスの詳細な実情について，制度変化へのフォローも含めて数多くの報告がみられた[5]。しかし，介護保険行財政を司る保険者の地域的特性や事業運営に着目した研究は，あまりない。また，一部事務組合や広域連合による広域保険者の介護保険運営については，制度開始から間もない2000年代前半以降を中心として，宮下（1999）や村上（2002），坂田（2002），今里（2003）など，社会福祉学や経済学，行政学等による政策論的研究が展開された。しかし，既存の諸研究においても，介護保険運営を広域化する目的の一つとされる市町村間でのサービス水準の平準化が進んでいないとの指摘は，例えば横山（2003）や油井・田近（2008）などしばしばみられるものの，それによって生じる給付と負担の関係性にまで踏み込んだ充分な検討は，地理学内外を問わずほとんどみられない。

これに対して本書では，第3章で全国の均一賦課制をとる広域保険者の事業運営の特徴を整理し，また第4章および第5章では全国で最大規模の広域保険者である福岡県介護保険広域連合における介護保険サービスの給付水準からみた不均一賦課制の影響を明らかにした。これらを通して，広域保険者における上述のような給付と負担の不均衡の実態が浮き彫りになり，広域保険者に参加するよりも単独運営を選択した方が，保険料負担やローカルな事業展開の面でより適切と考えられる自治体が，実際に少なからず含まれることが明らかとなった。

しかし，広域保険者においては，いったん加入した広域保険者の枠組みから離脱することや枠組み自体の解消を求めることは，地方自治をめぐる法令上の制約もあり，現実には困難である。なぜなら，広域保険者からの脱退は，

4）こうした点は，広域保険者にありがちな広域運営の課題として第3章で指摘した。

5）主要な学術誌に発表された論考には，宮澤（2003, 2006, 2012），杉浦（2003），畠山（2004, 2005, 2007a, 2009, 2012），稲田（2009）などがある。

当該市町村名が構成自治体として記載されている規約の変更を必要とするが，とくに保険料負担の面で不利益を受ける自治体が，広域保険者としての枠組みを積極的に評価する他市町村から離脱の同意を得ることは容易でないからである。したがって，給付と負担の不均衡を理由として広域保険者の枠組みを単に批判的に検討することにとどまるのではなく，その組織的な枠組みを所与としながらも，その中で各構成自治体にとって望ましい給付と負担のあり方を追求した連携の形を探ることこそ，今後の建設的な議論に向けた糸口になると言えよう。

　こうした問題意識から出発し，とりわけ，ひとくちに不均一賦課制と言っても，後述の通り，広域保険者ごとに内容の異なる手法が採用されている現状を踏まえ，それらを相互に比較検討する中から，介護保険の広域運営における給付と負担の適切な関係を見出す手がかりが得られるものと考えられる。この点に関連して梶田（2011）は，福祉サービスを含む公共サービスの地理学の課題について，諸制度の変革を踏まえた地域的影響をみるインパクト研究や問題告発を超え，より良い社会を実現するための政策・制度の構想や設計につながる規範的概念の援用とそれに基づく研究の蓄積が必要であるとしている。

　こうした重要な指摘も踏まえ，本章では，広域保険者の中でも，構成市町村数の多さと給付水準の違いから複数段階の保険料設定（不均一賦課制）を選択した保険者地域に着目し，①近年の給付水準の動向とともに，②各保険者地域における保険料賦課方法の違いがもたらす影響を比較することを通じて，③介護保険運営に関する市町村の連携のあり方について提言することを目的とする。このことは，市町村合併を選択しないまま人口が減少する中で行財政環境の厳しさが増す自治体において，介護保険だけでなく様々な行政サービスをめぐる広域連携の地域的枠組みを再編成していく上で考慮すべき示唆を得ることにつながると考えられる。

　本章では，不均一賦課制を採用する保険者のうち，市町村間の給付水準の差がとくに大きい沖縄県介護保険広域連合を主たる分析対象としつつ，賦課方式の特徴が大きく異なる後志広域連合（北海道）との対比を通じて，市町村の連携のあるべき形を模索していく。また，沖縄県介護保険広域連合の特

第2部　不均一賦課制による広域保険者地域

性を位置づける意味で，福岡県介護保険広域連合についても補足的に触れることにしたい[6]。

2. 沖縄県介護保険広域連合の不均一賦課制

(1) 保険者の概要と不均一賦課制の導入

　介護保険制度の導入当初，沖縄県では，各市町村が個別に事業を運営していた。しかし，2002年8月に，沖縄本島の町村部の大半および離島（宮古・八重山は除く）を含む34市町村からなる沖縄県介護保険広域連合が設立され，2003年4月からの第2期事業期間の開始とともに広域保険者として事業運営を行うようになった。広域連合設立の背景として，森川（2011）は，沖縄県内の多くの市町村で第1期（2000～2002年度）の給付費が当初見込みを大きく上回り，第2期（2003～2005年度）での保険料上昇が必至の状況下で，広域化による保険財政の安定化の必要性が認識されたためと指摘している。また油井・田近（2008）は，2001年度の同県内保険者のうち4分の3を超える40保険者が県の財政安定化基金からの貸付を受けていたなど，同県の多くの市町村で制度施行当初から介護保険財政が逼迫していたことが，財政安定化基金への償還期限の延長や広域化等保険者支援補助金（2003～2004年度のみ）といった厚生労働省による財政支援措置を生み出したと指摘している。

　沖縄県介護保険広域連合の設立当初の人口規模はおよそ39万（うち高齢者人口は約6万）であり，県内有数の規模をもつ保険者となった。広域連合に参加していなかった市との合併によって2町（勝連町，与那城町）が脱退したが，広域連合の構成町村同士での合併[7]では広域連合への再加入が選択さ

---

[6] 福岡県介護保険広域連合は，不均一賦課制を採る広域保険者という点で数少ない比較対象であり，かつ沖縄県介護保険広域連合と同様の3グループ区分を実施しながらも，そのグループ編成方式が異なることや，その構成市町村間でみた給付水準の差にも違いがある。

[7] 2006年1月1日に新設合併によって，東風平町と具志頭村が八重瀬町に，玉城村，知念村，佐敷町，大里村が南城市になった。

184

第6章　広域連合の比較からみた介護保険料の不均一賦課制と市町村の連携

図6-1　沖縄県介護保険広域連合の28市町村

れた。結果として2006年以降の構成団体は28市町村（2市8町18村）となっている（図6-1）。2011年現在で対象地域の人口は約38万であり，厚生労働省「介護保険事業状況報告（平成23年）」によれば，第1号被保険者数（67,358人）は那覇市（57,392人）を上回り，県内最大規模を誇る。

沖縄県介護保険広域連合における介護保険の事業特性を概観するため，第4期（2009～2011年度）における構成市町村別の第1号被保険者1人当たり給付費（同広域連合全体では年額319,935円）の分布を図6-2からみると，多くの市町村で25～35万円の範囲にある中で，粟国村（637,439円）の突出が目立つほか，ほかに4村で40万円を超えるなど，給付水準が非常に高い自治体が含まれている。その一方で，北大東村（72,266円）および南大東村（125,332円）は，他の26市町村とは給付水準が乖離した低さにとどまっている。これは，両村内でのサービス基盤が乏しいことや，沖縄本島など島外他市町村との距離が大きく，島民の利用移動が現実的には困難であることが背景にある[8]。こうしたことから，28市町村でみると，第1号被保険者1人当たり給付費は粟国村と北大東村との間で最大8.82倍もの大きな差があり，これは，構成市町村数がさらに多い福岡県介護保険広域連合の同時期におけ

185

第 2 部　不均一賦課制による広域保険者地域

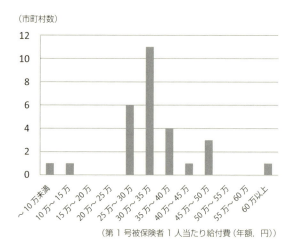

図6-2　沖縄県介護保険広域連合における市町村別にみた第 1 号被保険者 1 人当たり給付費の度数分布
(沖縄県介護保険広域連合資料より作成)

る最大 2.31 倍[9] を大きく超える開きである。

　このように構成市町村間で非常に大きな給付水準の差があるため，沖縄県介護保険広域連合では，広域運営を始める第 2 期当初 (2003 年 4 月) の段階ですでに均一賦課制の採用は困難であるとして，厚生労働省との協議を経て，保険料を 3 つのランクに区分する不均一賦課制を採用することが決められた[10]。ただ，その後も，構成市町村間での給付の平準化は，均一賦課制への転換が展望可能と言えるまでには進んでいない。沖縄県介護保険広域連合編 (2009, 2012) によれば，構成市町村ごとの保険料を算出すると，第 4 期

---

8) 南・北大東村は沖縄本島からおよそ 360km の距離にあり，第 1 号被保険者数も南大東村が 303 人，北大東村は 105 人 (いずれも第 4 期の平均) にとどまるため，本島などの村外事業者の進出もほとんどない。
9) 福岡県介護保険広域連合資料によれば，第 4 期実績をみると，最大は筑豊地域の大任町 (445,305 円)，最小は福岡市近郊の新宮町 (192,934 円) であった。

第6章　広域連合の比較からみた介護保険料の不均一賦課制と市町村の連携

(2009～2011年度) において「最大で約5.5倍」の，第5期 (2012～2014年度) においても「最大で約4倍の開き」が依然として残っており，3つに区分された不均一賦課制は維持された状態が続いている。

(2) 保険料の設定方法

社会保険研究所編 (2012) によれば，一般に保険者ごとの第1号保険料の算定は，事業計画期間 (3年間) で見込まれる「保険料収納必要額 (a)」，従来の収納率を基に想定される「予定保険料収納率 (β)」，第1号被保険者の所得構成に基づく「補正第1号被保険者数 (γ)」の3指標から，$a \div \beta \div \gamma$ の計算式によるとされている。ここで「保険料収納必要額 (a)」を決定する諸要素には，大別して歳出の面 ($a1$) と歳入の面 ($a2$) とがあり，a は $a1$ から $a2$ を差し引くことによって求められる。前者 ($a1$) には，介護 (予防) 給付費や地域支援事業費など介護サービス等の保険給付に直接関わる費目のほか，保険財政の安定化を図る財政安定化基金拠出金などの費目が含まれる。また後者 ($a2$) には，国・都道府県・市町村からの負担金・交付金や，第2号保険料を原資とする社会保険診療報酬支払基金による介護給付費交付金や地域支援事業支援交付金などがある。なお $a2$ のうち，国からの普通調整交付金は，各保険者地域における年齢段階 (前期／後期高齢者) 別および所得段階別の第1号被保険者加入割合の全国平均との違いから算出される普通調整交付金交付割合を基に決定される。そして γ は，基準額に対する所得段階別の保険料額の比率と所得段階別第1号被保険者数との積算によって求められる[11]。

こうした制度的枠組みの下で，沖縄県介護保険広域連合における不均一賦課制による介護保険料は，事業計画書での説明によれば，次のように決定さ

---

10) 沖縄県介護保険広域連合では，3つの異なる保険料設定について，その最も高い保険料を「3ランク」，中間を「2ランク」，最も低い保険料を「1ランク」と呼んでいるが，本章では先の第4章および第5章における福岡県介護保険広域連合での呼称と統一し，「3ランク」，「2ランク」，「1ランク」をそれぞれAグループ，Bグループ，Cグループと呼ぶこととする。

187

れている。第4期（2009～2011年度）事業計画の場合，手順①「個別構成市町村の保険料を算出」，手順②「保険料の近い市町村でグループ設定」，手順③「グループの大幅変動回避の調整」，手順④「グループ別市町村加重平均保険料の算出」，という手続きによっている[12]。これに対して第5期（2012～2014年度）では，第4期の場合と同じ手順①に続いて，手順②「保険料水準が中位のグループを基準に乖離しないよう設定」，手順③「グループごとの加重平均額を算出」，とされた（沖縄県介護保険広域連合編 2012, p.68）。事業計画に示されたこれらの説明だけでは詳細は分かりにくいが，沖縄県介護保険広域連合では，基本的な考え方として，はじめに構成市町村ごとに単独の保険料を算出し，その金額の大小によって全市町村を3つにグループ区分する方法が採られている。つまり，次期事業計画における保険料収納必要額などを盛り込んで算出した保険料の高低によって市町村を3区分している点で，高齢者人口当たりの給付費を偏差値化して予め設定した整数値で3区分する福岡県介護保険広域連合とは異なっている[13]。

ただし，算出した保険料額の順に全市町村を並べてから3区分する際に，明確で一貫性のある基準が設けられていないのが，沖縄県介護保険広域連合におけるグループ区分の特徴でもある。第4期（2009～2011年度）の場合，手順③では，手順②によって前期（第3期：2006～2008年度）と比べて2段階

---

11) 補正第1号被保険者数とは，第1号被保険者の所得段階によって基準額を1.0とした場合の段階別乗率（第1段階は0.5，第6段階は1.5など）に所得段階別の第1号被保険者数を乗じた値を全段階で合計した人数である。一般に，高所得の高齢者が多い保険者ではこの値が第1号被保険者数を上回る。

12) 沖縄県介護保険広域連合編（2009, p.59）によれば，ここでの手順③「グループの大幅変動回避の調整」とは，保険料水準が2段階異なるAグループからCグループへ（またはその逆方向に）異動する市町村が生じないようにグループ区分の境界線を上下させることを指す。調整の結果として，各グループで属する市町村の顔ぶれと保険料が変動するため，その影響はグループ内市町村間のみにとどまらない。

13) 第4章でみた通り，福岡県介護保険広域連合では，3年ごとの事業計画策定時に判明している前事業期間の1～2年目の給付費を同期間の高齢者人口で割った金額が各市町村の給付水準として把握され，その金額を偏差値に変換した値（四捨五入による整数値）が57以上の市町村をAグループに，44～56であればBグループに，43以下はCグループに区分する方法を，不均一賦課制を開始した第2期から用いている。

第6章　広域連合の比較からみた介護保険料の不均一賦課制と市町村の連携

にまたがるグループ異動（AグループからCグループへ，またはその逆）が生じ
ないように，該当する市町村の個別保険料水準付近でグループ区分の境界線
を上下させる調整が行われた[14]。しかし，第5期（2012～2014年度）では第
4期における手順③のような調整は行われず，結果として2村がCグループ
からAグループへと異動した。沖縄県介護保険広域連合事務局での聞き取り
によれば，第4期計画の手順③が第5期計画で採用されなかった理由は，第
5期計画の手順②にあるような，Bグループの金額と他の2グループの金額
とをできる限り近づける方針が，厚生労働省からの広義の指導・助言に沿う
形で優先されたためであった。

　以上のように，一面では，グループ編成において高齢者人口当たり給付費
を偏差値化する福岡県介護保険広域連合の方法と比べて，3年ごとの事業計
画でそれぞれ異なる取扱いを採用する沖縄県介護保険広域連合のそれには，
グループ区分における明確な規定に基づく客観性ないし手続きの一貫性は認
められない。しかし他方で，こうしたグループ編成には，むしろ計画策定ご
とに必要に応じて部分的に異なる取扱い手法を採用することで，臨機応変な
対応を可能とする保険運営上の裁量の余地を確保する意義があると評価する
こともできよう。

（3）不均一賦課制による保険料の変動

　すでに述べたように，不均一賦課制の導入は，単独運営の場合の保険料水
準が構成市町村間で違いがある中で，段階的に異なる水準の保険料を適用す
ることによって給付と負担の不公平性を緩和することを目的としている。こ
うした理由から不均一賦課制を採用している点を踏まえれば，単独運営の場
合に各市町村で個別に算出される保険料（以下では，試算保険料と呼ぶ）に対
して，不均一賦課制の下で実際に賦課される保険料がどの程度異なっている
のかについて明らかにされる必要があるだろう。

---

14) 沖縄県介護保険広域連合事務局での聞き取りによれば，第4期事業計画策定時では，
　手順②によって2つの自治体でグループ異動が2段階になってしまう可能性があった
　ため，グループ区分の境界線を調整する手順③を実施した。

第 2 部　不均一賦課制による広域保険者地域

　一般に広域保険者では，単独運営の場合に各構成市町村で個別に算出される試算保険料が公表されることはなく，沖縄県介護保険広域連合においても，市町村ごとに算出した保険料額はもちろんのこと，仮に均一賦課制にした場合の広域連合全体での保険料額も公表されていない。しかし本章では，上述のような国が定める第 1 号保険料の算定方法に準拠しつつ，第 5 期事業計画などで部分的に公表されているいくつかの指標を用いて，構成市町村別の試算保険料の推計を行った。このうち，給付費の見込額および年齢段階別第 1 号被保険者数の見込みが第 5 期事業計画で市町村別に公表されているほか，所得段階別第 1 号被保険者数については，第 5 期事業計画ではないが2011 年 3 月末データが資料として示されているため，これを使用した。なお，「予定保険料収納率」については市町村別データが公表されていないため，試算保険料の推計には用いていない[15]。こうしたことから，本研究で推計した試算保険料は，実際に市町村ごとに算出されながら非公表とされている保険料そのものとは厳密には一致しないが，ここでは市町村ごとの試算保険料とグループごとの試算保険料との差異を比率として問うため，分析には大きな支障がないものと判断した[16]。

　不均一賦課制を採用する保険者では，保険料率の異なるグループごとに保険財政をそれぞれ成り立たせる必要があるため，各グループに属する自治体

---

15) 沖縄県介護保険広域連合編（2012, p.52）によれば，2006 ～ 2010 年度において同広域連合全体での保険料収納率は，96.31 ～ 97.07％で推移している。

16) このほか，第 4 期における余剰金（介護給付費準備基金）からの取崩額を活用することによって保険料水準の上昇を緩和した点も市町村別には公表されていないが，その金額を試算したところ，給付見込額の 0.7％程度であったため，ここでの計算には割愛した。なお，本研究での試算では，28 市町村のうち，A グループの八重瀬町（年額68,244 円，広域連合全体の均一賦課額を 1.0 とした比率 1.008）を B グループの中城村（年額 68,552 円，同 1.013）が上回り，試算保険料額に 308 円（月額 26 円）の逆転がみられる。この主な原因は，試算保険料を算出するためのデータのうち，所得段階別加入者割合に関して第 5 期事業計画で使用された数字が公表されておらず，2011 年のデータを代替的に使用したためと考えられる。ただし，グループ区分の基準となる市町村別の保険料額が非公表とされている制約がある中で，以降の分析に著しい支障を来すほどの影響はないと判断し，これら 2 町村の試算保険料額はそのまま使用した。

第6章　広域連合の比較からみた介護保険料の不均一賦課制と市町村の連携

の顔ぶれが少しでも変われば，それを反映させて保険料を再計算することになる。その結果，グループ編成の案ごとに異なる保険料額がグループそれぞれについて算出される。こうしたことから，各構成市町村にとっては，どのグループに編入されるのかによっても，単独運営の場合と比べた保険料水準の違いに均一でない影響がある。そうした点を踏まえ，ここでは第3章～第5章でも取り扱った，広域化負担倍率と呼ぶ独自の指標を用いて，不均一賦課制の下で編入されたグループに適用される保険料が，各市町村にとって試算保険料の何倍に相当するのかを評価する。

　広域化負担倍率は，この値が1.0を超えて高いほど，単独運営の場合と比べて保険料負担の水準が増していることを，逆に1.0よりも低ければ，広域運営に参加していることで保険料負担の割引効果を享受していることを意味しており，次のように定義できる。

$$Y_j = R\frac{Q_w}{Q_j}$$

ここで，Y_jは構成市町村jの広域化負担倍率であり，Q_jおよびQ_wはそれぞれ構成市町村jおよび広域保険者wの試算保険料，定数Rは広域保険者として算出した場合の保険料基準額に対するグループ別の保険料基準額の比率である[17]。

　沖縄県介護保険広域連合における第5期の不均一賦課制の下で，単独運営の場合と比べて，各市町村が賦課される保険料水準にどの程度の違いが生じているのかを明らかにするため，ここでは構成市町村ごとに求めた試算保険料が，各グループに賦課された保険料とどの程度異なるのかを広域化負担倍率から分析する。図6-3は，第5期の試算保険料の比率（広域連合全体を1.0

---

17) 沖縄県介護保険広域連合の構成市町村別の試算保険料の積算から算出すると，第5期（2012～2014年度）のAグループ各市町村の第1号被保険者には72,468円の，同じくBグループには65,797円の，Cグループには58,061円の保険料（いずれも所得段階における基準額に該当する第1号被保険者の年額）が賦課されているので，広域連合全体での基準額（67,700円）との比率から，それぞれR_aは1.070，R_bは0.972，R_cは0.858となる。なお，均一賦課制の場合，Rの値は1である。

191

第 2 部　不均一賦課制による広域保険者地域

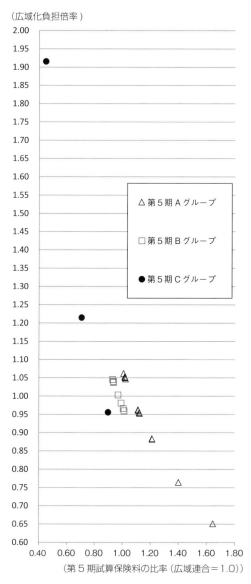

図 6-3　沖縄県介護保険広域連合の市町村別にみた試算保険料の比率と広域化負担倍率
（沖縄県介護保険広域連合資料より作成）

とした値）と広域化負担倍率（以下では，Y値）との関係を28市町村ごとに示している。ここから次の2点が指摘できる。

第一に，大半の市町村はY値が0.95～1.05の狭い範囲にあり，単独運営と比べて保険料水準の変動は小さいとみることができる。これは，後述する一部の自治体を除けば，多くの構成市町村間で試算保険料の差が比較的小さいことが要因と考えられる。このように，給付水準に著しい差がない多くの自治体は，3年ごとの保険料額の順位に比較的大きな変動が生じやすく，AグループとBグループとの境界またはBグループとCグループとの境界付近に位置する可能性も高い。そのため沖縄県介護保険広域連合では，3年ごとの事業計画の改定に伴うグループ間の異動が多い[18]。こうしたことから，比較的多くの構成市町村にとって，3年ごとにいずれのグループに編入されるのかが見通しにくい構造をもつのが，沖縄県介護保険広域連合の特徴と言える。

第二に，これと対照的に，予定される保険給付費を反映している試算保険料ならびにその金額によって規定される広域化負担倍率について，同広域連合においては，著しく低いまたは高い自治体が少数ながらみられる。Aグループでは，Y値が非常に低い自治体が含まれ，とくに粟国村ではその値が0.651を示すなど，単独運営を想定した個別の試算保険料よりも3分の2程度の保険料負担にとどまっている。このほか，渡嘉敷村でもY値は0.764であり，保険料負担で23％あまりの割引効果の恩恵を得ている。逆にCグループでは，北大東村で1.215，南大東村では1.915に達するなどY値が著しく高く，単独運営と比べてそれぞれ1.2倍，1.9倍を超える割増の保険料水準となっている。

以上のように，多くの市町村で個別の試算保険料の水準が比較的似通って

---

18) 第5期事業期間の28市町村について第2期から第5期までの所属グループの異動状況をみると，これまで3回の事業計画改定の中で，異動がなく一貫して同一のグループに属するのは7市町村にとどまり，12市町村は1回の異動を，8町村が2回の異動を経験している。このほか，渡名喜村は第2期から第5期までの3回の改定時にいずれも異動（A→B→C→A）があり，渡名喜村を含む4村が3グループの全てを1回以上経験している。

第2部　不均一賦課制による広域保険者地域

いる一方で，いくつかの自治体では単独運営と比べた保険料水準の変動が非常に大きい。こうした第5期（2012～2014年度）における沖縄県介護保険広域連合の不均一賦課制でみられる現象は，グループ区分の編成方針，すなわちグループ間で保険料額の差を小さくしようとする考え方にその一因があると考えられる。しかし，そもそも不均一賦課制を採用した理由は，均一賦課制によって一本化される保険料水準では，単独運営であった場合に個別に算出される保険料と比べて過大な差が生じてしまう構成市町村が想定されたためである。そうした広域化負担倍率の不公平性を緩和する目的があった点を考慮するならば，不均一賦課制を採用する場合においても，原則的には，単独運営による個別の保険料額との差を小さくすることに注意が払われる必要があるのではないだろうか。この点については，次節以降で後志広域連合（北海道）における不均一賦課制の特徴と対比しながら，さらなる問題点を検討していくことにしたい。

3. 後志広域連合との対比からみた不均一賦課制

(1) 後志広域連合の概要と不均一賦課制の比較

　後志広域連合は，北海道の南西部に位置し，後志総合振興局管内の1市13町6村のうち，小樽市など1市3町を除く10町6村から構成されている（図6-4）。これら16町村の地域は，埼玉県とほぼ同じ面積であるが，人口は61,333人，高齢化率（65歳以上人口の占める割合）は29.5％である（2011年3月末現在）。16町村のうち倶知安町（人口15,367人，高齢化率21.6％）のみ規模が大きいが，ほかは1,000～4,000人規模の自治体が多く，高齢化率も30～40％に達する町村が半数以上を占めている。

　当地域では，平成の大合併の時期に，最終的に合併に至った事例は生じなかった。しかし，後志広域連合事務局での聞き取りによれば，人口減少・高齢化に対する危機感なども背景として，合併協議を通じて様々な行政分野での広域連携の必要性に関する認識が共有されるようになった。その結果，2005年頃から新たな広域行政の枠組みに関する本格的な検討が進められ，2007年4月にその受け皿としての広域連合が設立された。同広域連合

194

第6章 広域連合の比較からみた介護保険料の不均一賦課制と市町村の連携

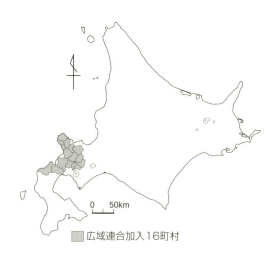

図6-4 後志広域連合の16町村

は介護保険に特化した団体ではなく，設立当初は税の滞納整理事務を取り扱い，2009年度から国民健康保険事務および介護保険事務を行っている[19]。このように，当地域の介護保険は，もともと3期9年にわたって町村別に運営されてきた経緯がある中で，第4期（2009～2011年度）の始まりとともに広域保険者としての運営が開始された。

後志広域連合の16町村における介護保険事業の特性について，第4期の高齢者人口当たり給付費からみると，神恵内村（300,178円）が最も高く，留寿都村（184,943円）が最も低いが，その差は1.62倍である。この値は，構成自治体数の違いもあるが，沖縄県介護保険広域連合の8倍超はもとより，福岡県介護保険広域連合の最大2.31倍と比べても小さい。金額の分布を概観しても（図6-5），196,534円以下に留寿都村を含む3町村が，213,704円～

---

[19] 後志広域連合の規約によれば，このほかに，道からの権限委譲，消防，し尿処理施設，火葬場，学校給食センター，教育委員会の各事務に関する「広域化の調査研究」が主な目的とされている。

第 2 部　不均一賦課制による広域保険者地域

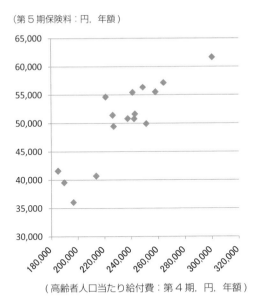

図 6-5　後志広域連合の高齢者人口当たり給付費と第 5 期保険料
（後志広域連合『第 5 期介護保険事業計画』より作成）

248,789 円の範囲に 9 町村が，251,191 円〜264,182 円の範囲に 3 町村がそれぞれ該当している。したがって，神恵内村のみ他の 15 町村と比べて給付水準がやや離れているものの，全体としてみれば構成町村間での給付水準のばらつきは極端に大きくはない。

このように給付水準の差が著しく大きくないにもかかわらず，後志広域連合では広域運営を開始した第 4 期の当初から不均一賦課制を採用した。ただし，後志広域連合の不均一賦課制は，16 町村をグループ区分せず，町村ごとに異なる 16 種類の個別の保険料を賦課している点で，福岡県介護保険広域連合や沖縄県介護保険広域連合のそれとは全く異なる特徴をもつ。すなわち，事業計画の策定において各町村は，あたかも単独運営の保険者のように，各自治体での給付の見込みや利用者に係る推計を行い，必要な保険料を算出している。また，単に町村別に保険料基準額が設定されるだけでなく，第 1

第6章　広域連合の比較からみた介護保険料の不均一賦課制と市町村の連携

号被保険者の所得段階に応じた保険料の設定方法も各町村に任されており，段階数のほか，軽減措置に関する基準年収の設定の有無や金額も各町村で決めている[20]。

さらには，広域運営開始前の 2008 年度まで各町村がもっていた介護給付費準備基金[21] について，名目上は広域連合として一体化（合算）したが，実際の運用では，基金の内部は 16 町村別に管理されている[22]。そのため，3年ごとの保険財政運営を通じて次期事業期間の保険料設定に影響する同基金の活用も町村単位で行われることとなる[23]。このように，後志広域連合では，全国の一般的な広域保険者と比べて，構成自治体の果たすべき責任が大きく，事業計画の策定および住民の第 1 号保険料の決定と賦課徴収を通じた，各町村の介護保険運営に関する主体性が確保されやすい体制が敷かれている[24]。

以上の点を踏まえ，表6-1 は，不均一賦課制を採用する 3 保険者について，グループ区分の方法を整理したものである。福岡県介護保険広域連合は，前事業期間の 1～2 年目の高齢者人口当たり給付費の偏差値によって 3 つのグループを編成している。また沖縄県介護保険広域連合は，個別に算出した各

---

20) 第 3 期以降，所得段階別の第 1 号保険料については，所得段階を 6 区分し，基準額（第 4 段階）に対する各段階の乗率にも原則的な数字が国によって示されているが，保険者の判断によって 7 段階以上の設定や乗率の変更も可能である（社会保険研究所編 2012, pp.414-415）。

21) 介護保険制度では，事業期間内の急激な給付費増に対応するため，計画期間中の黒字を介護給付費準備基金として積み立てることが認められている。この基金で余剰金が発生する場合は，次期事業計画における保険財政への歳入として繰り入れることで，次期保険料の抑制を図ることが基本とされる（社会保険研究所編 2012, p.413）。

22) 後志広域連合事務局での聞き取りによる。

23) 各保険者における介護保険財政の赤字に対する，都道府県が設置する財政安定化基金による資金の交付・貸与制度については，後志広域連合では，仮に特定の構成町村が赤字になったとしても，保険者（広域連合）として赤字でなければ，道からの同基金による借り入れは制度上できない。また他町村との保険料の均一化も実施していないので，当該自治体としては，次期事業期間における保険料の値上げで対応することが必要となる。

24) 後志広域連合では，国民健康保険事業における国保税についても，町村別の不均一賦課制を採用しており，減免措置や基金の管理・運用も町村ごとに実施されている（後志広域連合編 2012）。

第2部　不均一賦課制による広域保険者地域

表6-1　不均一賦課制を採用する3保険者における第5期事業計画上のグループ区分の特徴

保険者名 （市町村数）	グループ 数	グループ区分の 算出基準	区分の方法	保険料案の 決定主体
福岡県介護保険 広域連合 （33市町村）	3	前事業期間の1～2年 目の給付実績 （高齢者当たり給付費）	給付実績を偏差値化し，所定 の値（43以下，44～56，57 以上）で区分	本部事務局
沖縄県介護保険 広域連合 （28市町村）	3	各市町村の保険料を 個別に算出	全市町村を個別の保険料額の 順に並べ，中位グループと他 の2グループの保険料額の差 が縮小するように区分	本部事務局
後志広域連合 （16町村）	*(16)	各町村の保険料を 個別に算出	構成町村ごとに個別に保険料 を賦課（グループ化しない）	各町村

注：*(16)は非グループ化を意味する．
（各広域連合資料および聞き取り調査から作成）

市町村の保険料額の高低を基準とした上で，中位のグループと他の2グループとの差が小さくなるように3区分することを方針としている。これらはいずれも，広域連合の本部事務局が区分方法およびそれによって変化する保険料額の実質的な決定主体である点で共通している。

　これに対して後志広域連合では，グループ区分は行わずに16町村が個別に保険料を設定しており，その方法は，単独の保険者と同様に，町村ごとの次期事業期間における諸指標の見込みに基づいている。以上のことから，これら3保険者は不均一賦課制を採用する点で共通しながらも，グループ化の有無が他の2保険者と後志広域連合との大きな違いとなっている。

(2) グループ化に伴う収支の帰属

　非グループ化による独立採算制の性格が強い後志広域連合の特徴と対比しながら，ここでは福岡県介護保険広域連合や沖縄県介護保険広域連合にみられるグループ化を伴う不均一賦課制の問題点を検討する。

　後志広域連合のように，収支を町村単位で管理し，3年ごとの事業計画に反映させる利点は，事業計画上の給付見込額と実際の給付額との間にずれが生じるという介護保険運営でみられる一般的な傾向と大きく関係している。すなわち，制度の特質上，3年を1つの事業期間とする介護保険財政におい

198

第 6 章　広域連合の比較からみた介護保険料の不均一賦課制と市町村の連携

表 6-2　沖縄県介護保険広域連合における給付実績と見込額のずれ

実績／計画見込額	2009 年度	2010 年度	2011 年度	第 4 期の 3 年間	2012 年度
広域連合	0.999	1.035	1.036	1.024	0.971
最大値	1.184	1.447	1.551	1.404	1.105
最小値	0.421	0.467	0.751	0.590	0.853
28 市町村の平均	0.982	1.025	1.043	1.017	0.975
実績が計画を上回った自治体数	14	17	17	17	9
実績値÷見込額の平均	1.048	1.105	1.130	1.089	1.035
実績が計画を下回った自治体数	14	11	11	11	19
実績値÷見込額の平均	0.917	0.903	0.909	0.904	0.947

注：2012 年度分の計画見込額は，実績データにない審査支払手数料（平均 0.144%）込みの値で実績値を
　　割って求めた．
（沖縄県介護保険広域連合資料より作成）

　て，前事業期間の最終年度末頃までに策定される事業計画に盛り込む給付見
込額を，その後の 3 年間に実際に給付される実績値と一致させることは困難
である。ここで沖縄県介護保険広域連合における給付実績の金額を事業計
画上の給付見込額で割った値をみると（表6-2），保険者としての広域連合全
体ではほぼ均衡しているものの，28 市町村別では大きな開きが生じている。
第 4 期（2009 ～ 2011 年度）の 3 年間について，実績を計画見込額が上回った
か否かによって 28 市町村を区分して，それぞれの平均的なずれをみると，
介護保険給付の実績値が上回った自治体では，初年度を除いて[25]，実績値
が見込額を 10 ～ 13%程度超えており，3 年間で概ね 9%の超過であった。逆
に実績値が見込額に届かなかった自治体でも，そのずれは概ね 8 ～ 10%程度
に達している。

　このうち，計画上の見込額に実績値が達しない要因としては，例えば，地
域支援事業等を通じて要介護度の悪化を防止するような取り組みを積極的に
進めた結果として給付費の伸びが抑えられる場合も，論理的には想定できる

---

25) 一般に，介護保険の財政運営は年度が進むほど給付が増えることを前提としており，3
　　年間のうち初年度の給付は少ないことが多い。また初年度は，後述するような，見込
　　額の前提として想定されていた基盤整備の進捗状況によっても影響を受けやすい。

第 2 部　不均一賦課制による広域保険者地域

かもしれない。しかし、計画策定との関係で、より現実的に生じやすいのは、介護事業の基盤整備の遅れによるサービス提供の不成立である。すなわち、事業計画の策定時に給付の前提として盛り込んだサービス事業所の新規開設や追加整備などが、事業者側の要因等によって延期や白紙撤回となることは珍しくないためである[26]。

　仮に、初年度から提供予定だったサービスの開始が 2 年目からに延期されれば、大まかに言って、当該事業期間の給付費は 3 分の 2 にとどまる。しかし、事業計画上の給付見込額は 3 年分が計上されているので、その分だけ保険料算定における必要額は高くなり、結果として保険料が実際の給付水準よりも過大に見積もられたことになる。ましてや白紙撤回によって整備が実行されなければ[27]、こうした傾向は一層顕著である。また離島部など既存のサービス基盤が乏しい地域では、新たな整備が計画に盛り込まれることが必要な面はあるものの、人口規模が小さいなど、現実的に事業者参入の可能性が少ない中では、実際の給付に結びつかないまま、保険料収納必要額だけが上昇する恐れも指摘されるべきである。

　ここで問題となるのは、福岡県介護保険広域連合や沖縄県介護保険広域連合のようにグループ化を伴う不均一賦課制では、保険料の算定が行われるグループごとの構成自治体の顔ぶれが 3 年ごとに変化するため、保険財政上の

---

26) 畑本 (2012) は、事業計画上の整備ができない背景に関して、介護保険制度が準市場による一定の競争の下で民間事業者の自由な判断による参入・撤退を前提とするため、事業量の増減のリスクを常に抱える点を指摘している。

27) 延期や辞退といった要因について事業者側の事情は様々であるが、沖縄県介護保険広域連合の関係市町村においても、介護職の人材確保や必要な関係書類等の不備といった問題から遅れが生じることもあるという。また本島内のある地域では、市町村側が居宅系サービスの事業所開設を伴う新規の整備を念頭に、給付の見込を事業計画に計上したが、結果的に整備が実現しない事態も発生した。その理由は、事業者募集があった際に、他市町村を本拠とする事業者の進出を嫌った当該自治体内の事業者がいったん非公式に参入の意思を表明したものの、他市町村事業者の正式な応募がないことが判明した段階で、自らも開設意思を撤回して応募を取り下げたためであった。このケースは、さほど積極的に事業所を設立する意思がない中で、他市町村の事業者に自身の縄張りを荒らされたくない地元事業者としての心理が働いた結果と受け止められている。

収支が帰属する地域的枠組みが流動的にならざるを得ない点である。一般に各保険者では，実績が見込額を上回って赤字が生じる場合は，従前の黒字から繰り入れた介護給付費準備基金からの取崩しや都道府県の財政安定化基金からの貸付等で対応するとともに，次期保険料を上昇させる。また黒字であれば，基金への繰入れおよび次期事業期間での保険料抑制のための投入などの方法を採る。つまり，一般の保険者は，こうした財政上の対応を3年ごとに当該自治体のみで完結させているのである。

　ところが，広域保険者の場合，均一賦課制の場合はもとより，不均一賦課制であっても福岡県ならびに沖縄県介護保険広域連合のようにグループ化して保険料を算定・賦課する方式の下では，3年間で生じた黒字も赤字も，その帰結としての次期事業計画において，保険者全体には影響するものの，当該市町村には直接的に反映されない。言い換えれば，個別の市町村単位でみれば，給付見込みに対して大きく上回る給付実績があったとしても，それによって生じる保険財政上の赤字の責任を問われることがない制度上の構造を有する。また逆に，上述のような様々な要因から給付実績が見込額を下回ったとしても，そこから生じた黒字分は広域保険者の基金に組み込まれ，次期事業計画における保険料の抑制という果実が当該自治体に還元されることはないのである。こうした点は，後志広域連合において保険料を算定・賦課する際に介護保険財政の収支を16町村別に反映させる方法と比べて，大きく異なると言えるだろう。

4. 新たな連携の形を求めて
— グループ化と非グループ化の併用 —

　不均一賦課制において，グループ別に適用される保険料額が単独運営の場合の保険料額（試算保険料）の何倍に相当するのかを示す比率として定義した広域化負担倍率は，試算保険料に大きな違いがない市町村ばかりでグループが構成されているならば，1.0に非常に近い範囲に収斂するであろう。しかし，福岡県介護保険広域連合や沖縄県介護保険広域連合には，それぞれ第1号被保険者1人当たり給付費や個別の保険料額に関して，他の市町村と大

201

第2部　不均一賦課制による広域保険者地域

きく乖離した特性をもつ自治体がいくつも含まれている。その点を踏まえると，均一賦課制のまま放置することに比べれば大きな前進とは言え，それら2保険者における現行の賦課方法には，さらなる改善の余地があると言えるだろう。とくに，多くの構成市町村を抱える広域保険者における連携の形を規定するグループ区分のあり方は，重要な論点であると考えられる。

沖縄県介護保険広域連合において，第5期（2012～2014年度）の場合のように，グループ間の保険料額の差を縮小することを優先した区分方法は，後志広域連合と対比して，次のような問題を抱えている。本章第2節でみたように，28市町村のうち試算保険料に突出して高いまたは低い自治体がある中でグループ間の保険料額の差を縮小するためには，試算保険料額に差のある自治体も一部で同一のグループに編入せざるを得ない。その結果，先にみたように，AグループやCグループで広域化負担倍率が1.0から乖離した自治体を生じさせている。しかし，グループ間の保険料額の差を縮小することに拘泥しなければ，各市町村にとって単独運営の場合と比較した保険料額の違いを圧縮すること，すなわち広域化負担倍率を1.0により近づけることも可能であろう。

表6-3は，第5期事業期間のグループ区分に代わる案を5つ挙げている。区分案①～⑤は，28市町村を試算保険料の順に並べ，その額に大きな差がある自治体間で境界を設けることによって，各グループ内の広域化負担倍率を1.0に近づけることを念頭に区分を試みたものである[28]。区分案①では，試算保険料が突出して低い2村のみで1つのグループを編成することで，現行のCグループにおいて1.915にも達する極端に高いY値を1.153にまで低減させている。同時に，試算保険料の高い8自治体を1つのグループとすることで，Y値の最小値は現行Aグループの0.651から0.703へと引き上げら

---

28) 試算保険料（年額）の差は，1位と2位との間で（1-2位と表現，以下同じ）16,514円，2-3位12,711円，4-5位5,979円，8-9位6,037円，18-19位1,474円，21-22位1,667円，25-26位2,207円，26-27位12,947円，27-28位17,482円であり，その他は25円～598円の差にとどまる。なお，ここでの区分案はいずれも，少なくとも2つ以上の市町村で一つのグループとする（非グループ化する自治体を設けない）ことを前提とした。

202

第6章　広域連合の比較からみた介護保険料の不均一賦課制と市町村の連携

表6-3　沖縄県介護保険広域連合におけるグループ区分の
代案と広域化負担倍率の変化

	グループ構成 （該当市町村数）	広域化負担倍率	
		最小値	最大値
第5期	Aグループ（13）	0.651	1.062
	Bグループ（12）	0.960	1.045
	Cグループ（ 3）	0.956	1.915
区分案①	1 〜 8 位（ 8）	0.703	1.040
	9 〜 26 位（18）	0.954	1.088
	27 〜 28 位（ 2）	0.732	1.153
区分案②	1 〜 4 位（ 4）	0.780	1.059
	5 〜 8 位（ 4）	0.997	1.007
	9 〜 26 位（18）	0.954	1.088
	27 〜 28 位（ 2）	0.732	1.153
区分案③	1 〜 2 位（ 2）	0.940	1.103
	3 〜 8 位（ 6）	0.937	1.022
	9 〜 26 位（18）	0.954	1.088
	27 〜 28 位（ 2）	0.732	1.153
区分案④	1 〜 8 位（ 8）	0.703	1.040
	9 〜 18 位（10）	0.981	1.013
	19 〜 26 位（ 8）	0.980	1.058
	27 〜 28 位（ 2）	0.732	1.153
区分案⑤	1 〜 8 位（ 8）	0.703	1.040
	9 〜 21 位（13）	0.973	1.034
	22 〜 26 位（ 5）	0.988	1.032
	27 〜 28 位（ 2）	0.732	1.153

（沖縄県介護保険広域連合資料より作成）

れた。区分案②では，Y値の最小値をより1.0に近づけるため，試算保険料の高い上位8自治体を2つに区分したところ，それら2グループのY値の最小値は0.780および0.997へ上昇した。さらに区分案③では，区分案②の上位2グループ8自治体を最上位2自治体とそれに次ぐ6自治体（3〜8位）とに分ける方法をとった。その結果，最上位2自治体によるグループのY値は最小で0.940となり，1.0に大きく近づいている。

　しかし，Y値を機械的に1.0に近づけた区分案③は，現実的な案とは言いがたい。なぜなら，賦課される保険料の絶対額の高さが問題となる恐れが

203

第2部　不均一賦課制による広域保険者地域

強いからである。本章による試算保険料でみると，月額で粟国村は9,279円，渡嘉敷村は7,903円であり，これら上位2村を1つのグループにすると，賦課される保険料額は8,700円あまりとなる。これは第5期事業期間における保険者別にみた全国平均の4,972円[29]と比べて大幅に高く，現実的に賦課できる金額と言えるか議論の分かれるところであろう。したがって，一つの案としては，粟国村を含む最上位グループは，全国の単独保険者のうち最高水準と同程度の保険料額を目安としてグループ化することが，現実的な対応策になると考えられる。その場合，区分案③はもとより，上位4自治体の保険料額が7,238円となる区分案②よりも，上位8自治体の保険料額が6,523円になる区分案①のような方法がその水準に近く[30]，同時に，同じ最上位グループのうち給付水準の最も低い自治体のY値（区分案①で1.040）が最も低くなる点でも，より望ましい方法と言えるだろう。

　さらに区分案④と⑤は，区分案①を前提としつつ，中・下位層（9～26位）の18自治体を2分する方法を異にしている。これら両案には決定的な優劣があるとまで言えないが[31]，仮に許容するY値の範囲が1.0から5%以内の増減であるとすれば，ここでは両グループの最小値・最大値のいずれもが0.95～1.05の範囲内に収まる区分案⑤がより適切と判断できる[32]。

---

29) 厚生労働省「第5期計画期間における介護保険の第1号保険料について」（平成24年3月30日）による。http://www.mhlw.go.jp/stf/houdou/2r98520000026sdd.html（2017年8月6日閲覧）

30) 厚生労働省「第5期計画期間における介護保険の第1号保険料について」（平成24年3月30日）によれば，広域保険者を除いた，単独の市町村による保険者における第5期保険料基準額（月額）の最高は新潟県関川村の6,680円であり，次いで新潟県上越市が6,525円，群馬県上野村と福岡県嘉麻市が6,500円である。

31) 区分案④および⑤を比べると，より上位のグループ（区分案④では9～18位，区分案⑤では9～21位）では区分案④の方がY値の最大値と最小値のいずれも1.0により近いが，より低位のグループ（区分案④では19～26位，区分案⑤では22～26位に相当）では，区分案⑤をとるとY値が1.0により近くなる。

32) 以上の案のほかにも，例えば区分案④の19～26位グループをさらに細分して全体のグループ数を5つにすれば，これら8自治体のY値の最大値（1.058）をわずかながら1.0に近づけることが可能であるが，試算保険料額で中間層に位置し，かつ金額差の大きくない自治体間で細かな調整をしてもY値の変動はわずかである。

第6章　広域連合の比較からみた介護保険料の不均一賦課制と市町村の連携

　他方で，以上の検討を通じて確認されるべき重要な点は，どのようなグループ数や区分案を採用するにせよ，現下の沖縄県介護保険広域連合においては，北大東村（27位）および南大東村（28位）のように，順位は隣接しながらも試算保険料額の差が大きい自治体を同じグループに編入することにこだわる限り，広域化負担倍率を1.0に近づける努力には限界があるという事実である。こうした問題を是正するためには，北大東村と南大東村をグループ化という画一的な手法の対象から外し，後志広域連合の非グループ化を参考に，それぞれ個別の保険料を設定することを認める必要があるのではないだろうか。

　両村は，その小規模性ゆえに給付費の変動というリスクの程度が一般的な自治体よりも大きい可能性は否定できない。しかし，そうした事態が一時的に生じた場合でも，3年間を通じた平均的な賦課保険料額が同広域連合内の最上位グループの水準にまで上昇すると想定することは，現実的でないだろう[33]。上述の通り，沖縄県介護保険広域連合の構成自治体ではグループ間異動も頻繁であり，両村を含む多くの構成自治体の住民にとって，保険料額の上下動はすでに経験済みである。そうした点で，事業計画改定時に保険料額が変動すること自体は，その絶対額が過大にならない限り，許容される余地があると言ってよいであろう。したがって，現行のCグループにおけるY値の高さを脱することと引き替えに，それぞれ単独での収支による保険料賦課の責任を引き受けることは，両村にとっても望ましい選択になるのではないだろうか。

　以上の検討からは，後志広域連合のような非グループ化を参考としつつも，そのまま沖縄県介護保険広域連合に対して全面的に適用するのではなく，上位層の自治体において保険料額が高騰しすぎないことを念頭に置いたグループ化を，中位層では広域化負担倍率を一定の範囲内に収斂させるグループ化を行い，これらに加えて，給付水準の離れた下位層に関する非グループ化の併用という形こそ，不均一賦課制による連携のあるべき姿と考えられる。

33）試算保険料（月額）は，北大東村で3,983円，南大東村で2,526円である。

205

終 章
本書の知見と示唆される論点

　現代の日本では，持続可能性を展望するための地方行財政領域の地理的再編と社会保障体制の改革とが重要な問題となっている。本書では，それらが交差する先進的な課題として，介護保険行財政の地域的枠組みがいかに構築され，市町村間連携の手段としての広域連合・一部事務組合による広域運営において，関係自治体間での受益と負担の公平性のバランスがどの程度確保されているのかを明らかにすることを目的として分析を行ってきた。この終章では，第1章から第6章までの分析結果を整理するとともに，国による制度維持という政策目的との関係からみた介護保険の広域運営に関する問題点や，さらには広域保険者における市町村連携のあり方など，各章での分析から示唆された論点を提示していきたい。

1. 本研究の要約

　日本では，近年の少子高齢化と人口減少，国と地方の財政危機といった環境の下で模索される諸制度再構築の方策として，2000年代の地方自治体をめぐる主要なトピックであった平成の大合併期を経験した。第1章では，そうした大合併期を経て，行財政の地域的枠組みの柔軟な検討が早くから進んだ介護保険の広域運営にどのような影響がもたらされたのかを検討した。とりわけ，保険財政を一体化した広域保険者の再編過程を整理し，大合併期の前後でいかなる変化がみられたのかを分析した。

　複数の市町村が保険財政を一体化して介護保険事業を広域運営する広域保

207

険者の枠組みは，とくに制度創設期に，主に小規模自治体を念頭に置いて国が推奨していたこともあり，第2期事業期間開始時（2003年4月）には全国の69地域でみられた。そうした広域保険者は，2000年代半ばに平成の大合併が本格化したことに伴って再編を余儀なくされる場合が多かったが，その過程は一様ではなかった。69の広域保険者の領域再編を整理すると，消滅した32保険者と存続した37保険者とに大別され，このうち前者は，1）当該保険者の全構成市町村のみで合併を行い，その新自治体による単独の保険者に移行した15地域，2）広域保険者を構成していた全自治体に加えて，当該の広域保険者に加入していなかった単一または複数の他市町村と合併したことによって新自治体に移行した4地域，3）広域保険者の構成市町村が分裂する形で複数の合併が生じたため，従前の広域保険者の枠組みを解消することになった13地域に区分された。

　また，存続した37保険者について，その地理的範囲の変化に着目すると，1）変化のなかった27地域，2）領域が縮小した6地域，3）領域が拡大した4地域に分けられた。このうち変化のなかった27地域を合併の影響の観点からみると，1-1）広域保険者内の一部の市町村で合併が行われて誕生した1つまたは複数の新自治体とそれ以外の非合併市町村との間で，引き続き広域保険者の枠組みを維持することが合意された16地域，1-2）広域保険者の全ての構成市町村がいずれかの合併に関与し，複数の新自治体が誕生したが，それら複数の新自治体によって広域保険者の枠組みが維持された5地域，1-3）合併が全く生じなかったため保険者領域も不変であった6地域に細分された。

　これら市町村合併に伴う広域保険者の再編過程では，消滅または存続のいずれの地域でも，いくつかの特徴的な関係市町村の動きが確認された。とくに，広域保険者の構成市町村が単独運営に移行したケースでは，合併による新自治体が保険料水準の比較検討によって，存続する広域保険者からの脱広域化を積極的に選択した事例はごくわずかであった。むしろ，他の市町村との広域化の継続が合意に至らず，消極的な意味で単独運営に移行せざるを得なかった，非選択的とも言える脱広域化の事例が多くみられた。

　つづく第2章では，近年の地方行財政におけるきわめて大きな変動であった平成の大合併の下で，介護保険の保険者領域が再編されたことに伴い，新

自治体となる合併地域全体との間で各旧自治体における介護保険の事業特性にどのような違いがみられるのかを全国的なスケールで検討した。具体的には，厚生労働省「介護保険事業状況報告」の合併前年度の保険者別データを用いて，主として旧自治体別にみた合併地域全体との比較から保険料負担水準につながる第1号被保険者当たりの給付費水準に着目した。主な分析結果は次の諸点に要約できる。

　第一に，サービス給付水準に関する新自治体との差異を把握すべく，合併負担倍率という独自の指標を用いて分析をした。その結果，介護保険の第2期事業期間から第3期事業期間への移行時にみられた保険料水準の変化に関する全国平均値（約24.2％増）を超える負担増または負担緩和を合併によって経験したと判断できるほどの合併負担倍率を示した旧自治体が，少なからず存在することが明らかとなった。第二に，合併負担倍率が顕著な値を示す旧自治体を抱える新自治体の特性をみたところ，概して農山村・離島部など非都市的な地域を多く含み，高齢者人口規模などからみた首位都市としての地位が相対的に高い中心自治体による編入合併の率が高かった。第三に，合併による介護保険の量的特性に関する変動が相対的に大きかった旧自治体は，全国・県単位・新自治体内部のいずれのスケールでみても周辺的な地域特性を有する場合が多い。第四に，それらの旧自治体は合併前の数年間についても事業特性に大きな変化がなく，合併後も，とくに給付水準の低い旧自治体を中心として受益と負担の不均衡が新自治体内で存続し，固定化していく可能性が高いことが明らかとなった。合併前に給付および負担水準が低かった旧自治体が合併によって給付水準の向上の見通しもない中で負担水準のみ上昇していく状況は，とくに注目すべき問題と位置づけられる。

　第3章では，介護保険事業を複数の市町村が共同で実施する広域化の実態とその問題点について検討し，以下の諸点が明らかとなった。

　介護保険の広域運営を行っている広域保険者への調査によれば，広域運営のメリットには次のような事項が主に想定されている。第一に，保険給付の効率化や全般的な業務コストの削減といった財政的効率化の実現，第二に，医師など専門職の確保を通じた介護認定審査会開催のような基礎的業務の安定的実施や給付分析等を含む発展的業務の実施といった業務遂行面での円滑

化，第三に，要介護認定や介護保険料設定における地域間（市町村間）での公平性といった点である。その一方で，介護保険の広域運営には，市町村が単独で運営する場合よりも意思決定のスピードが遅くなりがちであること，保険料徴収の実務面ならびに事業者による新規参入情報へのアクセスがより困難であること，住民との距離感が大きいことなどの問題点が挙げられた。これらに加えて，本書全体の問題意識とも関わる点として，保険給付（サービス利用）の可能性が同一保険者内の構成市町村間で必ずしも均等化されない中で，多くの保険者および行政関係者によってメリットとして意識されている保険料の均一化は，かえって公平性を損なう可能性を指摘した。

このような長所および問題点を抱える中で，介護保険の広域運営は制度開始当初から全国的に展開してきた。介護認定審査会の共同実施など，保険財政の一体化には至らない地域も含めると，全国の市町村のうち7～8割は介護保険事業の一部または全部を他市町村と共同で実施している状況が確認された。これらはとくに，町村部においてその傾向が強い。さらに，単一の保険者として保険財政の一体化まで進んだ広域保険者は，それらが皆無の都府県もある一方で，その分布は地方別ではとくに偏りがないものの，地域的にみると都市部は少なく，多くは高齢化の進んだ人口規模の小さな町村部であることが確認された。

次いで，これら広域保険者地域に関して，「広域化負担倍率」という本研究独自の指標を用いて，単独運営する場合の保険料水準との対比を行い，広域化によって生じていると考えられる構成市町村間での受益と負担の不均衡に関する格差を検討した。資料の得られた30の広域保険者における計154市町村の「広域化負担倍率」を人口（第1号被保険者）規模と照らし合わせると，両者は必ずしも一律の関係にないものの，「広域化負担倍率」の値が相当に高い，すなわち広域化によって保険料負担が相対的に重くなっている程度が著しい自治体の大半は，人口規模のきわめて小さな町村が多いことも示された。これら30の広域保険者における構成市町村間での「広域化負担倍率」の格差は多様であり，構成市町村数や第1号被保険者数とも対応していないことが明らかとなった。

さらに，広域保険者における「広域化負担倍率」の分布と第1号被保険者

構成比を手がかりとして，構成市町村間の結びつき方を分析し，広域保険者の類型化を行った。その結果，第一に，「広域化負担倍率」の値が低い「受益層」およびその値が高い「負担層」により多くの市町村が該当し，均衡する値（1.00）付近の「中間層」に該当する市町村の人口構成比が少ない形での「M字型の広域化」，第二に，「中間層」に比較的近い範囲により多くの市町村（およびその人口構成比）が該当する「釣鐘型の広域化」，第三に，「中間層」に該当する市町村の人口構成比は高いものの，「受益層」や「負担層」のとくに顕著な水準において人口構成比の副次的な高まりがみられる「離れ島型の広域化」の3類型が見出された。以上のような3つの類型は，いずれも一定の基準に基づく概念的なモデル化によるものであり，個別の広域保険者における構成市町村間の結びつきには各類型の特徴が複合的に混在する面があるものと推測される。

このうち「釣鐘型の広域化」に該当する保険者では，負担と受益の関係が構成市町村間でより均質的であり，保険者組織の面でより安定的な構造を有するものと判断できる。対照的に，「M字型の広域化」の場合は，受益層の市町村と負担層の市町村との間に，保険給付と保険料負担のバランスという点で大きな不公平が残った状態であり，地域的公正の面から望ましいとは言えない。また，「離れ島型の広域化」についても，とくに，小規模自治体において「負担層」としての著しい性格を有しながらの広域化が散見される点も，同様の観点から指摘しておく必要があろう。それらの町村では，人口規模や行財政力の面で，近隣の他市町村に対して相対的に低位ないし従属的な立場にあることが多く，また従来からの広域行政の枠組みや国および県からの政策的推奨が，保険料水準の面からみた条件の不利性にもかかわらず広域化を選択させることにつながったと考えられる。加えて，住民（第1号被保険者）による保険料負担と比べて，行政（構成市町村）による公費負担がそれら広域保険者におけるサービス給付の市町村間格差の影響を強く受けない制度的側面が指摘できる。この点も，「広域化負担倍率」が著しく高い自治体を広域保険者に加入させる背景となっている。

本書後半の第2部では，介護保険料の多段階設定すなわち不均一賦課制を採用する3つの広域保険者を対象として，構成市町村ごとにみた給付と負担

のバランスに関する公平性を明らかにするとともに，より構成市町村の多い
広域保険者において，広域運営の枠組みに関して，いかなる問題点が生じて
おり，それへの対策がどうあるべきなのかを論じた。

　まず第4章では，全国で最大規模を誇る福岡県介護保険広域連合において，
市町村別のサービス給付水準と関連する需給両面の実態を踏まえた上で，給
付水準の差異に対応して導入された不均一賦課制による影響およびローカル
な事業運営の実効可能性を加味した検討を通じて，同広域連合による広域運
営の枠組みをめぐる問題点について考察した。

　同広域連合は，町村部を中心に全県的に分布しているが，その第1号被保
険者1人当たりサービス給付費には構成市町村間で大きな差がみられた。と
くに同県内陸部の旧産炭地でもある田川地域では，需要面（高齢独居世帯や所
得水準等）と供給面（事業所数）の双方で給付を増加させる要因が顕著であっ
た。同広域連合では，給付費と保険料のバランスに関する構成市町村間の
不公平性を緩和するため，保険料水準を3段階に区分した不均一賦課制を
2005年度から採用したが，その内容を詳細に検討すると，給付費の高い市
町村に相対的に有利な制度運用になっている。対照的に，県南部農村地域や
福岡市近郊などの地域では一貫して給付水準が低いが，広域連合内部でのこ
れらの自治体に対する負担のしわ寄せによる影響について当該地域の住民に
は充分に周知されないまま運営されている。こうした現状に加えて，地域包
括支援センターの配置方法などローカルな事業運営に関して単独運営よりも
きめ細かさに制約を抱えている点を踏まえると，保険料水準の問題だけでな
く，独自の介護保険運営のあり方を住民に対して提供する意味からも，各市
町村では，広域運営の枠組みに関する再検討の余地があると考えられる。

　第5章では，同じく福岡県介護保険広域連合を対象として，グループ別の
保険料設定方法の違いがもたらす効果を検証するとともに，各構成自治体が
賦課される保険料水準が単独運営と比べてどの程度異なっているかを明らか
にした。同広域連合におけるグループ別の保険料設定方法をみると，給付水
準が高く，保険料水準が上昇しやすいグループに対して優遇的措置が採られ
ている。優遇的措置とは，具体的には，①グループ区分の基準となる給付水
準の偏差値を求める算出方法，②保険料の算定における予定収納率の取扱い

方法，③調整交付金交付率のグループ別適用である。これらは，当該グループの保険料水準の高騰を抑える効果を意図しており，保険給付の少ない自治体からなるグループにとって，相対的に負担を増すことにつながった。また同広域連合におけるグループ編成では，前事業期間の1～2年目の高齢者人口当たり給付費を偏差値化する手法を用いている。これは，恣意性の入り込む余地のない区分方法とも言えるが，実際の介護保険料は，高齢者人口当たり給付費のみで決まらないため，現行の区分方法の下では，各市町村による単独運営の場合に賦課される保険料の高低が，実際に賦課されている保険料水準に反映されにくい性質を抱えていることが明らかとなった。

第6章では，介護保険料の不均一賦課制を採用する広域保険者を対象として，各構成自治体が賦課される保険料水準が単独運営の場合と比べてどの程度異なっているかを，主に沖縄県介護保険広域連合について検討するとともに，それらを特徴の異なる後志広域連合（北海道）の不均一賦課制と対比した。さらには，グループ化による不均一賦課制の問題点を詳細に論じ，非グループ化を含む，望ましい地域連携の形を提起することを試みた。

沖縄県介護保険広域連合では，市町村ごとに算定した保険料額に応じてグループ区分しているが，とくに第5期（2012～2014年度）ではグループ間の保険料額を縮小することを重視したため，単独運営の場合の保険料額（試算保険料）に差のある自治体を同一のグループに編入せざるを得ない事態となった。その結果として，試算保険料と比べて実際に当該グループで賦課される保険料額のずれが大きくなる自治体を生じさせている。このように広域化負担倍率が1.0から遠い自治体を含む点は，グループ区分の方法が異なるものの，福岡県介護保険広域連合と同様である。これに対して後志広域連合は，3年ごとの保険財政の収支を構成町村単位で処理した上で16町村別の保険料を算定・賦課するなど，構成自治体の果たすべき役割と責任が大きい点で，他の2保険者の不均一賦課制とは性格を異にしていることが確認された。

後志広域連合と対比すると，グループ化を伴う沖縄県介護保険広域連合や福岡県介護保険広域連合の不均一賦課制には，収支を帰属させる地域的枠組みが曖昧になることや，グループ編成の改善にも限界があるなどの課題が明

らかになった。これらを踏まえ，今後の地域連携のあり方として，保険料額が過大とならないことを念頭に置いた給付水準の上位層に該当する自治体に関するグループ化と，一定の範囲内に広域化負担倍率を収斂させるための中位層でのグループ化を適用するとともに，保険料額が他市町村と離れた下位層には単独での保険料算定・賦課を行う非グループ化といった，異なる編成方針を組み合わせた賦課方式が望ましいとの結論を得た。

2. 本書の知見から示唆される論点

　第1章で，広域保険者地域でみられた市町村合併に伴う再編過程を分析した。そこからは，合併を経て規模の拡大を実現した後も，なお広域保険者としての枠組みを維持した地域が，消滅した地域よりも多かったことを一つの論点として指摘できる。例えば，保険者地域内で合併が皆無であったパターンB1-3の6地域はもとより，パターンB1-2の5地域では，合併によって2つ以上の新自治体が誕生し，それぞれ従前の6〜17市町村が2〜3の自治体へ集約された[1]中でも，広域運営が継続された。これらの地域では，合併後の各市町が一定の規模を確保した上で，なお広域運営を再選択したことを意味している。序章で述べた通り，介護保険の広域運営には，利点だけでなく，サービス給付と保険料負担のバランスの面などで慎重に検討すべき課題もあるが，大合併期を経ても，なお全体として広域運営を継続した保険者地域が多いことは，事業執行上の慣性という面に加えて，事務局および職員体制の確保や業務遂行に必須となる電算システムの運用面などから，広域化の解消が現実的な選択肢になりにくい実情がうかがえる。

　総務省が平成の大合併について総括した文書「「平成の合併」について」（平成22年3月）にある，「これからの基礎自治体の展望」（pp.33-35）によれば[2]，「今後の市町村における事務処理のあり方を考えるに当たっては、こ

---

1) 大曲仙北広域市町村圏組合は1市10町3村が2市1町へ，坂井地区介護保険広域連合は6町が2市へ，雲南広域連合は9町1村が1市2町へ，みよし広域連合は6町2村が2市町へ，島原地域広域市町村圏組合は1市16町が3市へ，それぞれ移行した。

214

れまでのような合併を中心とした対応ではなく、（中略）市町村の多様性を
前提にして、それぞれの市町村が自らの置かれた現状や今後の動向を踏まえ
た上で、その課題に適切に対処できるようにする必要がある。」としている。
そして，そのための必要な取り組みとして，「市町村合併による行財政基盤
の強化のほか，共同処理方式による周辺市町村間での広域連携や都道府県に
よる補完などの多様な選択肢を用意した上で，それぞれの市町村がこれらの
中から最も適した仕組みを自ら選択できるようにする必要がある」ことを指
摘している。

　市町村合併が，少なくとも当面は中心的な手段でなくなっている現在，上
記のうち基礎自治体としての市町村間の連携は，古くて新しい政策手法とし
て改めて注目されていくことになるであろう。そうした意味からも，市町村
国保（国民健康保険）の都道府県単位への運営体制の移行（2018 年 4 月）が目
前となっている現在，先行してきた介護保険の広域運営は，利点と課題の両
面において，その貴重な参考指標として位置づけられる。

　第 2 章では，平成の大合併期における合併地域のうち，旧自治体ごとの
サービス給付水準に関する新自治体との差異がとくに大きい F タイプの地
域で，その差異が，とりわけ合併負担倍率（P 値）の高い旧自治体において
合併後も継続する可能性が示唆された。F タイプの地域は，合併地域内で相
対的に小規模な旧自治体が多く含まれ，それらが P 値に関して顕著な値を
示すことが多い。そうした旧自治体は，概して山間部や離島などの非都市的
な地域的条件を抱えるため，介護保険サービスの需給両面における制約要因
が相対的に大きい。このうち需要面では，需要規模の小ささだけでなく，畠
山（2007a）が指摘したように，山間部など道路環境や交通利便性の劣る旧自
治体では合併後も旧市町村界を超えての移動は活発化しにくい。補正第 1 号
被保険者数からみた高齢者の所得水準の面も加味すれば，利用者負担の生じ
るサービス給付の前提となる認定申請にも至らず，合併後も旧自治体の範囲
内でみれば認定率は大きく変化しないことが予想される。またサービス供給

2）総務省ウェブサイト http://www.soumu.go.jp/gapei/gapei.html（2017 年 8 月 1 日閲覧）

面では，厚生労働省による介護報酬の抑制や人員配置基準の厳格化などの問題から，とくに地方圏では，都市部でさえ次第にサービス事業者の参入を展望しにくい事態となる中で，これら農山村地域での事業所立地はより難しくなっている[3]。地域の実情に応じた新たなサービス提供を目指して 2006 年度から導入された地域密着型サービスについても，事業者参入がないため同サービスに含まれる数種類の個別サービスのうち依然としてごく一部しか供給されない場合が農山村地域では多い。

今後の合併地域内では，中心市など現在は高齢化率の低い都市的地域でサービス利用の生じやすい後期高齢者が増加することも予想される。その場合，上述のように，相対的に小規模で農山村的な地域特性をもつ旧自治体でサービスの需要と供給が増加しにくいとすれば，これまで P 値の低かった旧自治体では値が上昇し，合併地域全体の値に近づく可能性はある。しかし，現在まで P 値が高い旧自治体では，この値がさらに上昇することが予想される。以上のように，合併によって保険料が統一され，合併負担倍率の著しく高い旧自治体においてサービス利用機会の改善もないまま，負担と給付の不均衡が新自治体の内部で存続し，言わば低福祉高負担の状態が次第に固定化するのであれば，地域的公平性の観点から見過ごすことができない問題であると言えよう。

もとより市町村合併とは，介護保険のみを目的に推進されたのではなく，多種多様な行財政がその相違を前提として一体となったものである。その点で，旧自治体と新自治体との間で介護保険に関する諸特性に差異を抱えることは，不可避とも言える。また，合併後の時間の経過とともに新自治体内部での差異は次第に不明瞭になるおそれが強く，合併後数年の時点で，すでに

---

[3] 地方圏の農山村地域では一般的に雇用機会が少なく，大都市圏と比較すれば低賃金非正規雇用の介護職労働力の確保に一定の可能性はあるものの，事業所やサービスごとに決められた資格や経験を有する常勤の中核的な人員の確保は必ずしも容易でない。介護報酬の不正請求事案として 2007 年に社会的にも注目されたいわゆるコムスン問題を契機として，介護保険事業所の人員配置体制に関する保険者による立入調査が厳格化され，2010 年代後半の今日に至るまで，介護保険の現場では労働力確保が大きな課題であり続けている。

終　章　本書の知見と示唆される論点

そうした懸念は現実のものとなっていた[4]。

　ただし，そうした合併によって見えにくくなる旧自治体間の差異をとらえる方法として，日常生活圏域に着目することが一定の有効性をもつ可能性もある。介護保険における日常生活圏域とは，保険者地域をいくつかに区分した圏域ごとに，サービス利用見込量や地域密着型サービスの定員を設定する枠組みとして第3期以降の市町村介護保険事業計画において導入された（社会保険研究所編 2007, p.22）。日常生活圏域は，その設定に関する考え方の一つとして，「旧行政区単位を基本として，地形，人口，居住形態を考慮」することが挙げられているため，旧自治体別のサービス需給の状況に留意する契機となりうる。人口規模の差異などを考慮すると，全ての旧自治体単位で設定されるとは限らないが，その設定状況は，新自治体の介護保険運営における旧自治体単位への目配りの程度を反映すると考えられる。

　現実には，サービスの需要と供給の両面において変化への制約条件が多く，旧自治体で醸成された福祉施策への固有の姿勢や各地域における福祉の文化とも言うべき側面にも相違があった中で，それらの融合は楽観視しづらく，相当の時間を要することが予想される。そうした差異を抱えつつも，同一の行政域へと保険者領域が再編された中では，規模の拡大による保険財政の安定化や保険運営業務の効率化だけでなく，域内の介護資源に関わる情報の共有化や人的資源の再配置などによって，旧自治体間の境界にとらわれない公平で過不足のないサービス需給が望まれると言えよう。言い換えれば，合併後のそうした取り組みが新自治体内部での地域的な公正の実現を促すことに

4）保険者の業務面において旧自治体間の差異が意識されにくくなる事情として次の2点を指摘しておく。第一に，保険者における介護保険業務の担当職員も定期的な異動があるため，合併前後の介護保険に関わる経緯を充分に承知している担当者は年々減少することとなった。第二に，合併後2〜3年ほど経過した複数の新自治体での聞き取り調査によれば，旧自治体別の給付実績については，すでに議会関係への報告だけでなく日常的な業務面でも把握していない状況がみられた。旧自治体別の給付実績データは物理的には利用者の居住地情報から抽出可能ではあるが，そのデータを含む電算システムを介護保険担当部署で管理していない市町村では，それら旧自治体別の給付実績を把握するには，システム担当の他部署に依頼する必要があるなど，実務上のコストが無視できない場合がある。

217

なり，介護保険分野に関する合併の成果として位置づけられるのではないだろうか。合併を経た新たな保険者領域における高齢者福祉の展開について，今後も注視していく必要があるだろう。

　第3章では，主として介護保険財政を一体化させた広域保険者のうち，構成市町村間で保険料水準を統一した均一賦課制を採用する一般的な広域保険者を対象として，構成市町村単位での給付と負担のバランスを検討した。介護保険の広域化は，業務遂行の円滑化や保険財政の安定化など様々な利点を有している。しかし，保険財政を一体化して保険料を均一化させた広域保険者に関しては，その構成市町村間での給付と負担の均衡の観点から，それが適当である地域だけでなく，疑問の残る地域とが存在していることが第3章の分析から明らかとなった。またこうした点は，構成市町村数の多さから給付水準に大きな違いがあるため，均一賦課制の採用がしづらいと判断された福岡県介護保険広域連合に関する第4章および第5章の分析でも同様であった。

　保険財政の一体化による広域保険者が全国的に多く組織されたのは，介護保険制度の枠内での国（厚生労働省）による直接的な推奨のほか，広域連合制度の導入など1990年代後半以降にみられた地方分権の推進局面における，市町村合併を念頭に置いた地方自治制度の変革の過程とも無縁ではない。しかし，既存の各種サービス施設や事業所の立地状況は，介護保険制度が導入される以前に各市町村がそれぞれに判断して築いてきたサービス資源の整備施策に起因する側面も少なくない[5]。介護保険制度の導入によって参入要件が大幅に緩和されたにもかかわらず民間事業者の新規立地が少ない農山村地域では，とくにそうした傾向が強い。したがって，保険財政の安定化を最優先の目的として広域化を進めたとすれば，それは，従来からの福祉に対する姿勢など市町村ごとに固有のいわば「福祉の文化」の差異を財政の論理が圧

5）こうした点に関連して，介護保険制度導入時における全国の特別養護老人ホームについて論じた杉浦（2002）は，市町村間での立地格差が整備拡充期の1990年代だけで生じたのではなく，それに先立つ中長期にわたる整備過程の影響を受けていることを指摘した。

倒する姿としてとらえることができる。介護保険事業に限らないが，独自の
施策を展開し，それを住民が積極的に評価するならば，国をはじめとした大
きな法制度的枠組みのあり方にかかわらず，スケールメリット追求を第一義
として広域化や市町村合併へと移行するばかりが必ずしも適切でないことに
改めて留意すべきであろう[6]。

　他方で，いったん加入した広域連合からの脱退には規約変更に関する他の
構成市町村の同意が必要になるため[7]，実務的にも政治的にも容易ではない。
とくに，給付水準の低い自治体（低給付自治体）が脱退することは，広域連
合の平均的な給付水準が上昇することにつながり，広域化の恩恵を相対的に
多く享受している高給付自治体ほど同意しづらい実情がある。したがって，
新設合併時を除いて容易に脱退できない点を踏まえると，介護保険制度の施
行当時に，積極的であれ消極的であれ選択した広域連合の枠組みが，加入自
治体によっては時間的経過とともに次第に重荷になっていった可能性に改め
て留意すべきであろう。

　福岡県介護保険広域連合では，不均一賦課制による調整機能があるとはい
え，給付水準の大きく異なる自治体間の連携が永続的で絶対的なものとみな
される保証は必ずしもない。とりわけ，飛び地など地理的連続性をもたない
自治体間の結束には，住民の理解を得ることも難しいであろう。したがって，
例えば，地理的にも近接し，給付水準の差が少ない市町村間でのコンパク
トな広域化もしくは単独運営へと保険者の体制が変容していくことも現実的
に展望される時期が来ているのではないだろうか。その際には，地域密着型

---

[6] 宮澤（2006, pp.250-251）は，「トータルケアのまちづくり」と称して保健・医療・福祉
　の充実を行った福島県西会津町において，町民が概してそれらの施策を評価し，その
　独自性喪失への懸念から近隣市町村との合併に反対する回答が町によって実施された
　町民アンケートの結果に多いことを述べている。
[7] 地方自治法には広域連合における構成団体の脱退に関して直接的に明示した規定は見
　当たらない。そのため，新設合併時を除く脱退の方法としては，広域連合の規約にあ
　る構成市町村の一覧から当該自治体の名称を削除した新しい規約への変更について，
　広域連合内での承認手続きが必要となる。なお，新設合併は合併に参加した旧自治体
　の消滅を意味するため，広域連合の規約上はいったん脱退扱いとなり，その上で，新
　自治体としての再加入が認められる。

サービスや地域支援事業など，ローカルな事業運営のあり方を重要視することが一つの方法になると予想される。すなわち，規模を求めて「保険」機能を重視した従来の立場から，「介護」機能により重点を置く姿勢（今里 2003, p.196, p.201）へシフトした保険運営に向け，新たな“ケアプラン”が求められているのではないだろうか。

　また，第4章および第5章で論じた福岡県介護保険広域連合に関する分析からは，広域保険者に対する厚生労働省の関与という側面で，両者の関係について論じる必要性が示唆された。広域連携による市町村間の「相互扶助の精神」の名の下に，均一賦課制または一定のグループ化を伴う不均一賦課制を採用することは，単独では保険料額が著しく高くなる自治体を一部に含む広域保険者にとって現実的な対策でもある。しかし，福岡県介護保険広域連合における賦課方法は，広域保険者を構成する各自治体に対して画一的で柔軟性を欠く面がみられる。とくに，グループ数が3つであることは，それ自体に特段の合理性があるとは考えにくいが，これまでその数に変化はない。しかし，同広域連合と同じく，不均一賦課制を採る沖縄県介護保険広域連合では，第5期事業計画策定時にグループ数を現状よりも減らすことは検討されたが，増やすことは議論の対象にならなかったという。同広域連合事務局での聞き取りによれば，これは，2003年度から全国初の不均一賦課制を採用することになった同広域連合の発足に対応して，制度施行から間もない2002年6月24日付で発出された厚生労働省老健局介護保険課長事務連絡「保険料の不均一賦課について」の背景にあった「一保険者一保険料」原則が念頭に置かれたためという。

　同事務連絡は，沖縄県介護保険広域連合が介護保険運営の原則（一保険者一保険料）を逸脱する不均一賦課制の採用について相談した結果としての厚生労働省による公式の回答であった。この事務連絡では，「広域連合，合併その他の広域化を行なう場合において，関係市町村間で保険料に著しい格差があるため，全区域にわたって均一の保険料を賦課することが著しく衡平を欠くことになり，ひいてはこれにより広域化を阻害すると認められるような事情がある場合には，経過的な措置として，その衡平を欠く程度を限度に不均一の賦課を行なうことが許容されるものと考えられる。」としている。ま

た不均一賦課の条件として，「国民健康保険料や地方税における取扱いとの均衡を踏まえ，広域化を行なう事業運営期間及びその次の事業運営期間とすることが適当」としており，時間的な基準も示されている。ここで地方税の不均一賦課とは，「市町村の合併の特例に関する法律」（昭和四十年三月二十九日法律第六号）第10条において，「市町村の合併が行なわれた日の属する年度及びこれに続く5年間に限り，その衡平を欠く程度を限度として課税をしないこと又は不均一の課税をすることができる。」と定められている。以上のことから，この厚生労働省による事務連絡「保険料の不均一賦課について」は，こうした過去の法令を参考にして作成されたと考えられる。

　この事務連絡の内容は，福岡県介護保険広域連合など沖縄県介護保険広域連合よりも後に不均一賦課制を採用した他の保険者にも準用されている。同事務連絡は，その文書にある「市町村間で保険料に著しい格差がある」状態が解消されていくことを念頭に置いており，不均一賦課制による多段階化はむしろ最小限にとどめることが適当と考えられていた可能性が高い。しかし，保険料格差の主因がサービス給付水準の違いである一方で，広域保険者に関してお題目のように唱えられる「サービスの平準化」を抜本的に進める仕組みは，当時も現在も存在しない。第4章および第5章で指摘した通り，福岡県介護保険広域連合においても，構成市町村間での給付水準の格差が大きく緩和している状況があるとは考えにくい。したがって，この文書が不均一賦課を最長6年など「経過的な措置として」位置づけてきたことは，その後の現実と不整合であったと言える。

　ただし，いくらか時間が経過した後ではあるが，厚生労働省の側にも，そうした現実を踏まえた対応を示す動きがみられた。市町村間の給付水準の差ゆえに，広域連合や一部事務組合による保険財政の広域化や市町村合併が困難になることを避ける目的で認めた不均一賦課について，第4期事業期間の開始を目前にした2009年3月4日付の厚生労働省老健局介護保険課長名事務連絡「保険料の不均一賦課実施期間の延長について」は，従前の目安（最長6年）に留意しつつも，「給付費や保険料の格差是正に取り組み，一定の成果を挙げているが，離島や飛び地となっているなど地理的近接性がなく，サービス提供体制が大きく異なる市町村によって広域連合が構成され，構成

221

市町村間の均衡が保てないほどの給付費の格差がなお残存している場合には，6年を超えて不均一賦課を継続することがやむを得ない場合がある」としている。第4期開始時点では岩手県奥州市と北海道後志広域連合も不均一賦課制を採用していたが，この不均一賦課の延長に関して述べた新たな事務連絡が発出された時点で合併から間もない前者は第4期中の2011年度に均一化する計画をもち，また後者は2009年度からの広域化であった。したがって，厚生労働省による実施期間延長の事務連絡は，実質的には沖縄県および福岡県の介護保険広域連合を念頭に置いたものであった。

このような変化はあるものの，厚生労働省は「一保険者一保険料」原則を金科玉条として掲げる姿勢を維持しており，法令上の根拠も希薄なまま，グループ数を含むグループ編成に関する弾力的な運用には及び腰である[8]。その要因は，第6章で指摘した通り，福岡県介護保険広域連合や沖縄県介護保険広域連合の一部に，給付水準が極端に高い自治体が含まれている中で，グループの数を増やすなどの再編に踏み込めば，そうした内実を露呈することにつながりかねないと考えられているためである。この点は，広域連合など広域保険者においては，従前からの保険者体制による円滑な実務処理の遂行にとって，また厚生労働省においては，介護保険制度全体の持続可能性にとって，重要な問題をはらんでいる。今後のさらなる高齢化に伴う給付費上昇の中で，広域保険者には，給付と負担をめぐる公平性に関する各構成市町村およびその住民の理解を得ながら，行財政上の機能を果たす責任が一層大きくなるものと考えられる。

最後に，福岡県介護保険広域連合と同様に不均一賦課制を採用する沖縄県介護保険広域連合および後志広域連合の広域運営に関する分析を踏まえ，不均一賦課制を採用する保険者間で，グループ化と非グループ化の違いをもたらしている厚生労働省の政策的側面に触れておきたい。

均一賦課制またはグループ化を伴う不均一賦課制を採用することは，単独

---

8) 事業計画の改定の度に，不均一賦課制を採る広域保険者の担当者が東京まで厚生労働省を訪ねて賦課方法の継続に関する協議を行っている点も，広域保険者の側に厚生労働省の考え方を過度に忖度させることにつながる可能性をはらんでいる。

では保険料額が著しく高くなる自治体を一部に含む広域保険者にとって，広域連携を成立させ維持していく上で現実的な方策と言える。その一方で，介護保険財政の広域化を制度化し，広域保険者の運営に対して指導・助言の役割を果たす厚生労働省にとって，とくに不均一賦課制とは，単に小規模自治体による運営上の困難を支援する目的を超えて，どのような意味をもつと言えるだろうか。その答えを導く鍵は，不均一賦課制を採用する保険者に，グループ化を伴う方式の保険者（沖縄県介護保険広域連合および福岡県介護保険広域連合）と，非グループ化の方式を採る保険者（後志広域連合）とが併存している点にある。

　こうした異なる不均一賦課制が併存する背景には，沖縄県介護保険広域連合や福岡県介護保険広域連合のようなグループ化を伴う不均一賦課制が，単独では保険料額が突出して高くなる自治体の存在が表面化することを回避するための重要な手段として，厚生労働省によって位置づけられてきた面がある。介護保険をめぐって厚生労働省が最も危惧するのは，給付費の増大が保険財政を圧迫することによって制度の持続可能性が確保できない事態である。そして，その危険は，第1号保険料が極端に上昇し，制度への不信と反発が高まることによって現実のものとなる。しかし，もし仮にグループ数の拡大や非グループ化の導入といったグループ編成の弾力化を試みた場合，構成市町村間で個別の保険料水準に少なくない差異が存在する実態を白日の下にさらす結果につながる可能性がある。それゆえ，これら2保険者の不均一賦課制は，厚生労働省にとってパンドラの箱とも言うべき存在になっている[9]。

　では，これと対照的に，なぜ厚生労働省は後志広域連合に関しては町村別に賦課することを黙認してきたのであろうか。それは，同広域連合では16町村のうち最高額の神恵内村でさえ月額5,137円（後志広域連合編2012）にとどまり，そのことが明らかとなっても，沖縄県介護保険広域連合や福岡県介

---

9) この点は，不均一賦課制だけでなく均一賦課制の広域保険者にも当てはまる可能性がある。例えば，厚生労働省「第5期計画期間における介護保険の第1号保険料について」（平成24年3月30日）によれば，保険者別でみると，新潟県関川村に次ぐ全国第2位の高額な保険料は，均一賦課制をとる隠岐広域連合（島根県）の6,550円であった。

護保険広域連合における高給付自治体による給付水準の高さの突出度合いと比べて，ほとんど影響がないためである。このように考えれば，後志広域連合の非グループ化も他の2保険者のグループ化も，極端に高額となる自治体を含みながら市町村ごとの保険料に大きな差が存在する状況については見えにくくする意図をもつ点で，同一の文脈のうちに理解することができるだろう。

　以上のような，一部自治体における保険料の突出した実態や近隣市町村間での地域差は，介護保険と同様に市町村が保険者となる国民健康保険（国保）においてもかねてより指摘されている。政府が設置した社会保障制度改革国民会議が2013年8月にとりまとめた報告書では，市町村単位の国保について保険者機能を都道府県に移管することが明記された。しかし，市町村別にみた国保の保険料には，北海道や長野県で最大2.7倍，東京都で2.6倍など，同じ都道府県内でも大きな違いがある[10]。社会保障費が拡大する中で，医療費や保険料滞納率の差異も伴いながらの保険料均一化となれば，保険財政のブラックボックス化も懸念される。そのため，保険運営を都道府県単位に移管することが決定されている中で，保険料賦課・徴収面での市町村の役割が改めて注目されている[11]。

　そうした点で，第6章でみた後志広域連合における「不均一賦課かつ非グループ化」方式は，小規模自治体を中心とした業務の効率化だけでなく，給付と負担の関係性が明確化され，さらには当該業務に係る各構成自治体の責任と主体性をもたらす点で重要である。これに加えて，本書が提起したグループ化と非グループ化の併用といった柔軟性のある新たな再編成の道を模索することは，今後の超高齢化と人口減少，財政危機下において，突出した

---

10) 日本経済新聞2013年6月30日付による。

11) 社会保障制度改革国民会議による報告書（2013年8月6日）の内容には，多様な利害関係の錯綜を背景として，具体的な改革の方向性が断定しづらい記述が多い点に留意すべきであるが，国保の保険者機能を都道府県に移管することに関連して，「国民健康保険の運営に関する業務について、都道府県と市町村が適切に役割分担を行い、保険料収納や医療費適正化のインセンティブを損なうことのない分権的な仕組みを目指すべき」とされた。

終　章　本書の知見と示唆される論点

高コスト自治体を含む形での様々な分野の広域連携に対して，少なからず示唆する点があると同時に，現実的な運営に対する適用の可能性をもつものと考えられる。

あとがき

　介護保険を複数の市町村が共同で広域運営する地域で，市町村ごとに給付と負担のバランスはどのように異なり，市町村間でいかに連携しているのか。こうした研究テーマに，いつ頃から取り掛かったのかは半ば忘れていたが，この「あとがき」を書くにあたって，古い記録を確認してみた。すると，2003年11月にごく少人数が集まった席で，「介護保険運営の広域化とサービス需給の域内格差」と題する資料を配付していたことが判明した。それは，日本地理学会の「地方行財政の地理学研究グループ」（2001～2007年）の会合だった。その日のことは，会場となった筑波大学の地理学関係の院生諸氏が懇親会で歓待してくれた記憶の方が鮮明だったが，ともあれ，研究グループの出席者に研究計画案をメモした資料を配付し，手短にアイディアだけ発表したことを思い出した。

　当時は，大学院生時代からの研究成果をまとめた前著『地域と高齢者福祉—介護サービスの需給空間—』（古今書院，2005年）の原稿を作成し，出版助成への申請を終えた頃だったと思われる。期限付きの助手の身分だった前任校から現勤務先に移り，いわゆるパーマネントの職を得て2年目の講師時代だった。その頃は，期限付きでないポストを得た後に研究を停滞させてしまうことを戒める母校の先生方の言葉を，いつも頭の片隅で意識していたように思う。そのため，前著の刊行とほぼ同時に，自分なりに面白いと思える新たなテーマを見つけ出し，本書につながる研究に取り組めたのは幸いなことであった。

　その後は，関係者のご理解を得て，各地域での調査を概ね順調に進めることができた。本研究に必要な調査にあたっては，とりわけ福岡県介護保険広域連合，沖縄県介護保険広域連合，後志広域連合の各本部事務局および各構成市町村の介護保険担当課の皆様には大変お世話になり，記して御礼申し上げたい。また，厚生労働省老健局介護保険課広域指導係（現・介護保険計画課計画係）ならびに全国の広域保険者等事務局の皆様にも，資料収集等で大変

お世話になった。関係各位のご理解とご協力なくして，どの調査も実現することはなかった。また，それら調査を含め，本書と関係する研究活動にはいくつかの科学研究費を用いた（若手研究B：課題番号15720202／若手研究B：課題番号19720221／基盤研究B：課題番号22320168（研究代表者：西原 純）／基盤研究C：課題番号26370936）。

　各地域での調査を経て，2007年から2015年にかけて，地理学の査読付き専門誌を中心にいくつかの小論を発表することができた。本書の内容を主に構成する既発表論文は次のとおりであり，各論文の末尾に，対応する本書の【章・節】を付記しておく。

　　杉浦真一郎 2007. 介護保険の広域的運営による給付と負担に関する構成市町村間の不均衡. 経済地理学年報53-3，237-264.【第3章】
　　杉浦真一郎 2009. 合併地域における介護保険の事業特性に関する旧市町村間の差異―「介護保険事業状況報告」による保険者別データの比較から―. 地理学評論82-3，188-211.【第2章】
　　杉浦真一郎 2011. 介護保険事業の地域差と広域運営の枠組みをめぐる諸問題―福岡県介護保険広域連合を事例として―. 経済地理学年報57-4，336-357.【第4章】
　　杉浦真一郎 2014. 市町村合併と介護保険の広域運営. 科研費「平成の合併政策終了後の合併・非合併市町村の現状・行政課題の解明と合併政策の総括」（平成22～25年度基盤研究（B）研究代表者：西原 純）研究成果報告書平成26年4月，31-46.【第1章1～2節】
　　杉浦真一郎 2014. 保険料の多段階設定による介護保険の広域運営とグループ編成. 都市情報学研究19，93-103.【第5章】
　　杉浦真一郎 2014. 介護保険料の不均一賦課制と市町村の連携―広域連合の比較から―. 人文地理66-2，119-137.【第6章】
　　杉浦真一郎 2015. 平成の大合併期を通じた介護保険の広域保険者にみる再編過程と市町村間の関係性―サービス給付と保険料負担のバランスに着目して―. 都市地理学10，43-60.【序章，第1章3節】

　前著を発表したあと，10年程度で次の一冊を書きたいと，おぼろげな目標を立てていた。それから早くも13年近くが経過した。浅学非才の身を顧

みることなく漫然と時を過ごしていたのが，刊行が現在に至った最も大きな理由であるが，この間，筆者の研究生活に与えられた多くの理解と支援なくして，本書に含まれる成果が得られなかったことは，改めて深く胸に刻むものである。名城大学および所属する都市情報学部に関わる先生方や事務職員の皆さんには，心より感謝の意を表したい。

　今回の著書を上梓するにあたっては，次のような出来事も忘れられない。一つは，最終的な原稿の取りまとめ作業の一部で，予想以上に時間を要したことである。というのも，比較的早い時期に発表した論文では，本書で重要な「広域化負担倍率」に相当する指標を，分母と分子を逆にして算出した「広域化受益率」という名称で論じていたからである。そのため，本書の原稿では，分母と分子を統一する変更が必要となった。

　もう一つの思い出は，図書として刊行してくれる出版社との邂逅に至る時間である。上記の修正作業を経て，本書の原稿を一通り完成させたあとも，現実に刊行を検討してくれる出版社とのご縁をいただくまでには，実に1年以上を要した。本書のような学術書では，各種の出版助成が刊行の前提となることが多いが，たいていの場合，出版社の承諾なくして助成申請はできない。そのため，原稿は完成していたものの，その年の科研費等の申請にも至らず，時間ばかり過ぎてしまう中で，昨今の出版事情の厳しさを実感した。その意味でも，本書の刊行を承諾して下さった株式会社明石書店には感謝を申し上げたい。編集の労をお取り下さった同社編集部の遠藤隆郎氏にも，厚く御礼を申し上げる次第である。なお，本書の刊行にあたっては，日本学術振興会の科学研究費（2017年度研究成果公開促進費（学術図書⑤広領域），課題番号17HP5265）による助成を受けた。

　末筆ながら，本書は，永年の学恩ある岡橋秀典先生（広島大学大学院文学研究科教授）に捧げたい。先生はご記憶でないだろうが，先生が主査となって授与された最初の課程博士号は，偶然にも私の学位論文であった。それは，課程博士の仕組みが整って間もない頃に私が博士課程に進学した巡り合わせの結果に過ぎないが，私にとっては大きな誇りである。あれからずいぶんと時間が過ぎ，私は，私に学位を授与して下さった時の先生と同じ年齢に達したが，当時の先生には，おそらく何一つ追いつくことができていない。今は

ただ，30 年あまり在職された広島大学のご退職を前に，まさに滑り込みで
この小著を謹呈することをお許し願いたい。

2017 年 12 月
キャンパス移転から最初の冬を迎えた研究室にて

杉浦真一郎

文　献

新井祥穂 2001. 小規模町村における広域行政の意義—長野県下の 2 村を事例に—. 地理学評論 74A-1, 35-52.

有馬晋作 2005. 介護サービス受給権と地方の保険財政. 山田 誠編『介護保険と 21 世紀型地域福祉—地方から築く介護の経済学—』ミネルヴァ書房, 45-84.

池田和彦 2009. 生活保護制度の仕組み. 池田和彦・砂脇 恵著『公的扶助の基礎理論—現代の貧困と生活保護制度—』ミネルヴァ書房, 34-85.

稲田七海 2009. 介護保険制度の受容に伴う高齢者ケアと相互扶助の変容—上甑島旧里村を事例として—. 人文地理 61-4, 328-347.

市川一宏 1997. 高齢者福祉の法制度とその展開. 小笠原祐次・橋本泰子・浅野 仁編『高齢者福祉』有斐閣, 37-58.

今井 照 2014.『自治体再建—原発避難と「移動する村」—』ちくま新書.

今里佳奈子 2003. 分権型福祉社会における自治体の連携・合併—福祉のガヴァナンスの諸相—. 武智秀之編『福祉国家のガヴァナンス』ミネルヴァ書房, 177-206.

牛越博文 2005.『介護保険のしくみ』日経文庫.

宇山勝儀 2010. 福祉計画の意義・内容および効果. 宇山勝儀・船水浩行編『社会福祉行政論—行政・財政・福祉計画—』ミネルヴァ書房, 233-243.

岡田知弘 2002. 地方自治と地域経済の発展. 室井 力編『現代自治体再編論—市町村合併を超えて—』日本評論社, 141-160.

岡田知弘 2014. さらなる「選択と集中」は地方都市の衰退を加速させる—増田レポート「地域拠点都市」論批判—. 世界 861, 64-73.

岡橋秀典 2004. 過疎山村の変貌. 中俣 均編『国土空間と地域社会』朝倉書店, 110-136.

沖縄県介護保険広域連合編 2009.『第 4 期介護保険事業計画』沖縄県介護保険広域連合.

沖縄県介護保険広域連合編 2012.『第 5 期介護保険事業計画』沖縄県介護保険広域連合.

沖藤典子 2010.『介護保険は老いを守るか』岩波新書.

梶田 真 2008. 小人口町村に対する地方交付税削減策の展開とその解釈—市町村合併政策との関係を中心に—. 地理学評論 81-2, 60-75.

梶田 真 2011. Bleddyn Davies の研究と英語圏地理学における受容. 地理学評論 84-2, 99-117.

片柳 勉 2002.『市町村合併と都市地域構造』古今書院.

片柳 勉 2006. 都市合併の類型からみた「平成の大合併」. 地理 51-3, 24-35.

神谷浩夫・梶田 真・佐藤正志・栗島英明・美谷 薫編 2012.『地方行財政の地域的文脈』古今書院.

川村匡由編 2007.『市町村合併と地域福祉―「平成の大合併」全国実態調査からみた課題―』ミネルヴァ書房.

北山俊哉 2011.『福祉国家の制度発展と地方政府―国民健康保険の政治学―』有斐閣.

木村俊介 2015.『広域連携の仕組み――部事務組合と広域連合の機動的な運営―』第一法規.

ぎょうせい編 2004.『介護保険の手引　平成 16 年版』ぎょうせい.

栗島英明編 2007.『「平成の大合併」に伴う市町村行財政の変化と対応に関する地理学的研究』（平成 18 年度（財）国土地理協会　学術研究助成　研究成果報告書），http://www.kurigeo.net/houkokusyo07/houkokusyo_vl.0.pdf（2008 年 3 月 2 日閲覧）

久留米大学文学部介護福祉研究会編 2005.『福岡県介護保険広域連合と市町村の特色ある福祉のまちづくり』久留米大学文学部介護福祉研究会.

厚生労働省編 2005.『平成 17 年版厚生労働白書』ぎょうせい.

厚生労働省 2010.　第 14 回高齢者医療制度改革会議資料「高齢者のための新たな医療制度等について（最終とりまとめ）」，http://www.mhlw.go.jp/stf/shingi/2r9852000000yzfx-att/2r9852000000z8qc.pdf（2017 年 8 月 1 日閲覧）

小林良彰・名取良太 2004.『地方分権と高齢者福祉―地方自治の展開過程―』慶應義塾大学出版会.

坂田期雄 2002.『介護保険―自治体最前線の対応―』ぎょうせい.

坂本忠次 2006.　介護保険制度における経済と財政を考える．坂本忠次・住居広士編『介護保険の経済と財政―新時代の介護保険のあり方―』勁草書房, 1-27.

佐藤　進 2003.『介護保険運営における自治体の課題』法律文化社.

佐藤正志 2012.　行政事務の外部化―自治体のサービス供給と効率化の方法―．神谷浩夫・梶田　真・佐藤正志・栗島英明・美谷薫編『地方行財政の地域的文脈』古今書院, 39-60.

佐藤正志・前田洋介編 2017.『ローカル・ガバナンスと地域』ナカニシヤ出版.

島添悟亨 2010.『医療保険制度の一元化と新たな医療制度改革』時事通信社.

下平好博 2012.　定住自立圏と地域医療連携．明星大学社会学研究紀要 32, 1-26.

社会保険研究所編 2003.『介護保険制度の解説』社会保険研究所.

社会保険研究所編 2007.『平成 18 年 10 月版 介護保険制度の解説』社会保険研究所.

社会保険研究所編 2009.『平成 21 年 5 月版 介護保険制度の解説』社会保険研究所.

社会保険研究所編 2012.『平成 24 年 4 月版 介護保険制度の解説』社会保険研究所.

後志広域連合編 2012.『第 5 期後志広域連合介護保険事業計画』後志広域連合.

後志広域連合介護保険課 2015.『第 6 期後志広域連合介護保険事業計画』後志広域連合.

杉浦真一郎 2002.　介護保険制度施行時における特別養護老人ホームの立地格差―1990 年代の整備施策に着目して―．人文地理 54-1, 1-23.

杉浦真一郎 2003.　介護保険制度による事業者間競合とサービス事業の展開―石川県

文　献

穴水町の訪問介護を事例として―．地理学評論 76-7, 497-521.

杉浦真一郎 2005．『地域と高齢者福祉―介護サービスの需給空間―』古今書院.

杉浦真一郎 2009．石川県における介護保険事業の地域的特性．金沢大学文学部地理学
　　教室編『自然・社会・ひと―地理学を学ぶ―』古今書院, 116-131.

杉浦真一郎 2016．地方圏における介護サービスの課題と展望．地理科学 71-3, 144-155.

生活保護の動向編集委員会編 2008．『生活保護の動向 平成 20 年版』中央法規出版.

高木彰彦 2003．市町村合併と地理学．九州大学大学院経済学研究院政策評価研究会編
　　『政策分析 2003』九州大学出版会, 187-201.

武川正吾 2005．地域福祉の主流化と地域福祉計画．武川正吾編『地域福祉計画―ガ
　　バナンス時代の社会福祉計画―』有斐閣, 15-34.

武智秀之 2003．福祉のガヴァナンス．武智秀之編『福祉国家のガヴァナンス』ミネル
　　ヴァ書房, 1-12.

綱　辰幸 2006．介護保険者としての経済と財政．坂本忠次・住居広士編『介護保険の
　　経済と財政―新時代の介護保険のあり方―』勁草書房, 159-173.

徳永龍子 2005．要介護者の満足度とケアマネジャー．山田 誠編『介護保険と 21 世紀
　　型地域福祉―地方から築く介護の経済学―』ミネルヴァ書房, 121-159.

戸所　隆 2004．『地域主権への市町村合併―大都市化・分都市化時代の国土戦略―』
　　古今書院.

中川秀空 2009．国民健康保険をめぐる最近の動向．調査と情報 649, 1-10.

中澤克佳・宮下量久 2016．『「平成の大合併」の政治経済学』勁草書房.

二木　立 2007．『介護保険制度の総合的研究』勁草書房.

西尾　勝 2013．『自治・分権再考―地方自治を志す人たちへ―』ぎょうせい.

西原　純 2007．平成の市町村大合併と行政の実情・地域内システムの再編―3 つの
　　庁舎の方式に注目して―．長谷川典夫先生喜寿記念事業実行委員会編『地域のシ
　　ステムと都市のシステム―長谷川典夫先生喜寿記念論文集―』古今書院, 113-130.

西原　純編 2014．『平成 22 年度～25 年度科学研究費補助金（基盤研究（B），研究代表
　　者：西原 純）研究成果報告書「平成の合併政策終了後の合併・非合併市町村の現
　　状・行政課題の解明と合併政策の総括」』.

畠山輝雄 2004．介護保険制度導入に伴うデイサービスセンターの立地とサービス空間
　　の変化―藤沢市の事例―．地理学評論 77-7, 503-518.

畠山輝雄 2005．介護保険通所型施設の立地と施設選択時における決定条件―武蔵野
　　市の事例―．人文地理 57-3, 332-346.

畠山輝雄 2007a．地理的分断条件を伴う市町村合併が及ぼす高齢者福祉サービスへの
　　影響―群馬県沼田市を事例に―．地理学評論 80-13, 857-871.

畠山輝雄 2007b．「平成の大合併」後の高齢者福祉サービスの実態．栗島英明編『「平
　　成の大合併」に伴う市町村行財政の変化と対応に関する地理学的研究』（平成

233

18 年度（財）国土地理協会　学術研究助成　研究成果報告書）32-43. http://www. kurigeo.net/houkokusyo07/04hatakeyama.pdf（2008 年 3 月 2 日閲覧）

畠山輝雄 2007c. 新設合併に伴う高齢者福祉サービスの調整と住民利用―群馬県みなかみ町の事例―. 日本地域政策学会第 6 回要旨集 6, 78-79.

畠山輝雄 2008a. 編入合併に伴う高齢者福祉サービスの変化と住民利用―群馬県沼田市を事例に―. 地理誌叢 49, 1-15.

畠山輝雄 2008b. 新設合併に伴う高齢者福祉サービスの調整と住民利用―群馬県みなかみ町を事例に―. 日本地域政策研究 6, 161-168.

畠山輝雄 2009. 介護保険制度改正に伴う市町村の権限拡大と地域への影響―神奈川県藤沢市の事例―. 人文地理 61-5, 409-426.

畠山輝雄 2012. 介護保険地域密着型サービスの地域差とその要因. 地理学評論 85-1, 22-39.

畑本祐介 2012. 『社会福祉行政―行財政と福祉計画―』法律文化社.

日高由央 2002. 介護保険事業における広域連合等による自治体間の共同処理について. 武蔵野女子大学現代社会学部紀要 3, 183-201.

福岡県介護保険広域連合編 2006. 『第 3 期介護保険事業計画』福岡県介護保険広域連合.

福岡県介護保険広域連合編 2009. 『第 4 期介護保険事業計画』福岡県介護保険広域連合.

古厩忠嗣 2003. 合併時代の市町村連携の必要性. 牛山久仁彦編『広域行政と自治体経営』ぎょうせい, 105-112.

保母武彦 2007. 『「平成の大合併」後の地域をどう立て直すか』岩波ブックレット.

増田寛也編 2014. 『地方消滅―東京一極集中が招く人口急減―』中公新書.

増田寛也編 2015. 『東京消滅―介護破綻と地方移住―』中公新書.

増田雅暢 2003. 『介護保険見直しの争点―政策過程からみえる今後の課題―』法律文化社.

町田俊彦 2006. 地方交付税削減下の「平成大合併」. 町田俊彦編『「平成大合併」の財政学』公人社, 23-55.

松田隆典 2007. 田川―高度経済成長を知らない近代都市―. 阿部和俊編『都市の景観地理 日本編 2』古今書院, 157-166.

丸山真央 2016. 『「平成の大合併」の政治社会学―国家のリスケーリングと地域社会―』御茶の水書房.

三浦紀彦 2005. 矛盾を深め，岐路に直面する巨大「広域連合」. 議会と自治体 91, 117-121.

美谷　薫 2002. 戦後における市町村の広域化―千葉県の事例を中心に―. 地理 47-11, 24-30.

美谷　薫 2003. 千葉県市原市における都市経営の展開と公共投資の配分. 地理学評論 76-4, 231-248.

美谷　薫 2012a. 市町村規模の拡大と地域自治制度. 神谷浩夫・梶田 真・佐藤正志・栗島英明・美谷 薫編『地方行財政の地域的文脈』古今書院, 170-191.

美谷　薫 2012b. 「平成の大合併」の背景とその展開. 神谷浩夫・梶田 真・佐藤正志・栗島英明・美谷 薫編『地方行財政の地域的文脈』古今書院, 131-150.

宮入興一 2014. 「平成大合併」における「地域自治組織」の導入の特徴と意義. 西原 純編『平成 22 年度～25 年度科学研究費補助金 基盤研究 (B), 研究代表者：西原 純) 研究成果報告書「平成の合併政策終了後の合併・非合併市町村の現状・行政課題の解明と合併政策の総括」, 125-137.

宮澤　仁 2003. 関東地方における介護保険サービスの地域的偏在と事業者参入の関係—市区町村データの統計分析を中心に—. 地理学評論 76-2, 59-80.

宮澤　仁 2006. 福島県西会津町における健康福祉のまちづくりと地域活性化. 人文地理 58-3, 235-252.

宮澤　仁 2012. 地域密着型サービス事業所による地域交流・連携の取組み. 地理学評論 85-6, 547-566.

宮下和裕 1999. 介護保険がうみだす巨大な広域連合—福岡県町村会の「介護保険広域連合」—. 村上 博・自治体問題研究所編『広域連合と一部事務組合—広域行政でどうなる市町村—』自治体研究社, 87-102.

村上　博 2002. 広域行政と地域間連携. 室井 力編『現代自治体再編論—市町村合併を超えて—』日本評論社, 161-181.

村上　博 2009. 『広域行政の法理』成文堂.

森　詩恵 2008. 『現代日本の介護保険改革』法律文化社.

森　裕亮 2012. 基礎自治体間の事務処理連携とその課題. 真山達志編『ローカル・ガバメント論—地方行政のルネサンス—』ミネルヴァ書房, 207-228.

森川世紀 2011. 市町村間広域連携の事例分析—教育行政・介護保険行政を中心に—. 財団法人日本都市センター編『基礎自治体の広域連携に関する調査研究報告書—転換期の広域行政・広域連携—』財団法人日本都市センター, 35-44.

森川　洋 2000. 主要都市周辺地域における自治体間の協力関係と合併問題. 経済地理学年報 46-4, 419-434.

森川　洋 2002. 「平成大合併」に対する批判的考察. 地理 47-11, 8-15.

森川　洋 2005. 「平成の大合併」の実態と評価. 地域開発 491, 53-62.

森川　洋 2008. 『行政地理学研究』古今書院.

森川　洋 2012. 『地域格差と地域政策—ドイツとの比較において—』古今書院.

森川　洋 2015. 『「平成の大合併」研究』古今書院.

森川　洋 2017. 『人口減少時代の都市システムと地域政策』古今書院.

山内康弘 2004. 訪問介護費と事業者密度. 医療と社会 14-2, 103-118.

山﨑孝史 2012. スケール／リスケーリングの地理学と日本における実証研究の可能性.

地域社会学会年報 24, 55-71.

山﨑孝史 2017. リスケーリングの政治としての「大阪都構想」. 佐藤正志・前田洋介編『ローカル・ガバナンスと地域』ナカニシヤ出版, 82-105.

山下祐介 2014. 『地方消滅の罠―「増田レポート」と人口減少社会の正体―』ちくま新書.

山田　誠 2005. 地方の高齢者介護と介護保険の基礎モデル. 山田 誠編『介護保険と21世紀型地域福祉―地方から築く介護の経済学―』ミネルヴァ書房, 17-44.

山本惠子 2002. 『行財政からみた高齢者福祉―措置制度から介護保険へ―』法律文化社.

油井雄二・田近栄治 2008. 「施設」に翻弄される沖縄の介護保険. 成城大學經濟研究 181, 255-285.

由井義通・加茂浩靖 2009. 介護サービス業に従事する女性の断片化された就業時間と生活―東広島市の事例―. 地理科学 64-4, 211-227.

湯田道生 2005. 介護事業者密度が介護サービス需要に与える影響. 季刊社会保障研究 40, 373-386.

横山純一 2003. 『高齢者福祉と地方自治体』同文舘出版.

横山純一 2006. 『現代地方自治の焦点』同文舘出版.

Bebbington, A. C. and Davies, B. 1982. "Patterns of Social Service Provision for the Elderly: Variations between Local Authorities of England in 1975/76, 1977/78 and 1979/80." In Warnes, A. M. ed. *Geographical Perspectives on the Elderly*, Hoboken, NJ: John Wiley and Sons, 355-374.

Davies, B. 1968. *Social Needs and Resources in Local Services: A Study of Variations in Provision of Social Services between Local Authority Areas*, London: Michael Joseph.

Pinch, S. 1984. "Inequality in Pre-School Provision: a Geographical Perspective." In Kirby, A., Knox, P. and Pinch, S. eds. *Public Service Provision and Urban Development*, London: Helm, 231-282.

Pinch, S. 1985. *Cities and Services: the Geography of Collective Consumption*, London: Routledge and Kegan Paul. 〔ピンチ, S. 著, 神谷浩夫訳 1990. 『都市問題と公共サービス』古今書院.〕

Truelove, M. 1993. "Measurement of Spatial Equity," *Environment and Planning C: Politics and Space*, 11, 19-34.

索　引

あ行

医師会　136, 179
意思決定　21, 80, 93
一部事務組合　20, 97, 98, 180
一保険者一保険料　180, 220, 222
　「——」の原則　162
一票の格差　15
医療経済学　144
エンゼルプラン　14
縁辺地域　82
大阪都構想　3, 15

か行

介護給付適性化事業　145
介護給付費交付金　187
介護給付費準備基金　197, 201
介護サービス情報公表システム　142
介護資源　217
介護認定審査会　72, 88, 92, 95, 120
　——の広域化　95
介護報酬　216
介護保険　22
　——運営の広域化　38
　——行財政の地域的枠組み　28
　——財政　184
　——事業計画　23, 42
　——施設　60, 117
　——の広域運営　207

　——の広域連携　28
　——の事業特性　62
　——料　43, 93
介護保険事業状況報告　35, 60, 61, 70,
　141
介護保険制度　18
　——改革　20
介護保険法　23
介護療養型医療施設　119
介護老人福祉施設（特別養護老人ホー
　ム）　24, 119
合併期日　79
合併協議　42, 43, 59, 160
合併形態　78
合併施設倍率　72
合併推進要綱　40
合併特例債　26, 35, 42
合併認定倍率　71
合併負担倍率　65, 73, 80, 84
ガバナンス　159
　——論　159
　地域——　21, 133
仮の町　15
基盤整備　200
旧産炭地　142, 156
吸収合併　38
給付の適正化事業　145
給付分析　92, 209
給付見込額　200
供給者誘発需要仮説　144

237

行財政の地域的枠組み　3, 5, 16, 207

行政学　22

居宅系サービス　60, 70, 73

均一賦課制　28

近接志向　73

グループ別保険料　163, 165, 167

グループ編成の弾力化　223

原発再稼働　15

原発事故　13, 14

原発立地　14

広域運営　4, 45, 133, 214

広域化　4, 21, 55, 58, 88, 90, 107, 134,
　　154, 163

　　M字型の──　111

　　釣鐘型の──　113

　　離れ島型の──　113

広域化等保険者支援補助金　184

広域化負担倍率　103, 123, 148, 191, 201,
　　202, 205

広域行政　120, 133, 180, 194

広域的運営　95

広域保険者　4, 20, 21, 25, 28, 44, 48, 55,
　　88, 94, 161, 182, 207

広域連携　215

　　──の地域的枠組み　183

広域連合　20, 97, 98, 180

　　関西──　15

後期高齢者　104

　　──医療制度　17, 21

公共サービス　89

　　──の地理学　183

合区　15

厚生労働省　60, 104, 189, 220-223

公平性　28, 58, 64, 89, 90, 92, 103, 154,
　　161, 162, 180, 210, 216

　　負担と受益の──　20, 28

高齢者医療制度改革会議　18, 160

高齢者人口　77

高齢者福祉　22, 41

　　──サービス　18, 23, 59, 73

高齢者保健福祉推進十か年戦略（通称
　　ゴールドプラン）　14

高齢者向け福祉サービス業　143

高齢独居世帯　140

国民皆保険　17

国民健康保険　17

国立社会保障・人口問題研究所　16

雇用機会　143, 216

さ行

サービス基盤　58, 60

サービス事業所　24

サービス利用機会　58, 88, 216

再加入　49, 136, 160, 184, 219

財源構成　24, 122, 169

財政安定化基金　53, 146, 184, 201

　　──拠出金　187

財政学　22

財政再建（再生）団体　89

財政制度等審議会　69

財政力指数　121

参議院　15

産業構造　41, 143

三次医療圏　180

三位一体の改革　89, 98

238

索 引

事業期間　23, 24

事業計画　198

　──の策定　196

事業者参入　200

事業所・企業統計調査　144

事業所参入　25

事業特性　60, 65, 140

試算保険料　173, 202

施設系サービス　73, 75

持続可能性　19, 133

　制度の──　17, 19, 23, 223

市町村　18, 21, 27, 94

　──合併　26, 39, 133

　──連携／──の連携　183, 207

市町村国保（国民健康保険）　215

市町村相互財政安定化事業　97

事務局スペース／事務局のスペース
　56, 57

社会福祉学　22

社会保険制度　23

社会保険料　17

社会保障　179

　──給付費　16

　──制度　14

社会保障審議会介護給付費分科会　145

社会保障制度改革国民会議　18, 224

首位自治体　79

衆議院小選挙区　15

住所地特例　24

周辺的　40, 41, 82, 209

受益と負担のバランス　43

受益と負担の不均衡　209

準市場　200

小規模自治体　25, 88, 120, 155, 208, 223

条件不利地域　157

少子高齢化　3, 13

「消滅可能性自治体」　13

所得水準　78, 140

人員配置基準　216

人口減少　3, 13

人口密度　37, 77

新設合併　37, 45

スケールメリット　19, 25, 55

生活保護　140, 145, 156

　──制度　141

政令指定都市　19, 37, 63

政令に基づく所得段階　104

前期高齢者　104

選挙区　15

全国健康保険協会　17

専門職　158

相関係数　74, 139, 140

た 行

第 1 号被保険者　23, 104

第 1 号被保険者 1 人当たり給付費　62,
　64, 137, 164

第 1 号保険料　104

「第 5 期計画期間における介護保険の第
　1 号保険料について」　175, 204, 223

大都市圏　13, 14, 37

第 2 号被保険者　23

滞納　93

脱広域化　49, 57, 208

　非選択的な──　49

239

地域差　24, 161, 180

地域支援事業　20, 157

　　──支援交付金　187

地域自治組織　16

地域社会学　16

地域的公正　89

地域的枠組み　3, 179

地域福祉　21, 42

　　──の主流化　20

地域包括ケア　18

地域包括支援　157

　　──センター　20, 157

地域密着型サービス　20, 157

筑豊地域　137, 140, 148, 149

地方行財政　40

地方圏　13, 14, 216

地方交付税　40, 79

　　──制度　40

地方自治法　16, 219

地方分権　37, 133, 218

　　──の試金石　18, 90, 97

地方分権一括法　16

中核市　36

中山間地域　41

中心性　37, 78

調整交付金交付率　169

調整交付金制度　169

町村会　19, 136

地理学　39, 40

地理的・心理的距離　159

地理的分断条件　41

通所介護施設（デイサービスセンター）
　　22

定住自立圏構想　16, 179

低福祉高負担　69, 216

電源 3 法交付金　15

電算システム　25, 92, 214, 217

道州制　15, 37

投票の価値　15

特別地方公共団体　20, 97

特別徴収　168

特別養護老人ホーム（介護老人福祉施
　　設）　60, 73, 117, 218

特例市（施行時特例市）　36

特化係数　95

都道府県単位化　18

飛び地　55, 137, 159, 219

な行

二極化　111

日常生活圏域　20, 159, 217

日本創成会議　13, 14

年金　16

は行

東日本大震災　13, 14

非グループ化　205, 223

不均一賦課制　28, 49, 146, 163, 172, 181,
　　183, 186

福祉の文化　217, 218

不公平感　93, 165

不公平性　172, 181, 194

普通徴収　168

普通調整交付金制度　105

索　引

普通調整交付金割合　104, 187

平準化　22, 123, 182, 186, 221

「「平成の合併」について」　214

平成の大合併　16, 27, 35, 40, 63
　　──期　123

偏差値　146, 166, 167

編入合併　37, 45, 55, 79

訪問介護事業所　142

保険給付　19, 23, 94

保険財政　18-20, 22, 24, 25, 38, 104, 161
　　──の一体化　27, 97

保険者　18
　　──機能　93, 224
　　──地域　18

保健所　136

保険料収納必要額　168, 172, 187

保険料水準　49, 67

「保険料の不均一賦課実施期間の延長について」　221

「保険料の不均一賦課について」　30, 43, 220

補正第 1 号被保険者数　78, 79, 105, 173, 187

掘り起こし　72, 144, 145

ま行

まちづくり　21, 22, 219

や行

要介護認定　19, 70, 88
　　──率　70-72, 75

予定保険料収納率　168, 173, 187

ら行

リスケーリング　16

立地動向　22

療養型医療施設　117

「連携協約」制度　16

連携中枢都市圏構想　16

老人保健施設　117, 119

老人保健福祉計画　42

ローカル・ガバナンス　89

ローカルな事業運営　134, 220

ローカルなスケール　133

【著者紹介】

杉浦真一郎（すぎうら・しんいちろう）

名城大学都市情報学部教授

専攻は人文地理学（地方行財政，福祉）

1971年愛知県生まれ

1994年広島大学文学部地理学専攻卒業

1999年広島大学大学院文学研究科博士課程後期修了，博士（文学），
　　　日本学術振興会特別研究員（PD）

2000年金沢大学文学部助手

2002年名城大学都市情報学部講師，2007年同学部助教，2008年同学
　　　部准教授を経て

2015年より現職

主要業績

杉浦真一郎 2005『地域と高齢者福祉—介護サービスの需給空間—』
　古今書院（単著）

杉浦真一郎 2007「行政の地域調査—高齢者福祉サービスの地域格差
　をとらえる—」梶田 真・仁平尊明・加藤政洋編『地域調査ことは
　じめ—あるく・みる・かく—』ナカニシヤ出版（分担執筆）

杉浦真一郎 2012「サービス供給の地域差と均衡化」神谷浩夫・梶田 真・
　佐藤正志・栗島英明・美谷 薫編『地方行財政の地域的文脈』古今
　書院（分担執筆）

杉浦真一郎 2013「福祉の地理学」人文地理学会編『人文地理学事典』
　丸善出版（分担執筆）

介護行財政の地理学
——ポスト成長社会における市町村連携の可能性

2018 年 1 月 31 日　初版第 1 刷発行

著　者　　　　杉 浦 真 一 郎
発行者　　　　大 江　道 雅
発行所　　　株式会社　明石書店
〒 101–0021 東京都千代田区外神田 6-9-5
電話 03（5818）1171
FAX 03（5818）1174
振替　00100-7-24505
http://www.akashi.co.jp/
装丁　　　明石書店デザイン室
印刷　　　株式会社文化カラー印刷
製本　　　本間製本株式会社

（定価はカバーに表示してあります）　　　ISBN978-4-7503-4604-5

JCOPY 〈（社）出版者著作権管理機構　委託出版物〉
本書の無断複写は著作権法上での例外を除き禁じられています。複写される場合は、そ
のつど事前に、（社）出版者著作権管理機構（電話　03-3513-6969、FAX　03-3513-
6979、e-mail: info@jcopy.or.jp）の許諾を得てください。

高齢者福祉概説【第5版】
黒田研二・清水弥生、佐瀬美恵子編著　◎2500円

改正介護保険実務ガイド
田中尚輝・奈良環著
認定NPO法人市民福祉団体全国協議会監修
「自治体」「事業者」「利用者・市民」のための対応マニュアル　◎2800円

地図でみる日本の健康・医療・福祉
宮澤仁編著　◎3700円

保育・子育て支援の地理学
久木元美琴著
福祉サービス需給の「地域差」に着目して　◎2800円

平成の大合併と地域社会のくらし
小島孝夫編著
関係性の民俗学　◎9200円

地域包括ケアと生活保障の再編
宮本太郎編著
新しい「支え合い」システムを創る　◎2400円

介護保険と階層化・格差化する高齢者
水野博達著
人は生きてきたようにしか死ねないのか　◎2700円

英国における高齢者ケア政策
井上恒男著
質の高いケア・サービス確保と費用負担の課題　◎4000円

図表でみる世界の保健医療
OECD編著　鐘ヶ江葉子訳
OECDインディケータ（2015年版）　◎6000円

地図でみる世界の地域格差
OECD編著　中澤高志訳
OECD地域指標2016年版
都市集中と地域発展の国際比較　◎5500円

福祉国家の日韓比較
金成垣著
「後発国における雇用保障・社会保障　◎2800円

介護サービスへのアクセスの問題
李恩心著
介護保険制度における利用者調査・分析　◎4000円

高齢者の「住まいとケア」からみた地域包括ケアシステム
中田雅美著　◎4200円

ソーシャルワーク
ブレンダ・デュボイ、カーラ・K・マイリー著　上田洋介訳
人々をエンパワメントする専門職　◎20000円

3・11後の持続可能な社会をつくる実践学
山崎憲治・本田敏秋・山崎友子編著
被災地・岩手のレジリエントな社会構築の試み　◎2200円

QOLと現代社会
猪口孝監修　村山伸子・藤井誠二編著
「生活の質」を高める条件を学際的に研究する　◎3800円

〈価格は本体価格です〉